한글 논어

일러두기

1. 이 책은 주자의 『논어집주(論語集註)』에 의거하여 『논어』를 한글로 풀이한 것으로, 원문에 의존하지 않고도 『논어』의 면모를 파악할 수 있도록 의미 중심으로 풀어쓰고 간략한 해설을 붙였다.

2. 이 책의 구성은 1부와 2부, 부록으로 이루어져 있는데, 1부에서는 사마천의 『사기』「공자세가」를 쉽게 풀어쓴 '공자, 그 삶의 희노애락'을, 2부에서는 『논어』 전편을 한글로 풀이한 『논어』 한글 독해를 실었다. 부록에서는 『논어』 원문을 정돈해 놓았다.

3. 2부의 『논어』 한글 독해는 각 편마다 간략하게 소개하는 글을 제시하고, 각 장마다 아라비아 숫자로 순서를 매겼으며, 원문의 한글 풀이와 그에 대한 해설을 붙여 독자의 이해를 도왔다.

4. 『한글 논어』인 만큼 한자를 쓰지 않으려고 노력하였고, 의식적으로 한글로 『논어』를 조망하고 한국적으로 사유하려는 자세를 취하였다.

5. 『논어』의 주요 개념에 대해서도 과감하게 한자를 해체하고 한글로 전환하여 정확한 의미를 부여하였다. 예를 들면, 성인군자(聖人君子)의 경우, '최고지도자' 혹은 '지도자', '착한 사람' '훌륭한 사람' 등 상황에 따라 표현을 달리하였고, 공(公)·경(卿)·대부(大夫)는 필요에 따라 '정치지도자' 정도로 풀이하였다. 특히, 사(士) 계급의 경우, 기존의 번역들 대부분이 '선비'라고 번역하는데 이의를 제기하고, 반드시 '하급 관리'로 풀이하여 당시 계급계층에 맞게 자리매김하였다. 또한 인(仁)은 '열린 마음', '포용력', '사랑' 등으로 풀이하였고, 충서(忠恕)는 '자기 충실', '타자 배려'로 풀이하여 쉽게 이해할 수 있도록 하였다. 관직명을 비롯한 여타의 명칭이나 주요 개념어의 풀이도 이에 준한다.

6. 한글로 풀이한 책의 특성을 고려하여 찾아보기는 별도로 제시하지 않는다.

先進 顏淵 子路 憲問 衛靈公

한글 논어

신창호

시대를 초월한
삶의 교과서를
한글로 만나다

季氏 貨 微子 張曰 而 堯 學 爲政 八佾 里仁 公冶長 雍也

안연
자로
헌문
위령공
계씨
양화
미자
자장
요왈

학이
위정
팔일
이인
공야장
옹야
술이
태백
자한
향당
선진

판미동

述而 泰伯 子罕 鄕黨

들어가면서

『논어』, 한글로 온전히 즐겨라

『논어(論語)』는 동서고금을 아우르는 인류의 고전이다. 그 원전은 고대 동아시아인들의 공통 문자였던 한문(漢文)으로 쓰여 있다. 하지만 한자를 사용하는 중국인들도 『논어』를 한문으로 읽기보다는 현대 중국어로 다시 번역하여 읽고 있다. 또한 『논어』는 한글과 영어, 독일어, 프랑스어, 일본어 등 세계 각국의 다양한 언어로 소개된 수천 종의 번역서가 존재한다.

『논어』에 관한 안내 글은 무수히 많다. 조금이라도 관심이 있는 독자라면, 인터넷을 비롯한 다양한 매체를 통해 『논어』의 저술 방식이나 내용상의 특성을 금방 알아낼 수 있다. 『논어』는 기본적으로 공자와 그 제자들의 언행을 기록한 저작으로 집단 지성의 산물이다. 공자의 견해를 직접적으로 드러낸 언표가 있기는 하지만 전체적으로 제자와 소통하는 일종의 대화록으로 볼 수 있다. 『논어』는 공자가 생존했을 당시에 저술된 것이 아니라 공자의 사후 약 70여 년이 지난 뒤에 편찬되었을 것으로 추측된다.

『논어』의 원본은 원래 세 종류가 있었다고 한다. 첫 번째는 공자의 옛집을 헐다가 발견한 『고논어(古論語)』 21편이다. 두 번째는 제나라 사람들이 전해 온 『제논어(齊論語)』 22편이다. 세 번째는 노나라 사람들이 전해 온 『노논어(魯論語)』 20편이다. 『고논어』와 『제논어』는 현재 전하지 않는다. 지금 우리가 읽고 있는 『논어』는 전한(BC206~AD25) 말엽에 장우(張禹)가 『노논어』를 중심으로 새로 엮은 것이다. 「학이(學而)」에서 「요왈(堯曰)」에 이르는 20편의 편명은 특별한 의미를 가진 것이 아니라 글의 첫머리를 따서 편명으로 삼은 것일 뿐이다.

『논어』 20편의 글은 공자의 제자나 그들이 가르친 문인의 기록이라고 한다. 그렇다고 해서 한 명의 또는 다수의 특정 문인이 일괄적으로 지은 것으로 보기는 어렵다. 내용이나 문체 면에서 공자에게 직접 배운 제자들의 기록으로 보기 힘든 점도 많다. 공자 제자의 제자가 기록한 것도 포함되어 있는 듯하다.

하지만 분명한 것은 공자가 그 중심에 있다는 점이다. 『논어』는 공자의 기본 사유를 포괄적으로 담고 있으며, 그의 사상을 추종한 제자들의 저술이다. 다시 말해, 공자를 유학 사상의 초기 집대성자로 받들었던 공자 학도들의 공동 저술인 것이다. 그러므로 『논어』의 내용은 광범위하고 다양하다. 각 편과 각 장이 유기체처럼 얽혀 통일성을 띠기보다는 개별적이며 독립적이다. 즉 언행의 주제가 논리 정연하게 체계적으로 제시되어 있지 않으며 그때그때 생긴 사안에 따라 문답식으로 정리되어 있다. 각각의 문답을 주제와 내용별로 나누어 보면 크게 다음과 같다.

첫째, 일상생활에 관한 공자와 제자 사이의 문답

둘째, 당시의 정치인이나 정치에 대한 공자의 논평

셋째, 공자 자신의 일상생활에 관한 의례나 예절에 관한 문제

넷째, 역사적 인물의 사적에 대한 숭앙이나 찬미

이처럼 『논어』의 내용은 일상의 삶을 구가한 것이 대부분이다. 그렇기 때문에 형이상학적이거나 추상적인 이론을 앞세운 언표는 많지 않으며 대개 현실적이고 구체적인 문제를 다루었다.

벌써 동양 고전을 공부한 지 30여 년의 세월이 흘렀다. 그 사이에 『논어』도 수십 번 읽었으리라. 어떤 구절은 수백 번을 새기며 암송도 했으리라. 하지만 『논어』를 알고 좋아하고 즐기기에는 아직도 요원하다. (약간 알고 좋아하게 된 것 같기는 하다. 그러나 즐기지는 못하고 있다!) 이처럼 『논어』의 참맛을 느끼고 삶의 내면세계로 끌어들이지 못했다는 성찰은 어떻게 하면 『논어』를 제대로 맛보며 즐길 수 있을지에 대한 고민으로 발전했다.

주자의 『논어집주』를 통해 익혔던 『논어』의 원문들은 가끔씩 무슨 암호를 풀어 가듯이 나의 호기심을 자극하기도 했다. 그러나 그것은 개인의 지적 오만을 부추기는 겉치레 배움이었다.

공자는 말하였다.

"아는 것을 안다고 하고 모르는 것은 모른다고 하라. 그것이 아는 것에 대한 진정한 태도이다."

지식은 하나의 의사소통 수단이다. 지식을 다른 사람들과 공유하지 못할 때는 나름의 이유가 있다. 그것이 아주 높은 수준의 지식이어서

다른 사람과 공유하기 어렵거나 또는 너무나 낮은 수준의 지식이고 누구나 알고 있어 공유할 필요가 없기 때문이다. 『논어』는 이 둘 중 어느 쪽에도 속하지 않는다. 공자의 삶이 보여 주었듯이 그것은 일상의 미학, 삶의 예술일 뿐이다.

이 글은 지금까지 내가 독해했던 『논어』를 다른 사람과 공유하기 위한 시도이다. 특히, 한글로 이 시대를 살아가는 사람들과 함께 『논어』를 읽고 생각해 보려는 의도로 기획된 것이다. 이유는 간단하다. 풍찬노숙과 산전수전을 통해, 진흙에 뿌리박았으나 수면 위에서 화사하게 피어오른 연꽃 같은 그의 삶을 제대로 들여다봐야 하기 때문이다. 공자는 인간의 길이 무엇인지 배우기를 게을리 하지 않았다. 사람을 깨우치는 일을 싫어하지 않았다. 자신이 맡은 일을 할 때는 먹는 것을 잊어버릴 정도로 열중하였고, 자신의 삶을 너무나 사랑한 나머지 자잘한 근심조차 잊어버리기 일쑤였다. 그는 늙어가는 것도 모르고 마지막까지 열정을 불태우던 '위대한 서민'이었다.

그런 그 삶의 역정은 너무나 드라마틱하다. 그 한 편의 드라마 같은 삶은 그 자체로 우리들의 삶에 녹아내린다. 사람의 길에 던져진 공자의 사유와 실천은 한 마디로 정리하면 바로 자신과 타자, 그리고 세상에 대한 '사랑'이다.

그러나 아쉽게도 '인간사랑'의 길을 연 공자의 외침은 애당초 한자로 짜여졌다. 그렇다면 한글을 쓰는 우리는 진정 그의 고뇌를 공유할 수 없는 것인가? 나는 지독하게도 치열했던 공자의 '인생투쟁사'를 이 시대를 살아가는 사람들과 나누고 싶었다. 불안했던 춘추시대를 헤쳐 나가던 공자의 올곧음과 자기 혁신을 공유하고 싶었다. 바로 우리 문화의 초석을 이루는 '한글'로 말이다.

  나는 한글로 문명을 일구어 가는 사람들은 한글을 통해 그 문명을 향유할 수 있어야 한다고 생각한다. 그러므로 한문으로 저술된 모든 동양 고전은 한글로 재탄생되어야 한다. 아울러 우리 문화를 그 속에 녹여 넣는 일도 필요하다. 이런 작업은 번역을 통해 이루어질 수도, 일정한 시각으로 독해하면서 이루어질 수도 있다. 중요한 것은 시대정신을 담은 의미 전달이며 독자들의 가독성을 고려하여 고전을 다시 쓰는 일이다. 그것은 공자가 말한 "시대정신에 맞게 서술하되 제멋대로 창작하지 않는다"는 '술이부작(述而不作)'의 정신이요, 현대적 재해석이자 새로운 문화 패러다임의 생산이다.

  모쪼록 이 글을 통해 많은 사람들이 한글로 『논어』를 즐기기를 소망한다. 열린 마음으로 삶의 지혜를 터득할 수 있다면 더욱 만족스러우리라.

남양주 수당재에서

왕숙천과 철마산을 바라보며

수당 신창호

차례

들어가면서 『논어』, 한글로 온전히 즐겨라 —— 5

1부 공자, 그 삶의 희로애락 —— 15

공자의 삶을 포괄적이면서도 체계적으로 정돈한 명문이 있다. 사마천의『사기』「공자세가」가 그것이다. 여기에는 공자의 탄생에서 죽음에 이르기까지 그 삶의 희로애락이 시기별로 담겨 있다. 그것은 간략한 공자의 일대기요, 공자 사유의 핵심 궤적을 관통한다. 우리는 '『논어』 한글 독해'를 읽기 전에 공자가 어떤 인간이었는지 살펴볼 필요가 있다.

2부 『논어』 한글 독해 —— 77

『논어』는 모두 20편으로 구성되어 있다. 각 편의 제목은 맨 앞의 두 글자 혹은 세 글자를 따서 만든 것이다. 각 편의 제목이 체계적이거나 논리적이지는 않다. 다만 각 편의 내용을 찬찬히 구명하다 보면 일정한 계열에 따라 분류하여 가름하고 있음을 느낄 수 있다.

제1편 학이 —— 79

「학이」는 『논어』의 제1편이다. 첫 번째 편인만큼 내용의 대부분은 사람이 사람답게 살아가기 위한 삶의 근본 문제를 다룬다. 삶의 원칙과 기준, 삶의 방법과 기술이 포괄적으로 담겨 있다. 모두 16개의 장으로 되어 있다.

제2편 위정 —— 93

「위정」을 두 번째 편에 위치시킨 것은 유교의 이론과 연관된다. 그것은 '배움을 바탕으로 정치를 실천한다.'는 논리이다. 이 편은 모두 24개의 장으로 되어 있다.

제3편 팔일 —— 111

「팔일」은 최고지도자가 제사 지낼 때 연주하는 무악(舞樂)의 이름이다. 제2편「위정」에 이어 정치를 잘하는 요건을 기록한 글로, 주요 내용은 '예악을 활용하여 나라를 안정시키는 일'이다. 이 편은 모두 26개의 장으로 되어 있다.

제4편 리인 —— 131

「리인」은 '마을에 착한 풍속이 넘치다' 또는 '열린 마음으로 선행을 베풀다'라는 의미이다. 참된 사람이 선행을 실천해야 예악을 행할 수 있기 때문에 「팔일」 다음에 자리매김하였다. 이 편은 모두 26개의 장으로 되어 있다.

제5편 공야장 —— 147

「공야장」은 주로 인물에 대한 평을 담고 있다. 절반가량은 공자의 제자에 대한 평이고, 나머지는 당시 제후국의 명망가들에 대한 평이다. 인물평을 통해, 인간의 현명함과 어리석음, 삶에서의 얻음과 잃음에 대해 논의하였다. 이 편은 모두 27개의 장으로 되어 있다.

제6편 옹야 —— 171

「옹야」도 앞 편의 「공야장」에 이어 인물평이 많다. 앞부분은 인물에 대해 폄하거나 꾸짖는 평이 많고 뒷부분의 경우, 현명한 사람이나 열린 마음을 지닌 사람, 지혜로운 사람에 대한 평가가 주를 이룬다. 이 편은 모두 28개의 장으로 되어 있다.

제7편 술이 —— 193

「술이」에는 공자가 지향하는 뜻과 행실에 관해 적은 글이 많다. 공자 자신의 겸손한 태도, 남을 가르치는 언료, 그리고 용모와 일처리에 관한 행적이 담겨 있다. 『논어』의 여러 편 가운데 명문장이 많기로 유명하다. 이 편은 모두 37개의 장으로 되어 있다.

제8편 태백 —— 217

「태백」은 예의를 지키면서 사양하는 일이나 사람을 사랑하고 효도하는 일과 같이 덕행을 실천하는 장면이 많이 나온다. 또한 배움을 권장하고 몸가짐을 바르게 하여 인간의 길이 무엇인지 권고하는 글도 많다. 모두 21개의 장으로 되어 있다.

제9편 자한 —— 233

「자한」에는 공자의 덕행을 기술한 문장이 많이 담겨 있다. 따라서 요·순·우나 문왕, 무왕과 같은 공자 이전의 성현의 덕을 기술한 「태백」편의 다음에 자리매김하였다. 모두 30개의 장으로 되어 있다.

제10편 향당 —— 255

이 편에는 공자의 문인들이 스승 공자의 일상생활을 여러 측면에서 기술한 글이 많다. 「향당」은 예전에는 전체가 1장으로 이루어져 있었으나 여기에서는 내용에 따라 17개의 장으로 나누어 정리하였다.

제11편 선진 —— 269

「선진」은 공자가 제자들의 슬기로운 언행에 대해 평가한 말이 대부분이며, 특히 민자건의 언행을 기술한 곳이 4장이나 되고 민자건을 민자라고 존칭한 것으로 보아, 민자건의 문인이 기록한 것으로 이해하기도 한다. 모두 25개의 장으로 되어 있다.

제12편 안연 —— 291

「안연」에는 올바른 정치의 방법, 지도자와 구성원 사이에 지켜야 할 예의, 부모와 자식 사이의 도리 등에 대한 학문과 덕행이 언급되어 있다. 공자는 제자들의 인품이 어떠한지 그 정도에 따라 자신의 평가를 달리한다. 모두 24개의 장으로 되어 있다.

제13편 자로 —— 313

「자로」는 착한 사람이나 정치지도자가 나라를 다스리는 훌륭한 정치와 교화의 바탕이 되는 효도와 공경에 관한 글이 주를 이룬다. 전반부에는 정치적 문답이, 후반부에는 정치에 참여하는 관리들이 지켜야 할 도리에 관한 글이 많다. 모두 30개의 장으로 되어 있다.

제14편 헌문 —— 337

「헌문」에는 왕과 제후, 대부들의 역사적 기록과 행적을 논의한 것이 많으며, 특히 지도자의 기본 원칙인 자기 수양을 통해 국민을 편안하게 살게 하려는 도리를 밝혔다. 모두 46개의 장으로 되어 있다.

제15편 위령공 —— 369

「위령공」은 공자가 겪은 다양한 사건들, 수양과 처세에 관한 글을 수록하였으며, 특히 세상의 윤리 도덕이 무너지고 정치 사회 질서의 혼란이 심해진 것을 탄식한 글이 대부분이다. 내용상 모두 42개의 장으로 구분하였다.

제16편 계씨 —— 395

「계씨」는 다른 편에 비해 독특한 부분이 많다. 노나라 『논어』와 차이가 많기 때문에 어떤 학자는 제나라 『논어』라고도 하였다. 특히, 세 가지 벗, 세 가지 즐거움 등 세 가지 내용을 들어 논의한 장이 많고 그 내용도 상대적으로 길다. 내용상 모두 14개의 장으로 구분하였다.

제17편 양화 —— 409

이 편에는 세상이 혼란스럽고 무질서하여 사람들이 도덕적으로 타락한 부분을 한탄한 내용을 주로 다룬다. 『논어』를 편집한 사람들은 당시의 지위고하를 막론하고 흉악한 짓을 저지른 신하들의 난맥상을 밝히기 위해 이 편을 만들었다. 모두 26개의 장으로 되어 있다.

제18편 미자 —— 431

「미자」에는 훌륭한 인품을 지닌 사람들에 관한 일화가 많이 담겨 있다. 관직에 나가고 물러나는 일을 다루었을 뿐만 아니라, 세상을 버리고 숨어 사는 은자들을 등장시켜 공자의 현실주의와 개혁 사상을 드러내었다. 모두 11개의 장으로 되어 있다.

제19편 자장 —— 443

「자장」은 모두 제자들의 말로 채워졌다. 공자 제자 중에서 안연 이후에 총명함은 자공이 최고이고, 중삼을 제외하고 자하가 가장 충실했으므로, 이에 대해 특별히 자세하게 기록하였다. 모두 25개의 장으로 되어 있다.

제20편 요왈 —— 461

「요왈」은 『논어』의 마지막 편으로, 그 체제가 특이하다. 공자나 제자의 말을 기록한 것이 아니라 『논어』 전체의 내용과 취지를 정리한 것으로 보인다. 모두 3개의 장으로 이루어져 있다.

부록 『논어』 원문 —— 468
참고 문헌 —— 506

1부 공자, 그 삶의 희로애락

공자의 삶을 포괄적이면서도 체계적으로 정돈한 명문이 있다. 사마천의 『사기』「공자세가」가 그것이다. 여기에는 공자의 탄생에서 죽음에 이르기까지 그 삶의 희로애락이 시기별로 담겨 있다. 그것은 간략한 공자의 일대기요, 공자 사유의 핵심 궤적을 관통한다. 우리는 '『논어』한글 독해'를 읽기 전에 공자가 어떤 인간이었는지 살펴볼 필요가 있다.

공자의 부모, 그리고 공구의 탄생

　공자는 노나라 평창향 추읍에서 태어났다. 공자의 조상은 송나라의 공방숙이라는 사람이었다. 공방숙을 이어 가문을 지킨 사람은 백하라는 사람이었고 백하를 이은 사람이 바로 공자의 아버지인 숙양흘이었다. 당시 환갑을 넘긴 숙량흘은 안씨 가문의 딸인 10대 중반의 안징재와 야합(野合)의 형태로 부부의 인연을 맺었다. 안씨가 임신을 하자 숙량흘과 안씨는 니구산(尼丘山)에서 열심히 기도하여 공자를 얻었다. 이때가 지금으로부터 2,500여 년 전인 기원전 551년, 노나라 양공 22년이다.
　공자는 태어나면서부터 머리 위쪽이 언덕배기처럼 오목하게 들어간 우스꽝스런 모습이었다. 이 때문에 '언덕 구(丘)' 자를 따서 '구'라는 이름을 붙여 주었다. 니구산에서 기도하여 태어났다고 해서 어릴 때 집에서 부르는 이름을 중니(仲尼)라고 하였다. 이름에 중(仲)이 들어간 것은 형이 있다는 의미인데, 그의 배다른 형은 장애인이었다고 전한다.

공자가 태어난 지 얼마 안 되어 아버지 숙양흘이 세상을 떠났다. 이는 공자가 세 살 전후였을 때의 일인 듯하다. 그는 그야말로 핏덩어리를 두고 세상을 버린 것이다. 숙량흘의 지인들은 어린 자식인 공자를 대신하여 그의 장례를 치르고 노나라의 동쪽에 위치한 방산에 묘를 썼다. 너무 어린 시절에 아버지를 여의었던 공자는, 청년이 될 때까지 먹고살기 바빴는지 혹은 다른 이유가 있었는지 모르겠지만, 아버지의 무덤이 어디에 있는지 제대로 알지 못했다고 한다.

공자는 어릴 때 제기를 차려 놓고 예의를 갖추어 제사 지내는 장난을 하며 놀았다. 이는 어머니가 그런 직업에 종사하였기 때문에 자연스럽게 그것을 보고 배운 것으로 생각된다. 공자가 10대 후반의 청년이 되었을 무렵, 어머니 안징재도 세상을 떠나게 된다. 가난하고 별 볼일 없던 공자는 사람들이 많이 다니는 오보구라는 곳에 어머니의 빈소를 마련했다. 왜냐하면 당시 풍습이 어머니의 장례를 치르려면 아버지의 무덤 옆에 합장(合葬)을 해야 했는데, 그때까지 아버지의 무덤이 어디에 있는지 몰랐기에 사람들이 많이 다니는 곳에 빈소를 마련해 행인들 중에서 아버지의 무덤을 아는 사람이 나타날 때까지 기다리기 위해서였다. 마침 추읍 사람인 만보의 어머니가 공자에게 아버지의 무덤이 어디 있는지 가르쳐 주어 겨우 방산에 가서 합장하였다고 전한다.

어린 공구, 그에 대한 시선

공자의 나이 17세가 되었을 무렵부터 그에 대한 구체적인 평가가 나오기 시작한다. 노나라의 대부 맹희자가 병이 들어 죽을 즈음, 그의 맏아들 의자에게 당부하는 말에 공자의 대한 평가가 처음으로 나온다.

맹희자는 맏아들 의자에게 다음과 같이 구체적으로 일러 주었다.

"공구는 훌륭한 집안의 후손이다. 그의 조상이 송나라에서 살 때 집안이 망하였다. 공구의 10대 할아버지인 불보하는 원래 송나라의 후계자였다. 하지만 아우인 여공에게 권력을 양보하였다. 불보하의 증손인 정고보에 이르러 대공과 무공과 선공을 보좌하는 높은 관직에 올랐다. 이런 연유로 공자의 선조들은 얼마든지 권세를 누릴 수 있었지만 높은 자리에 오를수록 더욱 공손했다고 한다. 게다가 정고보는 솥에다 다음과 같은 글귀를 새겨 놓았다고 한다. '첫 번째 관직을 주면 몸을 숙이고, 두 번째 관직을 주면 허리를 굽혀 절하며, 세 번째 관직을 주면 큰절을 한 뒤에 받았다. 길을 걸을 때는 가운데로 걷지 않고 담장을 따라 다니며 공손했기 때문에 어떤 사람도 함부로 업신여기지 않았다. 그는 이 솥에 범벅과 죽을 끓여서 입에 풀칠을 하며 청렴하게 살아왔다.' 얼마나 공손하고 겸손하였기에 이런 말까지 기록했겠느냐! 훌륭한 집안의 후손이 세상을 직접 맡아 다스리지 못할 수도 있다. 그렇더라도 후손 가운데 반드시 통달한 사람이 나온다고 한다. 지금 공구는 나이가 젊고 예를 좋아한다. 내가 볼 때 공구가 그 집안의 후손 중에 통달한 사람이다. 나는 곧 죽을 몸이지만 너는 반드시 공구를 스승으로 모셔야 한다! 알겠느냐!"

이런 유언과 같은 당부의 말을 들은 후, 의자는 남궁경숙과 함께 공자를 찾아뵙고 예를 배웠다.

스물 : 꺽다리 인생

부모를 잃은 공자는 정말 가난하고 비천한 삶을 이어 갔다. 너무나 별 볼일 없는, 먹고살기에도 바쁜 생활이 지속되었다.

이때 얻은 직업이 계씨 가문의 위리였다. 위리는 말단 공무원 수준의 직책으로 주민들에게 필요한 물품을 나누어 주는 자리였다. 일종의 창고지기라고나 할까. 그런 자리에서는 마음만 먹으면 얼마든지 주민들에게 적게 나누어 주고 많은 곡물을 떼어먹을 수도 있었다. 하지만 공자는 공평하게 나누어 주며 일처리를 깔끔하게 하였다.

얼마 지나지 않아 공자는 가축을 기르는 사직리로 자리를 옮겼다. 권세 있는 정치가의 목장지기가 된 것이다. 여기에서도 공자는 가축을 보살피고 기르고 번식시키는 일에 몰두하였다. 사심 없이 목장을 돌보아 가축의 수가 늘어나고 목장이 번성하자, 주변에서 서서히 공자의 능력과 인품을 신뢰하기 시작하였다. 그 결과 공자는 조금 높은 지위인 사공의 자리에 올랐다.

여러 가지 이유가 있었겠지만, 세상이 사람답게 살기 힘들게 되자 공자는 노나라를 떠났다. 그러나 가는 곳마다 공자의 사고방식과 행동은 일종의 걸림돌이 되었다. 제나라에서 배척당하고 송나라와 위나라에서는 쫓겨나기도 하였다. 진나라와 채나라 사이에서 견디기 힘든 곤란을 당하기도 했다. 그러다가 결국 모국인 노나라로 돌아올 수밖에 없었다.

공자는 신장이 9척 6촌이나 되었다. 현재의 미터(m) 개념으로 따지면 2미터 가까이 되는 거구이다. 이른바 껑다리 청년이자 아저씨였다. 사람들은 모두 공자를 보고 긴 사람이라는 의미로 '장인'이라며 놀려댔다. 젊은 날에 이렇게 조롱당하고 고생을 했으면서도 공자가 늘그막에 다시 노나라로 돌아온 이유는 그의 명성을 익히 들은 노나라에서 잘 대접해 주었기 때문이었다.

앞에서 언급한 노나라의 남궁경숙은 노나라 군주에게 다음과 같이 간청하였다.

"청컨대 공자와 더불어 주나라에 가게 해 주십시오."

그러자 노나라 군주는 수레 한 채와 두 마리의 말, 말몰이꾼 한 명을 주어 함께 주나라에 가서 예에 관해 물어보라고 시켰다. 이때 공자는 노자를 만난다. 이것이 그 유명한 공자가 노자에게 예를 묻는 장면이다.

공자와 노자의 긴 대화가 끝나고 작별할 때, 노자는 공자를 전송하며 다음과 같은 명언을 남긴다.

"나는 이렇게 들었습니다. '부귀한 사람은 사람을 보낼 때 재물을 주고, 열린 마음을 지닌 사람은 사람을 보낼 때 말을 해 준다!' 나는 부귀하지 못하니 열린 마음을 지닌 사람의 이름을 빌려 몇 마디 말을 하는 것으로 그대를 보내 드리겠습니다."

그러고 나서 노자는 공자에게 이렇게 당부하였다.

"총명하여 깊게 살피는 사람에게는 늘 죽음의 위험이 따릅니다. 왜냐하면 남을 잘 비판하기 때문입니다. 많은 지식을 가지고 재능이 뛰어난 사람은 몸이 위태롭습니다. 왜냐하면 남의 결점을 잘 지적하기 때문입니다. 자식으로 살아가는 사람은 아버지뻘 되는 사람 앞에서 자신을 낮추고, 신하가 된 사람은 군주 앞에서 자신을 치켜세우지 않아야 합니다."

공자가 주나라에서 노자를 만나고 노나라로 돌아온 후, 무슨 이유에서인지는 몰라도 공자 학단에 제자들이 점점 많이 모여들었다.

이때 진나라 평공이 음탕하게 놀자, 그를 보좌하던 장관들이 권력을 잡고 동쪽 제후국들을 공격하였다. 초나라 영왕은 강력한 군대를 보유하고 있었기에 대륙의 가운데 한족이 모여 사는 중원을 침략하였다. 제나라는 비교적 큰 나라로 노나라와 인접하고 있었다. 노나라는 약소국이었는데, 초나라에 붙으면 진나라가 화를 내었고 진나라에 붙으면 초나라가 침공하였다. 또한 제나라를 경계하지 않으면 제나라 군대가 노나라를 침략하였다. 참 어려운 시기였다.

서른에서 마흔 : 자문의 어려움 그리고 그 역설과 반란

노나라 소공 20년, 공자의 나이 30세가 되었다. 이때 제나라 경공이 대부 안영과 함께 노나라에 왔다. 경공이 공자에게 물었다.

"옛날에 진나라는 나라도 작고 나라의 위치도 별 볼일 없이 후미진 곳에 있었어요. 그런데도 목공이 다스리면서 당시에 최고의 나라가 되었지요. 어째서 그렇습니까?"

공자가 말하였다.

"진나라는 비록 나라의 규모가 작았지만 그 뜻은 컸습니다. 나라의 위치는 후미진 곳이었으나 올곧은 방법으로 정치를 행하였습니다. 목공은 직접 백리혜를 등용하여 대부의 벼슬을 내리고, 감옥에서 석방시켜 3일 동안 대화를 나눈 뒤 그에게 정치를 맡겼습니다. 이런 방법으로 정치를 해서 목공은 충분히 왕 노릇을 할 수 있었습니다. 오히려 천하의 패자가 된 것이 놀랍지 않은 일입니다." 그러자 경공이 매우 기뻐했다고 한다.

공자가 35세 되었을 때, 계평자가 후소백과 닭싸움을 하다가 노나라 소공에게 죄를 지었다. 이에 소공이 군사를 이끌고 계평자를 공격하였다. 그러자 계평자는 맹씨, 숙손씨 등과 연합하여 소공을 공격하였다. 소공의 군대는 패하여 제나라로 달아났고 제나라는 소공을 간후 지역에 거처하도록 하였다. 그 후 얼마 지나지 않아 노나라도 혼란에 빠졌다.

혼란의 상황을 지켜본 공자는 노나라에서 정치적 희망을 찾을 수 없었다. 이에 제나라로 가서 귀족인 고소자의 가신이 되어 어떻게든 제나라 경공과 통해 보려고 하였다. 왜냐하면 고소자는 경공이 병으로 위급한 상황에 처했을 때 막내아들을 태자로 책봉하게 할 정도로 유력한 인사였기 때문이다.

공자는 이 무렵 군주를 보좌하던 제나라의 태사와 더불어 음악(樂)에 대해 깊이 있는 의견을 나누었다. 특히, 순임금이 요임금의 미덕을 계승할 수 있다는 내용을 담은 소 음악을 듣고 그것을 배웠다. 얼마나 음악이 아름다웠던지 소 음악을 배운 후 3개월 동안 고기 맛을 몰랐다고 한다. 이런 소문을 들은 제나라 사람들은 공자를 크게 칭송하였다.

한번은 제나라 경공이 공자에게 정사에 대해 물었다.

공자는 다음과 같이 간략하게 답했다.

"임금은 임금 노릇을 하고 신하는 신하 노릇을 하며 부모는 부모 노릇을 하고 자식은 자식 노릇을 하면 됩니다."

이 말을 듣고 경공이 말하였다.

"참 좋은 말입니다. 임금이 임금 노릇을 제대로 하지 못하고 신하가 신하 노릇을 제대로 하지 못하며 부모가 부모 노릇을 제대로 하지 못하고 자식이 자식 노릇을 제대로 하지 못한다면, 나에게 아무리 많은 곡식이 있다 한들 어떻게 마음 편히 먹을 수 있겠습니까?"

얼마 후, 경공이 공자에게 또다시 정사에 대해 물었다.

공자는 한마디로 정리해 주었다.

"정치의 핵심은 재물을 적절하고 합당하게 쓰는 데 있습니다."

이 말을 듣고 경공은 아주 기뻐하였다. 그리고 이계 지역에 공자를 봉하려 하였다. 바야흐로 그가 이계 지역의 정치지도자가 되려는 순간이었다. 그러자 경공의 최측근인 안영이 공자를 강하게 비판하였다.

"유교를 주로 하는 학자들은 말을 부드럽고 반지르르하게 하기 때문에 그들의 말을 모범으로 삼기는 어렵습니다. 공순한 척하지만 거만하기 때문에 아래 사람으로 두기도 힘듭니다. 그들은 상례를 너무 숭상한 나머지 집안이 파산할 정도로 후하게 장사를 지냅니다. 이런 것을 우리나라 풍속으로 삼을 수는 없습니다. 게다가 여러 나라를 돌아다니면서 제후들에게 정치에 대해 조언하고 그 대가로 생활합니다. 그런 사람에게 나랏일을 맡겨서는 안 됩니다. 훌륭한 사람들이 저세상으로 가고 주나라 왕실이 이미 쇠약하여 예악이 없어진 지 오래되었습니다. 그런데 지금 공자가 번듯한 예복 차림으로 오르내리는 예의와 나가고 물러가는 절차를 번잡스럽게 하고 있습니다. 여러 세대에 걸쳐 하더라도 그 절차를 모두 배울 수 없고, 한평생에 걸쳐 하더라도 그 예의를 모두 행할 수 없습니다. 그런데 지금 군주께서 이런 공자를 기용하여 제나라의 풍속을 고치려고 하십니다. 이는 제나라 백성을 위하는 일이 아닙니다."

안영의 충고를 들은 경공은 그 다음부터 공자를 공손하게 접견하면서도 더 이상 정치적 자문을 하지 않았고 예에 대해 묻지도 않았다.

그러던 어느 날, 경공이 공자를 붙잡고 말하였다.

"내가 그대를 예우하고 싶으나 여러 가지 상황 때문에 계씨와 똑같이 대우하기는 힘듭니다." 그러고는 계씨와 맹씨의 중간 정도에 해당하는 대우를 해 주었다. 이 소식을 전해 들은 제나라의 대부들은 경공의 견해에 반발했다. 그들은 공자를 해치려고 하였고 공자도 그 소리를 들었다.

이에 어쩔 수 없이 경공이 공자에게 말하였다.

"나는 늙었습니다. 안타깝게도 그대를 등용할 수 없습니다."

그러자 공자는 미련 없이 제나라를 떠나 고국인 노나라로 돌아왔다.

공자의 나이 42세, 노나라 소공이 7년 정도 간후 지역에서 살다가 죽고 동생인 정공이 뒤를 이었다. 정공 5년 여름, 계평자가 죽고 그의 아들 계환자가 자리를 물려받았다. 어느 날 계환자가 우물을 파다가 흙으로 만든 그릇 하나를 발견했는데 그릇 가운데 양과 같은 것이 들어 있었다.

계환자가 공자에게 물었다.

"우물을 파다가 개를 하나 얻었습니다."

그러자 공자가 말하였다.

"제가 들은 바에 의하면 개가 아니라 양일 것입니다. 저는 이렇게 들었습니다. '산의 요괴는 다리가 하나이면서 용과 비슷한 기와 망량이고, 물의 요괴는 용과 망상이며, 흙의 요괴는 암수 구별이 없는 괴물인 분양입니다. 이 모두는 전설상의 동물로 요괴에 해당합니다.'"

오나라가 월나라를 쳐서 회계 지역을 함락하고 수레 하나에 가득 찰 정도로 큰 해골을 얻었다. 이에 오나라에서 공자에게 사신을 보내 자문을 구하였다.

"가장 큰 해골은 무엇입니까?"

공자가 말하였다.

"우임금이 회계산에서 여러 신을 모았을 때 부락의 수령인 방풍씨가 아주 늦게 도착했습니다. 우임금이 그를 죽였는데 해골이 수레 하나에 꽉 찼습니다. 이것이 가장 큰 것입니다."

오나라 사신이 물었다.

"그런데 누가 신입니까?"

공자가 말하였다.

"산천의 신령은 구름을 부르고 비를 내려 세상에 복을 가져올 수 있습니다. 그러므로 산천을 지키고 제사를 책임지는 것이 신입니다. 땅의 신과 곡식의 신을 지키는 것은 공이나 후입니다. 이들은 모두 임금에 속합니다."

오나라 사신이 또 물었다.

"방풍씨는 어디를 지킵니까?"

공자가 말하였다.

"왕망씨의 지도자로 봉산과 옹산을 지켰는데 성이 희씨였습니다. 전설 속의 부락 이름인 우와 옛 왕조의 이름인 하, 그리고 상나라 때는 왕망이라 하였고, 주나라 때는 장적이라고 하였으며, 지금은 대인이라고 합니다."

오나라 사신이 또 물었다.

"사람들의 키는 어느 정도 됩니까?"

공자가 말하였다.

"서남쪽의 오랑캐로 전설 속의 난쟁이 부족인 초요씨의 키는 60~70센티미터 정도이니 작은 사람의 표본이고, 가장 큰 사람도 이들보다 10배의 크기는 넘지 않습니다."

그러자 오나라 사신이 말하였다.

"정말 훌륭하십니다. 진정 성인이십니다!"

계환자가 총애하는 부하 중에 중양회라는 사람이 있었는데 양호와 사이가 좋지 않았다. 양호는 양화라고도 불리었는데 계손씨의 가신이었다. 그는 계환자를 협박하여 현재의 산동성 태안의 남쪽인 양관에 살면서 국정을 독점하며 막대한 권세를 누렸다. 양호는 계환자가 아끼던 중양회를 내쫓으려고 호시탐탐 기회를 노리고 있었다. 이를 알아차린 계손씨의 가신인 공산불요가 그것을 말렸다. 그럼에도 불구하고 그해 가을, 양호는 중양회를 체포하였다. 이유는 간단했다. 교만하다는 것이었다. 자신이 아끼던 부하가 체포되자 계환자는 화가 단단히 나서 양호에게 따졌다. 그러자 양호는 계환자마저 체포하여 옥에 가두었다. 계환자는 할 수 없이 양호와 타협할 수밖에 없었고, 앞으로 부하들 단속을 잘 하겠다는 약조를 한 후 겨우 풀려났다. 이 일이 있은 뒤, 양호는 계환자를 더욱 대수롭지 않게 여겼다. 이때 계씨는 자신의 분수를 잊은 채 권력을 휘두르며 지나치게 행동하였는데, 이는 일개 대부가 국정을 잡은 꼴이었다.

이런 상황이 벌어지자 노나라에서는 대부 이하 모든 관료들이 정도에 어긋나는 짓을 일삼기 시작했다. 암담한 현실이었다. 공자의 처세법은 단순했다. 더러운 관직에 오르지 않고 물러나 『시경』, 『서경』, 『주례』, 『의례』, 『예기』, 『악경』 등 유교 경전을 편찬하는 데 몰두하였던 것이다. 그러자 제자가 더욱 늘어나고 먼 곳에서 찾아와 글을 배우는 사람이 점점 많아졌다.

쉰에서 예순 : 영욕이 갈마드는 유랑의 세월

노나라 정공 8년, 계환자에게 쫓겨나자 공산불요가 양호에게 자신의 처지를 호소하였다. 그리고 양호와 함께 반란을 일으켜 계손씨, 숙손씨, 맹손씨 등 삼환의 적장자를 왕위를 계승하는 위치에서 끌어내렸다. 그 대신, 평소 양호와 사이가 좋은 서자를 왕으로 세우려고 하였다. 이 과정에서 적장자에게 우호적이던 계환자를 체포하였으나 계환자는 양호에게 속임수를 써서 도망쳤다.

공자의 나이 50세. 정공 9년, 양호는 자신의 계획이 실패하자 제나라로 도망갔다.

한편, 공산불요는 계환자가 살던 현재의 산동성 비현 지역에서 봉기를 일으키고 사람을 보내 공자에게 자기를 도와 달라고 요청하였다. 사실, 공자는 천하를 두루 다니며 올바른 인간의 삶과 그 길을 추구한 지 오래되었다. 하지만 그가 추구하던 올바른 삶의 길을 시험해 볼 나라는 한 곳도 없었다. 그뿐만 아니라 지금까지 그 누구도 자신을 제대로 등용해 준 제후도 없었다. 공자는 공산불요의 제안에 마음이 흔들렸다. 그래서 다음과 같이 말하고 공산불요에게 가려고 하였다.

"주나라의 문왕과 무왕은 풍이나 회 지역처럼 작은 지방에서도 왕업을 일으켰다. 지금 비 지역이 작다고 하지만 풍이나 회 지역과 같지 않겠는가!"

이는 공자의 간절한 심경이 드러나는 대목이다. 그러나 제자 자로는 기뻐하기는커녕 냉정하게 스승에게 말했다.

"가지 마십시오."

제자의 만류에도 불구하고 공자는 자신의 의지를 불태웠다.

"나를 부르는 것이 어찌 쓸모없는 일이겠는가? 그가 나를 등용한다면 나는 동방에서 훌륭한 주나라를 세울 수 있으리라!"

그러나 무슨 일이 있었는지 의욕에 가득 찼던 공자는 공산불요의 제안에 응하지 않았다.

그 후, 정공은 공자를 중도라는 고을의 읍장으로 보냈다. 공자가 중도를 다스린 지 1년, 주변의 여러 고을이 모두 공자가 다스리던 방법으로 통치를 하였다. 짧은 기간에 공자는 엄청난 지도력을 발휘한 것이다.

이런 공로를 인정받은 공자는 중앙 무대로 진출하게 된다. 중도라는 조그만 고을의 장에서, 중앙 부서에서 토목이나 건축 등의 공사를 관장하는 관직인 사공으로 발탁되었다. 그는 사공의 지위에 있으면서도 탁월한 지도력을 발휘하였다. 이어서 형벌과 규찰 등을 담당하는, 현대적 의미로 이해하면 검찰총장이나 법무부장관에 해당하는 고위직에 등용되었다.

나이 50, 지천명에 이르러 공자는 자신의 정치적 포부를 실현하는 계기를 맞았고 전성기를 구가한 듯하다.

정공 10년 봄, 노나라는 제나라와 화친을 맺었다. 그해 여름, 제나라의 대부 여서가 경공에게 다음과 같이 간청하였다.

"노나라가 공구를 중앙 부서의 핵심 관직에 등용했습니다. 정세를 보아하니, 이런 식으로 가다가는 제나라가 위태로워질 수 있습니다."

이에 경공은 사신을 보내 '두 나라의 화평을 위해 즐거운 마음으로 모이자'라고 하면서 노나라에 협조를 구하였다. 그러자 노나라도 지금의 산동성 무래현 협곡에서 모이자고 합의하였다.

노나라의 정공은 아무런 방비 없이 수레를 타고 즐거운 마음으로 협곡으로 가려 하였다. 이때 공자는 재상의 일을 임시로 맡아 정공을 보좌하고 있었다.

정공의 무방비에 대해 공자는 간곡하게 말하였다.

"문(文)의 일을 수행하는 사람은 반드시 무(武)를 갖추어야 하고, 무의 일을 수행하는 사람은 반드시 문을 갖추어야 합니다. 옛날에 제후가 국경을 나갈 때는 반드시 문무 관원을 수행원으로 데리고 갔습니다. 좌우에 사마를 대동하고 가십시오."

공자의 충고를 들은 정공은 "그렇게 하겠소"라고 하고 좌우에 사마를 대동하여 제나라의 경공과 협곡에서 만났다.

제사에 필요한 높은 단을 마련하고 흙 계단을 3단으로 쌓았다. 그리고 예에 따라 상견례를 하였다. 두 손을 맞잡아 얼굴을 앞으로 들고 허리를 앞으로 구부렸다 펴면서 손을 내리는 예인 읍을 하고, 서로 사양하면서 단 위에 올라가 술잔을 주고받는 예를 갖추었다.

잠시 후, 제나라의 관리가 앞으로 달려 나와 말하였다.

"사방의 음악을 연주하게 하십시오."

그러자 제나라 경공이 말하였다.

"좋다."

이에 깃발과 무당이 춤출 때 쓰는 꿩 털로 장식한 먼지떨이처럼 생긴 용구와 창칼과 방패를 든 무리가 북을 치면서 시끄럽게 떠들면서 나왔다.

이때 공자가 재빨리 앞으로 나와 한 발에 한 계단씩 빠른 걸음으로 단에 올랐다. 그리고 마지막 한 계단을 오르지 않고 긴 소매를 쳐들며 말하였다.

"우리 두 나라의 군주께서 즐거운 마음으로 친목과 화평을 위해 만나셨다. 그런데 어찌 여기에서 오랑캐의 음악을 연주하는가? 청컨대 관리에게 음악을 하지 못하도록 명령해 주시기 바랍니다."

관리가 그들을 물러나게 하였으나 나가지 않자 좌우에 있던 수행원들이 안영과 경공의 눈치를 살폈다. 경공이 그들을 내쫓았으나 속으로 무척이나 부끄러웠다.

조금 뒤 제나라의 관리가 앞으로 달려 나와 말하였다.

"그러면 궁중의 음악을 연주하게 하십시오."

경공이 말하였다.

"그렇게 하라."

그러자 광대와 어릿광대가 재주를 부리며 앞으로 나왔다.

다시 공자가 재빨리 앞으로 나와 한 발에 한 계단씩 빠른 걸음으로 단에 올랐다. 그리고 마지막 한 계단을 오르지 않고 말하였다.

"일반 사람으로서 제후를 현혹시키는 자는 죽여야 마땅합니다. 청컨대 관리에게 명령하여 주십시오."

이에 관리가 법에 의거하여 광대와 어릿광대의 손과 발을 두 토막 냈다. 이런 광경을 눈앞에서 직접 본 경공은 두려움이 일었다. 자신을 섬기는 제나라 신하들의 의리가 노나라의 공자보다 못한 것을 깨달은 것이다. 그러면서도 공자의 그런 당당한 태도가 부러웠다. 제나라로 돌아온 경공은 신하들에게 다음과 같이 말하였다.

"노나라에서는 공자와 같은 사람이 올바른 도리로 임금을 보좌하고 있다. 그런데 그대들은 오랑캐의 도리로 나를 인도하여 노나라 임금에게 죄를 지었다. 이를 어찌하면 좋은가?"

그러자 한 관리가 나와 대답하였다.

"군자는 과오를 범하면 실제적이고 실질적인 물건으로 사과를 하고, 소인은 잘못을 저지르면 겉으로 말로만 사과를 한다고 합니다. 군주께서 노나라 문제로 마음이 편하지 않으시다면 실제적이고 실질적인 물건을 내놓고 사과하면 될 것 같습니다."

그리하여 제나라가 이전에 노나라로부터 빼앗은 운과 민양, 구음 지역의 땅을 반환하고 노나라에 사과하였다.

노나라 정공 14년, 공자의 나이 56세 되던 해에 그는 오늘날 검찰총장이나 법무부장관에 해당하는 대사구라는 장관직에 발탁되었다. 그토록 바라던 정치가로서의 포부를 마음껏 펼칠 수 있는 기회를 맞이했던 탓인지 공자의 얼굴에는 희색이 돌았다. 기쁘고 환한 얼굴의 공자! 삶이 즐거운 공자의 거동은 당장 겉으로 드러났다.

그러자 제자 중에 어떤 이가 말하였다.

"인격을 갖춘 지도자는 화를 당해도 두려워하지 않고 복이 찾아와

도 기뻐하지 않는다.'라고 하였습니다."

이에 공자가 말하였다.

"그래 옳은 말이다. 하지만 이런 말도 있지 않는가? '귀한 신분으로 낮은 신분의 사람을 공손하게 대하는 데 즐거움이 있다'."

얼마 후, 공자는 노나라의 정사를 어지럽게 한 죄로 대부 소정묘를 죽였다. 그가 국정에 참여한 지 3개월 만에 정치가 안정되었다. 염소와 돼지 새끼를 파는 장사꾼들은 에누리를 하지 않아도 장사를 잘하고, 길을 가는 남녀들은 서로 길을 달리하여 각자의 길을 가며, 사람들이 자기 것이 아니면 길에 있는 물건이라도 가져가지 않고, 사방에서 오는 손님들이 길을 안내하는 유사를 찾지 않고도 찾아올 수 있게 되었다.

제나라 사람이 이런 소식을 듣고 두려워하여 말하였다.

"공자가 정치를 하면 노나라는 반드시 부강한 나라가 될 것입니다. 노나라는 우리 땅과 가까우니 우리가 먼저 병합을 당할 것입니다. 땅을 바치지 않고 견딜 수 있겠습니까?"

여서가 말하였다.

"노나라가 쳐들어오면 한번 방어해 봅시다. 방어했는데도 못 막으면 그때 땅을 내주는 것도 늦지 않을 것입니다."

그리하여 제나라는 미녀 80명을 뽑아서 모두 비단옷을 입히고 강락무(康樂舞)를 출 수 있도록 가르쳤다. 그리고 무늬 있는 말 120필과 함께 노나라 임금에게 보내려 하였다. 춤을 잘 추는 아름다운 여인들, 여기에 예쁘게 치장한 아름다운 마차까지 노나라 도성 남쪽의 높은 문밖에 진열했다. 계환자가 평민 차림을 하고 몰래 두세 번 나가 그것을 살펴보았다. 견물생심이라고 했던가? 계환자는 그것을 차지하고 싶은 욕심이 일기 시작했다. 그리고 노나라 군주와 각 지역을 순회한다는 핑계를 대고 실제로는 그곳에 가서 하루 종일 구경하고 정사를 게을리 하였다.

이런 상황을 감지한 제자 자로가 심각하게 말하였다.

"선생님, 이제 여기를 떠나야 할 것 같습니다. 이런 행태를 보니 떠나야 할 때가 온 것 같습니다."

공자가 말하였다.

"조금 있으면 노나라 군주가 남쪽의 교외에서 하늘에 제사를 지낼 것이다. 그때 군주가 희생으로 썼던 제물을 대부들에게 나누어 주면 나는 여기에 그대로 남을 것이다."

공자의 의도는 간단했다. 군주가 신하를 제대로 예우하는지 그렇지 않은지를 보려고 한 것이다. 그것은 일종의 정치지도자의 리더십을 가늠하는 시험대였다. 왜냐하면, 중국의 고대 사회에서 군주는 제사를 마치고 제사 때 사용한 제물을 신하들에게 하사함으로써 신하들에 대한 존중을 표시하였기 때문이다.

계환자는 마침내 제나라의 무녀들을 받아들이고는 3일 동안 정사를 돌보지 않았으며 하늘에 제사를 지내고 대부들에게 제물도 하사하지 않았다. 그러자 공자는 지체 없이 노나라를 떠났고 둔 지역에서 하루를 묵었다.

이때 악사 기가 공자를 전송하며 말하였다.

"선생님께서는 아무 잘못도 없으신데 왜 떠나시는지요?"

공자가 말하였다.

"내가 노래로 답해도 괜찮겠는가?"

군주가 여인의 말을 믿으면

군자는 떠나리

군주가 여인을 너무 가까이 하면

신하는 떠나고 나라는 망하게 되리

나 이제 유유자적하며

한 세월을 낚으리라

악사 기가 돌아오자 계환자가 물었다.

"공자가 무슨 말을 하던가?"

기가 사실대로 말하자 계환자가 한숨을 쉬며 탄식하였다.

"공자가 나를 나무란 것은 제나라에서 보낸 무녀들을 받아들인 것 때문이구나."

그 후, 공자는 위나라로 갔다. 거기서 제자 자로의 처형인 안탁추의 집에 머물렀다. 그때 위나라의 영공이 공자에게 물었다.

"노나라에 있을 때 급여를 얼마나 받았습니까?"

공자가 대답하였다.

"곡식 6만 석을 받았습니다."

그러자 위나라에서도 똑같이 곡식 6만 석을 주었다. 공자가 위나라에 거처를 정한 지 얼마 지나지 않아 어떤 자가 위나라 영공에게 공자를 중상모략하며 헐뜯는 말을 하였다. 이에 영공이 공손여가를 시켜 공자를 감시하게 하고, 완전 무장을 하여 겁을 주었다. 이런 상황이 되자 공자는 쓸데없이 억울한 누명을 쓰지나 않을까 내심 두려웠다. 그렇게 10개월쯤

견디다가 위나라를 떠났다.

위나라를 떠난 공자는 진나라로 가기로 마음먹었다. 진나라로 가는 도중에 광 지역을 지날 때였다. 이때 안각이 수레를 몰았다. 안각은 예전에도 이 지역에 온 적이 있었다. 무슨 무용담 자랑하듯 채찍으로 한쪽을 가리키며 소리쳤다.

"옛날에 제가 이 지역에 왔을 때 저 파손된 성곽의 틈으로 들어왔습니다."

순간, 광 지역 사람들이 이 소리를 듣고 달려 나왔다.

"저기, 노나라의 양호가 있다!"

양호는 예전에 광 지역 사람들을 포악하게 대한 적이 있었기에 그들은 양호를 원수처럼 여겼다. 그런데 광 지역 사람이 공자를 보고 노나라의 양호라고 소리치며 공자의 행차를 막았다. 이유는 간단하다. 공자의 모습이 양호와 비슷했기 때문이다. 공자는 양호로 오인 받아 5일 동안이나 광 지역 사람들에게 포위 당하여 갇혀 있는 신세가 되었다.

당시 안연을 비롯한 여러 제자들은 한참이나 뒤쳐져 공자를 따라오고 있었다. 포위를 당해 어쩔 줄 모르던 공자는 안연을 보자 얼마나 반가웠던지 이렇게 말하였다.

"나는 이 난리에 네가 죽었다고 생각했다."

그러자 안연이 말하였다.

"선생님께서 이렇게 살아 계신데 제가 어찌 감히 먼저 죽을 수 있겠습니까?"

이를 지켜본 광 지역 사람들은 더욱 급박하게 포위망을 좁히며 공자를 압박하였다. 제자들은 두려움에 휩싸였다.

그러자 공자가 말하였다.

"문왕은 이미 돌아가셨지만 주나라의 예악 제도인 문화는 내가 계승하지 않았는가? 하늘이 이 문화를 없애려고 하였다면 우리에게 이 문화를 전승할 수 없게 하였을 것이다. 하늘이 이 문화를 없애려 하지 않으시는데 광 지역 사람들이 문화의 계승자인 나를 함부로 어찌할 수 있겠는가?"

공자는 자신을 보좌하던 사람을 위나라 영무자의 신하가 되게 한 후, 비로소 그곳을 떠날 수 있었다.

공자는 광 지역을 벗어나 곧바로 인근의 포 지역에 도착하였다. 현재 하남성 장원현의 동쪽 지역이다. 여기에서 한 달 남짓 머문 후, 공자는 다시 위나라로 돌아와 위나라의 대부인 거백옥의 집에 머물렀다. 공자가 위나라로 돌아왔다는 소식은 곧바로 위나라 곳곳에 퍼졌다.

당시 위나라 영공에게 남자(南子)라는 부인이 있었다. 그녀는 공자에게 상당히 관심이 있었던 모양이다. 그래서 공자에게 사람을 보내 공자의 마음을 떠보았다.

"세상에 이름 있는 훌륭한 사람이 위나라로 와서 우리 군주와 사귀고 싶은 생각이 있으면 반드시 남자 부인을 만납니다. 남자 부인께서 선생님의 명성을 익히 들었던 터라 만나 뵙고 싶어 하십니다."

공자는 영 마음에 내키지 않았다. 남자 부인에 대한 좋지 않은 소문을 들었기 때문이다. 하지만 남의 나라에 와 있는 주제에, 자기 나라라는 이점을 가지고 있는 사람의 초청을 무조건 거절할 수만은 없었다. 할 수 없이 남자 부인의 처소에 가서 부인을 만났다.

남자 부인은 안이 훤하게 보이는 아주 얇은 휘장 안에 있었다. 위나라 군주의 부인인지라 공자는 예를 갖추었다. 문을 들어가 북쪽을 향해 절을 하였다. 부인도 휘장 안에서 답례를 하였다. 이때 허리에 찬 구슬 장식이 짤랑거리며 맑고 아름다운 소리를 냈다. 공자와 남자 부인, 둘의 단독 회동에서 어떤 대화가 오고 갔을까?

만남이 끝난 후 공자는 숙소로 돌아왔다. 그리고 만남의 느낌을 이렇게 대변했다.

"나는 애당초 남자 부인을 만나고 싶지 않았다. 하지만 부득이하게 이렇게 만났으니 앞으로는 예를 갖추어 대접해야겠다."

둘 사이에 무슨 일이 있었을까? 공자는 원래 부인을 만날 마음이 없었다. 그런데 만나고 난 후에 마음이 움직였다. 심지어 앞으로도 계속 예를 갖추어 만나겠다고 했다. 공자의 해명을 듣고 있던 제자 자로는 선생의 그런 행동을 아주 못마땅해 했다. 그러자 공자가 단호하게 말하였다.

"내가 만일 남자 부인과 어떤 일이 있었다면, 행여 부정한 짓이라도 저질렀다면, 하늘이 나를 버릴 것이다. 하늘이 가만두지 않을 것이야!"

이런저런 일을 겪으며 위나라에 머문 지 한 달 남짓 되었다. 하루는 위나라 영공이 남자 부인과 함께 수레를 타고 궁문 밖으로 외출하였다. 뒤따라오는 수레에는 공자가 타고 있었다. 영공은 부인과 환관인 옹거를 대동하고 온갖 거드름을 피우고 뽐내면서 거리를 지나갔다.

이 모습을 본 공자가 다음과 같이 말하였다.

"나는 덕을 좋아하기를 색을 좋아하는 것과 같이 하는 사람을 보지 못하였다." 위나라의 군주가 이런 생활을 누리고 있으니 그 나라의 정치적 상황이 어떠했겠는가? 실망에 실망을 거듭하던 공자는 위나라를 떠나 조나라로 갔다. 조나라에서도 자신의 정치적 능력을 발휘하기 힘들다고 본 공자는 미련 없이 조나라를 떠났다.

그러고는 송나라로 발길을 돌렸다. 송나라로 가는 도중에 공자는 제자들에게 큰 나무 밑에서 예에 대해 강습하고 있었다. 이때 송나라의 사마 환퇴가 공자를 죽이려 하였다. 왜냐하면 예전에 석곽을 만든 일과 관련하여 공자에게 질책을 받았고, 이에 앙심을 품고 있었기 때문이다. 사마 환퇴는 씩씩거리며 그 큰 나무를 쓰러뜨렸다. 이에 공자는 강습을 그만두고 그곳을 떠날 수밖에 없었다.

갑작스런 상황에 제자들이 다그치며 말하였다.

"빨리 가셔야 하겠습니다."

그러자 공자가 말하였다.

"하늘이 나에게 덕을 내리셨는데 환퇴 따위가 나를 어찌하겠는가!"

이후, 공자는 정나라로 갔다. 어찌하다 보니 함께 가던 제자들과 길이 어긋나 흩어지게 되었다. 공자는 혼자서 멍하니 성의 외곽인 동문에 서 있었다. 정나라의 어떤 사람이 제자 자공에게 말하였다.

"동문에 사람이 있는데 그의 이마는 요임금과 비슷하고 목은 고요와 닮았으며 어깨는 자산과 유사하더군요. 하지만 허리 아래는 우임금보다 세 치가 짧고 풀 죽어 삐쩍 마른 모양이 초상집의 개와 같더군요."

이 말은 들은 자공이, 정나라 사람이 설명한 사람이 스승 공자와 유사하다고 생각하고 황급히 동문으로 달려갔다. 정말 공자가 초라한 모습으로 거기에 서 있었다. 자공이 공자에게 정나라 사람이 해 준 말을 그대로 들려주었다.

공자는 껄껄 웃으면서 이렇게 말하였다.

"생김새가 무슨 상관이냐. 한 사람의 모습이 어떤지는 중요한 것이 아니다. 그런데 그 사람이 나를 보고 초상집 개와 같다고 했다는데 내 몰골이 정말 그럴 것 같구나. 그럴듯해!" 이것이 그 유명한 '상가지구(喪家之狗)'의 출전이다.

이후 공자는 진나라로 가서 사성정자의 집에 머물렀다. 1년쯤 지났을 때, 오나라 왕 부차가 진나라를 침공하여 세 읍을 빼앗았고 진나라의 조앙은 위나라의 도성인 조가를 공격하였다. 초나라는 채나라를 포위하여 압박하였고, 이에 채나라는 오나라 땅으로 옮겨 가서 오나라의 보호를 받았다. 오나라는 월나라 왕 구천을 회계에서 패배시켰다.

월나라 왕인 구천은 오나라 왕 부차에게 화해를 청하며 그 유명한 와신상담을 하여 나라를 강성하게 만든 후, 오나라를 멸망시켰다. 이런 시대 상황을 공자는 어떤 마음으로 받아들였을까?

어느 날 독수리 한 마리가 진나라 궁정에 떨어져 죽었다. 싸리나무로 만든 화살에 맞았는데, 화살촉이 돌로 되어 있었고 화살대는 50센티미터가 넘었다. 진나라 민공이 사람을 보내 이런 사실을 공자에게 알리고 자문을 구하였다.

공자가 말하였다.

"그 독수리는 멀리서 왔음에 분명하다. 이것은 변방의 부족 중 하나인 숙신의 화살이다. 숙신은 여진족의 선조로 백두산 북쪽에 거주하며 수렵에 종사하였다. 옛날에 무왕이 상나라를 멸망시킨 후, 여러 소수 민족에게 나름의 직책과 책임감을 부여하고 통치를 자율에 맡겼다. 그 대신, 여러 민족으로 하여금 거주 지방의 특산물을 조공으로 바치게 하여 그들의 직책과 의무를 잊지 않도록 하였다. 이에 숙신은 싸리나무로 만든 화살인 호시와 돌로 만든 화살촉인 석노를 바쳤다. 호시와 석노의 길이가 50센티미터를 약간 넘었다.

무왕은 숙신의 아름다운 덕을 널리 알리기 위해 숙신의 화살을 큰딸인 대희에게 나누어 주었다. 그리고 큰딸을 우 지역의 호공에게 시집보내고 호공을 진나라에 봉하였다. 게다가 같은 성씨를 가진 제후들에게는 진귀한 옥을 나누어 주어 친척으로서의 도리를 표시하였고, 다른 성을 가진 제후들에게는 먼 지방에서 조공으로 들어온 물건을 나누어 주어 직책에 맞게 책임과 의무를 다하여 복종할 것을 잊지 않게 하였다. 이 때문에 진나라에 숙신의 화살을 나누어 주었던 것이다."

공자의 말을 전해들은 진나라 민공은 그것이 사실인지 궁금하였다. 그리하여 시험 삼아 옛날 창고에 숙신의 화살이 있는지 찾아보게 하였다. 확인 결과, 정말 숙신의 화살이 있었다.

공자가 진(陳)나라에 머문 지 3년이 되었다. 이때 진(晉)나라와 초나라가 서로의 국력을 과시라도 하듯 차례로 진(陳)나라를 침범하였다. 여기에 오나라까지 가세하여 진나라를 괴롭혔다. 진나라는 이른바 이전투구의 장이 되어 버렸다.

끊임없는 전쟁의 구렁텅이! 공자의 인내심도 한계에 이르렀던 모양이다. 전쟁의 소용돌이를 실감한 공자는 어느 날 결단을 내린다.

"그래, 이럴 바에야 돌아가자! 내 고향으로! 고향에 있을 때 많이 느꼈다. 고향의 젊은 친구들은 꿈은 크다. 원대한 뜻을 품고 이상을 좇는 것은 좋다. 하지만 현실성이 너무나 떨어진다. 이상에 치우치다 보면 현실에 소홀할 수 있다. 그래도 그들에게는 진취성이 있다. 처음 먹은 마음을 잊지 않으려는 의지도 있다! 이보다 큰 자산이 어디 있겠는가?"

공자는 드디어 진나라를 떠났다.

진나라를 떠나 포 지역을 지날 무렵, 때마침 공숙씨가 포 지역에서 반란을 일으켰다. 공자 일행도 당연히 포 지역을 지나가기 어려웠다. 이 때 공자를 모시고 있던 제자 중에 공량유라는 사람이 있었다. 무슨 이유인지는 정확히 알 수 없으나 그는 자신의 수레 다섯 대를 가지고 스승을 따라다녔다. 그는 키가 크고 착한 성격에다 용기가 있는 인물이었.

스승 공자를 가로막는 공숙씨의 무리를 향해 그가 앞에 나서며 말하였다.

"이전에도 내가 선생님을 모시고 다니다가 광 지역에서 어려움을 당하였고 지금 또 여기서 난리를 만났으니 이 모두가 우리의 운명인가 보다. 내가 선생님을 모시고 다니다 또다시 위험에 처했으니 앞으로 이런 일이 없게 하기 위해서라도 오늘은 차라리 싸우다 죽겠다."

갑자기 분위기가 험해지면서 싸움이 격렬해졌다. 공자 제자들은 불의를 보고 참지 못하는 성격의 소유자가 많았던 것 같다. 그러자 포 지역 사람이 두려움을 느끼며 공자에게 말하였다.

"위나라로 가지 않겠다고 맹세하면 선생님을 여기에서 나갈 수 있도록 하겠습니다."

공자가 "그렇게 하겠다."라고 하자 그들은 공자 일행을 동문으로 내보냈다. 동문을 빠져나오자마자 공자는 위나라로 가려고 하였다.

제자 자공이 따지듯이 말하였다.

"저들과 한 약속을 저버려도 됩니까?"

공자가 말하였다.

"나는 강압적으로 강요받은 약속을 지킬 필요는 없다고 생각한다. 강요된 약속은 어떤 사람도 인정하지 않을 것으로 본다."

위나라의 영공은 공자가 온다는 소식을 듣고 매우 기뻐하였다. 도성 부근의 교외까지 마중을 나와 공자를 영접하면서 물었다.

"이렇게 난리법석인 포 지역을 쳐도 됩니까?"

공자가 대답하였다.

"예, 그렇게 해야 합니다."

영공이 말하였다.

"내 밑에 있는 대부들은 칠 수가 없다고 합니다. 지금 포 지역은 우리가 진나라와 초나라를 방어하는 요충지입니다. 그러니까 우리가 직접 그곳을 공격하는 것은 무리가 있지 않겠습니까?"

이에 공자가 말하였다.

"포 지역의 장정들은 반란을 일으킨 공숙씨를 따르지 않고 위나라를 위해 목숨을 바칠 각오가 되어 있습니다. 부녀자들도 위나라의 서하 지역을 지키려는 의지에 불타고 있습니다. 제가 포 지역을 쳐야 한다고 말씀드린 것은 다름이 아니라 포 지역에서 반란을 일으킨 주동자 4~5명 정도만 치면 된다는 뜻이었습니다."

공자의 자문을 듣고 영공은 "잘 알았습니다."라고 아주 짧게 말하였다. 그러고는 포 지역을 치지 않았다.

영공은 늙었고 정사에 태만하였다. 진심어린 충언에도 불구하고 공자를 등용하지 않았다. 공자는 실망 가득한 목소리로 스스로를 위로하였다.

"진정으로 나를 등용하는 사람이 있으면, 1년 정도면 그 나라를 바로 잡을 수 있고 3년이면 구체적으로 성과를 이룰 수 있으련만!"

이런 아쉬움을 뒤로하고 공자는 미련 없이 위나라를 떠났다. 이후, 공자는 몇몇 지역의 정치지도자들의 자문에 응하기도 하고 자신을 가다듬는 시간을 가지기도 하였다.

한번은 불힐이라는 사람이 공자를 초빙하였다. 불힐은 중모라는 지역을 다스리는 지방의 장관이었다. 그가 다스리는 영역에서 큰 사건이 발생하면서 문제가 생겼다. 진나라의 조간자가 범씨와 중항씨를 격파하려는데 이들이 중모 지역에서 강력하게 저항하였다. 이에 조간자가 이 지역을 공격하였다. 불힐은 그 광경을 가만히 두고 볼 수 없었다. 따라서 중모를 근거지로 반기를 들었다. 그리고 이런 자신의 처지에 대해 협조를 구하려고 급히 사람을 보내 공자를 초빙하였다. 공자는 이에 응하려 하였다. 그러자 제자 자로가 자신의 의견을 제시하였다.

"선생님께서는 언젠가 제게 이렇게 말씀하셨습니다. '군자는 스스로 정당하지 못한 일을 한 자에게 가지 않는다!' 그런데 지금 불힐이 직접 자신의 근거지인 중모에서 반기를 들었습니다. 이런 좋지 않은 상황을 보고도 선생님께서는 그의 초청에 응하려 하시니 어찌된 일입니까?"

공자가 말하였다.

"그래, 내가 그런 얘기를 한 적이 있지. 그런데 이런 말도 하지 않았던가? '진정으로 강한 것은 갈아도 얇아지지 않고 진정으로 흰 것은 물들여도 검어지지 않는다.'라고. 이런 상황에서 어찌 내가 쓸모없이 매달려 있는 박이 될 수 있겠는가? 매달려 있기만 하고 사람에게 먹히지 않을 수 있는가 말이다! 중요한 것은 쓰임 아니겠는가?"

어느 날, 공자가 돌이나 옥으로 만든, 경이라는 타악기를 연주하고 있었다. 마침 그때 망태기를 메고 문 앞을 지나가던 사람이 이를 듣고 시를 읊듯 중얼거렸다.

깊은 생각에 빠졌구먼!
경을 연주하는 사람이여!
쨍강 쨍강 쨍강
세상에 자기를 알아주는 이 없으면
그것으로 그만 아닌가!

지나가는 나그네도 공자의 마음을 읽었던가! 혼탁한 세상을 구제해 보려던 공자의 정치적 욕망은 그렇게 속으로 들끓다가 사그라지곤 하면서 생각의 깊이를 더해 갔다.

또 한번은 노나라의 악관이었던 사양자에게 거문고 타기를 배웠다. 그런데 10일이 지났는데도 진전이 없었다.
사양자가 답답해 하며 말하였다
"좀 많이 노력해야 되겠습니다."
공자가 말하였다.
"내가 그 곡조를 익히기는 했으나 연주하는 방법을 터득하지 못했습니다."

전문가로부터 정확하게 지적을 받은 공자는 연주하는 방법을 익히기 위해 나름대로 고심하며 노력하였다.

얼마 후에 사양자가 말하였다.

"이제 지난번 일러 준 곡조를 연주하는 방법을 익혔으니 다른 곡조를 배워도 되겠습니다."

그러자 공자가 단호하게 말하였다.

"나는 아직 그 곡조의 뜻을 터득하지 못하였습니다."

공자는 사양자가 일러 준 거문고 곡조를 스스로 익히고 연주하는 방법을 아는 동시에 그 곡조가 의미하는 뜻을 어느 정도 터득하였다.

이렇게 공자가 거문고 타기에 열중하는 모습을 지켜보던 사양자가 이 정도면 되었다 싶어 조용히 말하였다.

"이제 곡조의 뜻을 익혔으니 다른 곡조를 배워도 되겠습니다."

공자는 지그시 눈을 감고 나지막이 말하였다.

"나는 아직 이 곡조 속의 주인공이 어떤 사람인지 그 사람됨을 파악하지 못했습니다."

한참이나 시간이 흐른 뒤, 공자의 얼굴에는 엄숙함과 경건함, 심사숙고한 흔적이 역력했다. 그와 동시에 유쾌함과 원대함의 미소가 번졌다. 그러고는 당차게 말하였다.

"이제야 이 곡조의 주인공이 어떤 사람인지 느낌이 옵니다. 그 사람다움에 대해 감을 잡았습니다. 피부는 검고, 키는 훤칠하며, 눈은 양의 눈빛처럼 순하고 빛나며, 멀리 바라보는 모습이 사방의 제후국을 다스리는 것 같습니다. 이런 분을 노래한 곡조라면 이 노래의 주인공은 문왕이 분명합니다. 문왕이 아니면 그 누구겠습니까!"

사양자가 자리에서 일어나 두 번 절하며 말하였다.

"그렇습니다. 제가 선생님께 알려드린 곡조가 바로 문왕을 찬양하는 노래, 「문왕조」였습니다."

앞에서 본 것처럼, 진심어린 조언에도 불구하고 공자는 위나라에서 등용되지 못하였다. 실망과 아쉬움을 뒤로하고 공자는 서쪽으로 가서 진나라의 조간자를 만나려 하였다. 그런데 황하에 이르자 안타까운 소식이 들려왔다. 진나라의 대부인 두명독과 순화가 피살되었다는 것이다. 공자는 탄식했다. 그들이 어떤 사람인지를 알고 있었기에 공자의 안타까움은 더욱 깊었다.

> 아름답도다, 황하여!
> 저렇게 출렁거리누나!
> 이 물을 건너가지 못하니
> 이 또한 운명이로다!

제자 자공이 달려 나와 물었다.
"아니, 그 무슨 말씀이십니까?"
공자가 말하였다.
"두명독과 순화는 진나라의 훌륭한 대부이다. 조간자가 진나라에서 세력을 잡지 못했을 때 이 두 사람의 도움으로 정사를 보았다. 그런데 세력을 잡고 나서 그들을 죽이고 정치를 하고 있다. 나는 이렇게 들었다. '배를 갈라 어린 것을 죽이면 기린이 들어오지 않고, 연못의 물을 마르게 하여 고기를 잡으면 교룡이 구름과 비를 일으켜 음양의 조화가 깨지며, 둥지를 뒤엎어 알을 깨뜨리면 봉황이 날아오지 않는다.'라고. 왜냐하면 훌륭한 사람은 자기와 같은 부류의 사람이 상하는 것을 꺼리기 때문이다. 새와 짐승도 옳지 않은 일을 피할 줄 아는데 나 같은 사람에게까지 해를 끼치겠는가?"

그러고는 즉시 추향으로 되돌아가 쉬면서 추조라는 거문고 연주곡을 만들어 두명독과 순화를 애도하였다. 나중에 위나라로 돌아가 거백옥의 집에 머물렀다.

어느 날 위나라 영공이 군대에서 진 치는 법을 물었다. 이때 영공의 아들인 위나라 태자가 새어머니이자 영공의 부인인 남자를 살해하려다 실패하고 진(晉)나라로 도망가 있었다. 이에 영공이 화가 나 군사를 일으켜 아들을 치기 위해 공자에게 군사를 어떻게 배치하면 좋은지 자문을 했던 것이다.

공자가 말하였다.

"제사를 지내는 예법에 대해서는 배워서 알고 있으나 군대와 관련된 일은 배우지 못했습니다."

사실, 공자가 군대의 일이나 진 치는 법을 모르는 것은 아니었다. 공자는 영공이 자신의 아들을 치기 위해 군사를 일으키는 것은 정당하지 않은 일이라고 판단하였다. 또한 부자간의 싸움에 끼어들거나 간섭하는 것은 좋지 않다고 보았기에 아예 배우지 못했다고 대답하였다.

그 다음 날에도 영공은 공자와 함께 이야기를 나누었다. 그는 이야기 도중에 날아가는 기러기를 보자 그것만을 쳐다보며 공자의 말에 귀를 기울이지 않았다. 무안함을 느낀 공자는 말없이 그곳을 떠나 다시 진(陳)나라로 갔다.

공자의 나이 60세, 환갑이 되던 해 여름이었다. 노나라의 환공과 희공의 묘에 불이 났다. 남국경숙이 화재를 진압하려고 애를 썼다. 그때 공자는 진나라에 있었는데 고국인 노나라의 중요한 곳에 불이 났다는 소식을 들었다. 그러고는 꿰뚫어 보는 듯이 다음과 같이 말하였다.
"그런 재해는 환공과 희공의 묘에서 발생했을 가능성이 높다."
나중에 확인해 보니 공자의 말이 그대로 맞았다.

그해 가을, 계환자가 병이 났다. 그 와중에도 마차를 타고 노나라의 도성을 바라보며 한숨을 길게 내쉬며 말하였다.
"이전에 이 나라는 아주 흥성할 수 있었다. 지금 돌아보면 공자를 등용하여 그에게 충실히 자문을 구했어야 했는데 그러지 못했다. 제나라 여인들에게 현혹되어 정사를 돌보지도 않았다. 공자를 등용하여 자문하였다면 흥성한 나라가 되었을 텐데."
그러고는 옆에 있던 후계자인 맏아들 계강자를 돌아보며 말하였다.
"내가 죽으면 네가 반드시 노나라의 정권을 이어받을 것이다. 그렇게 되거든 반드시 공자를 모셔 오도록 해라. 그리고 많은 자문을 받도록 해라."
그런 지 며칠 만에 계환자가 죽고 계강자가 대를 이었다. 계강자는 아버지의 장례를 치른 후 공자를 초빙하여 모시려 하였다. 곁에 있던 노나라의 대부 공지어가 다음과 같이 말하였다.

"선군이신 아버지 계환자가 살아 계실 때, 공자를 등용하려고 했으나 끝내 쓰지 못하고 제후들의 웃음거리가 되었습니다. 그런데 지금 또 등용하려다가 좋은 결과를 얻지 못하면 이는 또다시 제후들의 웃음거리가 될 수 있습니다."

계강자가 말하였다.

"그러면 누구를 초빙하면 좋겠습니까?"

공지어가 말하였다.

"반드시 공자의 제자인 염구를 불러야 합니다."

이에 사람을 보내어 염구를 초청하였다. 염구는 공자의 제자 중에서도 성품이 온순하고 재예를 겸비한 인물이었다. 염구가 초빙에 응하여 계강자에게 가려 할 때 스승 공자가 한마디를 덧붙였다.

"우리 노나라 사람이 나의 제자 염구를 부르는 것을 보니 작게 등용하려는 것이 아니라 앞으로 크게 쓰려는 것이리라!"

그리고 이날, 공자는 결심하듯 말하였다.

"돌아가자! 돌아가자, 내 고향으로! 내 고향 마을의 청년들은 이상은 높으나 현실에 소홀하고 거칠다. 문장은 훌륭한데 그것을 제대로 응용할 줄 모른다. 어떻게 그들을 가르쳐야 할지."

제자 자공은 공자의 심경을 직감하였다. 스승 공자의 마음 깊숙한 곳에는 빨리 고향으로 돌아가려는 의지가 싹트고 있다! 이에 염구를 계강자에게 보내는 것을 계기로 다음과 같이 당부하였다.

"자네, 계강자에게 등용되거든 반드시 스승님을 모셔 가게 해 주시오."

염구가 계강자에게 간 다음 해, 공자는 진나라에서 채나라로 갔다. 그리고 다음 해 채나라에서 섭 지역으로 갔다.

초나라의 대부로 섭 지역에 봉해져 있던 섭공이 공자에게 정치의 원리에 대해 자문을 구하였다.

공자는 간단하게 일러 주었다.

"정치는 먼 곳에 사는 사람을 찾아오게 하고 가까이 있는 사람의 마음을 얻는 데 있습니다."

그러던 어느 날, 섭공이 자로에게 공자의 사람됨이 어떤지를 물었다. 아니, 스승의 사람됨을 평가해 달라니. 제자 자로가 대답하지 않았다. 공자가 이런 소식을 듣고 자로에게 말하였다.

"자로야, 너는 어찌하여 답해 주지 않았느냐? '그 사람됨이 인간의 길이 무엇인지 배우기를 게을리 하지 않고, 사람을 깨우치는 일을 싫어하지 않으며, 일에 열중하여 먹는 것을 잊어버리고, 삶을 즐겨 근심마저 잊는 정도이며, 늙어 가는 것도 모르고 살아가는 사람이다.'라고."

공자의 천하주유(天下周遊)는 계속되었다. 섭 지역을 떠나 채나라로 돌아오는 길에 장저와 걸익이라는 사람이 함께 짝을 이루어 밭을 갈고 있었다. 공자는 그들이 자신의 지혜를 감추고 숨어 사는 은자(隱者)임을 직감하였다. 그리고 자로에게 나루터로 가는 길을 물어보게 하였다.

장저가 자로에게 물었다.

"저 수레에서 고삐를 잡고 있는 사람은 누구시오?"

자로가 말하였다.

"저분이 바로 공자이십니다."

장저가 말하였다.

"노나라의 공자?"

자로가 말하였다.

"그렇습니다."

장저가 말하였다

"그렇다면 그가 나루터를 잘 알고 있을 것입니다."

걸익이 자로를 보고 물었다.

"그런데 당신은 누구시오?"

자로가 말하였다.

"나는 중유란 사람입니다."

걸익이 말하였다.

"당신은 공자 제자요?

자로가 말하였다.

"그렇습니다."

그러자 걸익이 아니꼬운 듯 말하였다.

"당신들 참 한심하오. 지금 세상이 아주 어지러운데 누가 이를 바로잡을 수 있겠소? 나쁜 제후들을 정면으로 상대하지 않고 저 공자처럼 쓸데없이 피해 다니며 왔다 갔다 하는 사람이 많은데, 그래서야 세상을 바꿀 수 있겠소? 차라리 세상을 피하는 사람을 따라다니는 것보다 세상을 피하는 사람을 따르는 것이 더 낫지 않겠소?"

그러고는 쳐다보지도 않고 고무래로 씨를 덮으며 밭일을 계속하였다.

자로가 이들이 한 말을 공자에게 전해 주었다. 그러자 공자는 하늘을 한 번 쳐다보고는 실망스런 표정을 지으며 한참 후에야 말하였다.

"사람이 인간 사회를 피해 짐승 무리와 같이 살 수는 없다. 세상에 인간의 길이 제대로 실행되고 상식이 통한다면 나도 이를 바꾸려 하지 않을 것이다. 왜 쓸데없이 여러 나라를 두루 돌아다니겠는가?"

그러던 어느 날 자로가 길을 가다 망태기를 메고 있는 노인을 만났다. 스승 공자가 어디로 갔는지 알 수 없어 헤매던 자로가 물었다.
"혹시, 우리 선생님을 보지 못했습니까?"
노인이 말하였다.
"아니, 무슨 소리여. 팔다리를 부지런히 움직여 일도 하지 않고 먹는 곡식의 종류도 구별하지 못하는 사람들! 당신 선생이 누군지 내가 어찌 알겠소?"
노인은 지팡이를 세워 두고 계속해서 약초를 캤다.
한참 길을 가다가 공자를 발견한 자로가 이 사실을 공자에게 알리자 공자가 말하였다.
"그 노인은 은자임에 분명하다."
그러고는 그 자리에 되돌아가 보았으나 노인은 이미 떠나고 없었다.

공자가 채나라로 간 지 3년 되던 해, 오나라가 진나라를 공격하였다. 초나라 군대는 진나라를 구원하기 위해 초나라의 읍인 성보에 주둔하고 있었다. 이때 공자가 진나라와 채나라의 중간 지역에 머무르고 있었다. 이 소식을 듣고 초나라에서 사람을 보내 공자를 초빙하였다. 공자가 초나라의 초빙에 응하여 가기 위해 예를 갖추려고 할 때 진나라와 채나라의 대부들이 모여 심각하게 논의하였다.
"공자는 훌륭한 사람이다. 그는 현재 제후들의 실정(失政)에 대해 신랄하게 비판하고 있다. 진나라와 채나라의 중간 지역에 오래 머무르고 있는 그간에 여러 대부들의 행실이 대부분 공자의 뜻에 맞지 않았다. 현재의 초나라는 큰 나라이다. 그런데 공자를 초빙하려 한다. 공자가 초나라에 등용되면 진나라와 채나라에서 일을 하던 대부들이 위험하게 될 것이다."

그리하여 진나라와 채나라의 대부들은 부하들을 풀어 초나라로 가려던 공자를 들판에서 포위하였다. 포위당한 공자는 초나라로 가지도 못하고 식량마저 떨어졌다. 공자를 따르던 제자들은 굶어서 제대로 일어나지도 못했다. 이런 상황에서도 공자는 흐트러지지 않았다. 평소처럼 강의를 하고 책을 낭송하며 거문고도 연주하였다.

화가 난 제자 자로가 공자에게 대들듯이 말하였다.

"훌륭한 사람에게도 이렇게 곤궁함이 있습니까?"

공자가 말하였다.

"훌륭한 사람은 곤궁해도 삶을 잘 조절한다. 소인배들은 곤궁하면 예의를 잃고 제멋대로 행동하기 쉽다."

참다못한 자공의 낯빛도 상당히 변해 있었다. 이를 본 공자가 말하였다.

"사야, 너는 내가 널리 배워서 많이 아는 사람이라고 생각하느냐?"

자공이 대답하였다.

"예, 그렇습니다. 그렇지 않습니까?"

공자가 말하였다.

"그렇지 않다. 나는 하나의 기본 원칙으로 세상을 통찰할 뿐이다."

자로와 자공의 불만을 보고 공자는 제자들의 마음이 상해 있음을 알았다. 이에 자로를 불러 물었다.

"시에 이르기를, '들소도 아니고 호랑이도 아닌데 저 넓은 들판에서 헤맨다.'라고 했는데, 우리의 처지가 바로 그런 격이 아니냐? 그런데 왜 우리가 여기서 이런 곤란을 당해야 하지? 내가 여기서 어떻게 해야 한단 말이냐?"

자로가 말하였다.

"아마도 우리가 착하지 못하기 때문에 그런 것 아니겠습니까? 그래서 사람들이 우리를 믿지 않는 것이겠지요. 아마도 우리가 지혜롭지 못하기 때문에 그런 것 아니겠습니까? 그래서 사람들이 우리를 포위하여 가둔 것이겠지요."

공자가 말하였다.

"그러하냐, 중유야. 착한 사람이라고 반드시 믿어 준다면 어째서 백이와 숙제가 수양산에서 굶어 죽었겠는가? 지혜로운 사람이라고 해서 반드시 포위망을 뚫고 나간다면 어찌 상나라 때 걸왕의 숙부인 왕자 비간이 심장을 도륙 당했겠는가?"

자로와의 대화가 끝나자 자공이 들어가 공자를 뵈었다.

공자가 조용히 물었다.

"사야, 시에 이르기를, '들소도 아니고 호랑이도 아닌데 저 넓은 들판에서 헤맨다.'라고 했는데, 우리의 처지가 바로 그런 격이 아니냐? 그런데 왜 우리가 여기서 이런 곤란을 당해야 하지? 내가 여기서 어떻게 해야 한단 말이냐?"

자공이 대답하였다.

"선생님이 추구하는 길이 너무나 크기 때문에 세상의 어떤 나라에서도 선생님의 뜻을 받아들이지 못합니다. 선생님께서는 어째서 자신의 길을 조금도 낮추지 않으십니까?"

공자가 말하였다.

"사야, 훌륭한 농부가 씨뿌리기에 능숙하다고 하여 반드시 곡식 수확을 잘하는 것은 아니란다. 훌륭한 장인이 정교한 솜씨를 가졌다 하여 반드시 그것을 쓰는 사람을 만족시키는 것은 아니란다. 훌륭한 정치 지도자가 나라의 기강을 세우고 통제를 잘할 수 있다고 해서 반드시 그것이 세상 모든 사람에게 수용되는 것은 아니란다. 지금 너는 너의 도를 닦지 않고 스스로의 도를 낮추면서 남에게 수용되기를 바라고 있다. 사야, 너의 뜻이 아직 원대하지 못하구나."

자공이 나가고 안연이 들어와 공자를 뵈었다.

공자가 물었다.

"회야, 시에 이르기를, '들소도 아니고 호랑이도 아닌데 저 넓은 들판에서 헤맨다.'라고 했는데, 우리의 처지가 바로 그런 격이 아니냐? 그런데 왜 우리가 여기서 이런 곤란을 당해야 하지? 내가 여기서 어떻게 해야 한단 말이냐?"

안연이 대답하였다.

"선생님이 추구하는 길이 너무나 크기 때문에 세상의 어떤 나라에서도 선생님의 뜻을 받아들이지 못합니다. 하지만 선생님께서는 지금까지 인간의 길이 무엇인지 추구해 오셨습니다. 저들이 받아들이지 않는다고 해서 걱정할 필요는 없을 듯합니다. 오히려 훌륭한 사람의 모습은 올바른 길이 받아들여지지 않은 후에 드러납니다. 인간의 길을 제시하여도 그것을 닦지 못하는 것은 개인의 잘못입니다. 인간의 길이 무엇인지 제대로 터득한 훌륭한 사람이 있는데도 제대로 등용하지 않는 것은 나라를 가지고 있는 사람의 잘못입니다. 그러니까 선생님의 길이 받아들여지지 않는 것이 무슨 걱정거리겠습니까? 아까 말씀드린 것처럼, 훌륭한 사람의 모습은 올바른 길이 받아들여지지 않은 후에 드러납니다."

자신의 마음을 대변하는 듯한 제자 안연의 말에 공자는 너무나 기뻤다. 오랜만에 얼굴에 웃음기를 머금고 말을 하였다.

"그렇던가, 안씨 집안의 자제여! 자네가 많은 재물을 모아 부자가 된다면 나는 자네의 재물을 관리하는 집사가 되겠네, 그려!"

여러 가지 정황을 고려한 후 공자는 자공을 초나라로 보냈다. 초나라 소왕은 군사를 보내 공자를 보호하고 초나라로 맞이할 준비를 하였다. 이에 제나라와 채나라 사이의 포위망, 그 곤궁에서 벗어날 수 있었다.

초나라로 간 공자는 융숭한 대접을 받았다. 초나라 소왕은 서사의 땅 700리를 공자에게 봉해 주려고 하였다. 그러자 초나라의 재상이던 소왕의 형, 영윤 자서가 말하였다.

"왕의 제후에게 사신으로 보낼 사람 중에 자공만 한 사람이 있습니까?"

소왕이 말하였다.

"없습니다."

그러자 자서가 또 말하였다.

"왕을 보필할 신하 중에 안회만 한 사람이 있습니까?"

소왕이 말하였다.

"없습니다."

자서의 물음은 계속 되었다.

"왕의 장수로서 자로만 한 사람이 있습니까?"

소왕이 말하였다.

"없습니다."

자서가 다시 물었다.

"왕의 장관으로서 재여만 한 사람이 있습니까?"

소왕이 말하였다.

"없습니다."

자서의 충고는 계속되었다.

"우리 초나라의 선조가 처음 주나라로부터 봉토를 받았는데 자남의 땅 50리를 받았습니다. 그런데 지금 공자는 삼황오제의 정치 방법을 말하고 주공과 소공의 공적과 덕행을 밝히고 있습니다. 왕이 공자를 등용하시면 초나라가 대대로 당당하게 다스려 온 수천 리의 땅을 어떻게 보존할 수 있겠습니까? 문왕은 풍 지역에서 일어났고 무왕은 호 지역에서 일어났지만 100리에 불과한 작은 땅을 가진 임금으로 마침내 세상을 통일했습니다. 공자가 봉토를 받아 땅을 소유하고 저렇게 많은 현명한 제자들이 공자를 보좌한다면, 결코 초나라에 좋은 일은 아닙니다."

이러한 충고를 심각하게 들은 소왕은 공자에게 봉토를 주려고 했던 계획을 취소하였다. 그해 가을, 초나라 소왕은 성보에서 죽었다.

어느 날 초나라의 광인(狂人)인 재여가 공자 앞을 지나가며 이렇게 노래를 불렀다.

봉황새야! 봉황새야!
너의 덕은 어찌 이리도 쇠락했는가

지난날의 잘못을 돌이킬 수는 없지만

앞날의 잘못을 피할 수는 있으리

두어라! 그만두어라!

지금 정치하는 자 모두

위험하다, 정말 위험하다!

  재여는 사실 미친 사람이 아니었다. 높은 벼슬을 할 수 있는 실력과 능력을 갖춘 아주 현명한 사람이었다. 하지만 혼란한 시기를 겪으면서 미친 체하여 벼슬하지 않고 밭을 갈면서 먹고 살았다. 그러던 그가 공자의 모습을 보고 안타까워서 지은 노래였다.

  노래를 들은 공자는 수레에서 내려 그와 이야기를 나누려 하였다. 그러나 재여는 재빨리 피해 버렸다.

  이때 공자의 나이 63세, 공자는 초나라에서 위나라로 돌아왔다. 사실, 공자의 고국인 노나라와 위나라의 정치는 형제처럼 비슷했다. 왜냐하면 노나라를 세운 주공과 위나라를 세운 강숙이 형제이기 때문이다. 그러다 보니 두 나라의 정치 형태나 사회 문화, 정치적 혼란까지도 비슷한 모습을 띠고 있었다. 또한 공자가 위나라를 자주 드나들었던 것도 이와 무관하지 않았다.

  이 무렵, 위나라 군주는 첩이었다. 그의 부친인 괴외는 군주의 자리에 오르지 못하고 다른 나라에 도망가 있었다. 이런 상황을 보고 제후들은 위나라 군주가 부친에게 군주의 자리를 양보해야 한다고 압박하고 있었다. 당시 공자의 제자들 중에 위나라에서 벼슬하는 사람이 많았고 위나라 군주는 공자에게 정치를 맡기려 하였다.

이런 상황을 반영하여 제자 자로가 물었다

"위나라 군주가 선생님께 정치를 맡기려 합니다. 혹 정치를 맡으신다면 먼저 무엇을 하시겠습니까?"

공자가 말하였다.

"반드시 명분부터 바로잡겠다."

자로가 말하였다.

"세상 사람들이 무엇이라고 하는지 아십니까? 선생님은 재빠르지 않고 세상 물정에 어둡다고 합니다. 무슨 명분을 어떻게 바로잡으시겠다는 것입니까?"

공자가 말하였다.

"자네, 정말 거칠게 말하는구먼. 무척 답답하네. 명분이 바로 서지 않으면 말이 순조롭지 못하고, 말이 순조롭지 않으면 일이 이루어지지 않으며, 일이 이루어지지 않으면 예악이 일어나지 않는다네. 예악이 일어나지 않으면 형벌이 공정하지 않고, 형벌이 공정하지 않으면 백성이 제대로 살지 못하고 당황한다네. 훌륭한 사람이 정치를 하면 반드시 명분을 세워야 하고, 말을 하면 반드시 실행해야만 하지. 훌륭한 사람은 그 말을 경솔하게 하지 않을 뿐이라네."

그 다음 해, 염유는 계씨의 장수가 되어서 제나라와 낭 지역에서 싸워 이겼다. 그러자 계강자가 물었다.

"그대는 군대의 일이나 군사 쓰는 법을 배웠는가? 아니면 본래 그 방면에 타고난 재주를 지녔는가?"

염유가 대답하였다.

"스승 공자께 배웠습니다."

계강자가 물었다.

"공자는 어떠한 사람인가?"

염유가 말하였다.

"공자를 등용하면 나라의 명성을 높일 수 있습니다. 그의 정치 방법은 어떤 차원에서도 유감이 없을 것입니다. 그에게 저와 같은 식으로 직책을 부여한다면 개인적으로 이득을 취하지 않을 것입니다."

계강자가 말하였다.

"공자를 모셔 오고 싶은데 가능하겠습니까?"

염유가 말하였다.

"공자를 모셔 오려면 먼저 그를 신임하시고, 소인배들이 그를 방해하지 못하도록 하면 가능할 것입니다."

이때 위나라의 대부 공문자가 태숙을 공격하려 하였는데 그 계책을 공자에게 물었다. 그러나 공자는 계책에 대해 모른다고 하고 물러나 수레를 타고 떠나면서 다음과 같이 조용히 말하였다.

"새는 나무를 선택하여 서식할 수 있다. 나무가 어찌 새를 선택할 수 있겠는가?"

공문자는 떠나는 공자를 한사코 말렸다. 하지만 마침내 계강자는 공화와 공빈, 공림을 쫓아내고 예물을 가지고 공자를 불러와, 드디어 공자는 노나라로 돌아올 수 있었다.

노나라를 떠난 지 14년, 공자는 고국으로 돌아왔다. 노나라 애공이 정치에 관해 묻자 공자가 말하였다.

"정치의 근본은 신하를 잘 등용하는 데 있습니다."

'인사가 만사'라는 말처럼 공자도 그 점을 매우 강조하였다. 계강자도 정치에 관해 물었다. 이에 공자가 말해 주었다.

"정직한 사람을 뽑아 부정직한 사람 위에서 다스리게 하면 부정직한 사람도 정직해집니다."

또한 계강자가 도적들이 들끓고 있는 것을 걱정하니 공자가 말하였다.

"진실로 당신 스스로가 욕심을 부리지 않는다면, 아무리 상을 많이 준다고 해도 백성들이 남의 물건을 훔치지 않을 것입니다."

그러나 노나라는 끝내 공자를 등용하지 않았다. 공자 또한 관직을 구하지 않았다. 이 시점에서 공자는 일생일대의 교육과 학문적 기획을 구상한 듯하다. 본격적으로 제자를 교육하는 동시에 당시까지의 학문적 업적인 경전을 정돈하였던 것이다.

공자의 교육과 학문, 그리고 삶의 자세

공자의 시대에는 주나라 왕실이 쇠퇴하여 예악이 없어지고 시서(詩書)도 흩어졌다. 예악은 일종의 문화이다. 그런데 당시 문화의 종합이라고 할 수 있는 화려했던 주나라의 제도와 문물이 사라진 것이다. 이를 안타까이 여긴 공자는 하·은·주 삼대의 예를 집중적으로 탐구하였다. 그것이 이른바 서전(書傳)의 편차가 되었다. 그 내용을 보면, 위로는 요임금과 순임금 시대부터 아래로는 진(秦)나라의 목공에 이르기까지 그 사적을 순차적으로 정리하였다. 그러면서 공자는 그 한계와 의의를 분명하게 말하였다.

"나는 하나라의 예에 대해 말할 수 있다. 하지만 그 후대인 기나라의 것에 대해서는 증명하기에 부족하다. 자료가 없기 때문이다. 나는 은나라의 예에 대해 말할 수 있다. 하지만 그 후대인 송나라의 것에 대해서는 증명하기에 부족하다. 이 또한 자료가 없기 때문이다. 기나라와 송나라의 문헌이나 자료가 충분하였다면 나는 그것을 증명할 수 있었을 것이다."

공자는 또 하나라와 은나라의 예가 없어지거나 더해진 것을 보고 그의 역사관을 피력하기도 하였다.

"이후, 100세대의 세월이 흐른다고 하더라도 예악, 이른바 문물과 제도의 변천을 짐작할 수 있다. 예를 들면, 은나라는 소박하고 질박한 문화적 경향을 나타내었고 주나라는 꾸밈이 많고 화려한 문화적 경향을 드러내었다. 두 나라는 서로 다른 소중한 가치 기준을 통해 자기 나라의 문화를 표현하였다. 주나라는 이전의 하나라와 은나라, 두 나라의 제도와 문물을 거울삼아 문화를 만들어 내었으므로 그 문화는 풍성하고 화려하다! 나는 주나라의 문화를 따르겠다."

이런 정신에 근거하여 공자는 『서전』과 『예기』를 최초로 편찬했다고 한다. 게다가, 공자는 음악에도 매우 조예가 깊었고 그것을 스스로 정돈했다는 자부심이 있었다. 노나라 태사에게 말하는 과정에 그런 모습이 포착된다.

"음악을 연주하는 과정은 다음과 같이 이해할 수 있다. 연주를 시작할 때는 오음(五音)이 조화를 이루고, 그 다음에는 맑고 순수하여 잘 어울리며, 후반부에서는 앞의 것을 끊지 않고 잘 이어 여운을 남겨야 한다. 이런 시작과 중간, 마무리를 통해 한 곡이 완성된다. 내가 위나라에서 노나라로 돌아온 이후에 비로소 음악이 바르게 되었다. 예를 들면, 연회 때 쓰던 노래, 제사 때 부르는 노래 등 상황에 맞게 정돈하였다."

옛날에는 시가 3,000여 편이나 되었다. 하지만 어지럽게 흩어져 있던 것을 공자가 그 중복된 것을 빼고 예의에 응용할 만한 것을 가려서 새롭게 편집하였다. 위로는 상나라의 시조로 일컬어지는 설과 주나라의 시조로 일컬어지는 후직에 관한 시를 뽑아내었다. 중간으로는 은나라와 주나라의 성대함을 노래한 시를 모아 놓았다. 아래로는 서주의 정치를 망쳐 놓은 유왕과 려왕의 실정에 관한 시까지도 모았다. 이렇게 정리한 305편이 바로 『시경』이다. 이 시에 공자는 곡조를 붙여 노래를 불렀는데, 이로부터 예악이 서서히 회복되어 서술할 수 있게 되었으며 왕도가 갖추어지고 육예가 완성되었다고 한다.

공자는 만년에 역(易)을 좋아하여 단과 계, 상과 설괘, 문언 등 이른바 십익(十翼)을 정리하였다. 죽간을 꿰맨 가죽 줄이 세 차례나 끊어질 정도로 역을 무수히 읽었다는 일화는 유명하다. 그러고도 부족했는지, "수년 동안의 시간이 나에게 주어진다면 역에 대해 더욱 잘 이해하여 통달할 수 있을 것이다."라고도 하였다.

공자는 시와 서, 예와 악으로 제자를 가르쳤다. 제자는 약 3,000명에 이르렀고, 그중에서 육예에 통달한 자가 72명이나 되었다고 한다. 한편 위나라 사람인 안탁추와 같이 다양한 측면에서 가르침을 받고도 육예에 통달하지 못한 자도 매우 많았다.

공자는 네 가지 차원에서 제자를 가르쳤다. 즉 글을 하는 일, 행동으로 실천하는 일, 최선을 다하는 충실함, 타자에 대한 믿음이다. 그리고 억측하지 말 것, 독단하지 말 것, 고집하지 말 것, 스스로 옳다고 여기지 말 것 등 네 부분에서는 매우 엄격하였다. 특히 공자가 신중하게 생각하였던 것은 세 가지다. 제사나 공식 행사 때에 재계하는 일, 끊임없이 이어지는 전쟁에 대한 고민, 인간에게 필연적으로 다가오는 질병이 바로 그것이다.

공자는 개인의 욕심으로 이익을 얻으려는 것에 대해서는 거의 말하지 않았다. 어쩔 수 없이 이익에 대해 말해야 하는 경우에는 반드시 운명이나 덕망과 결부시켰다. 제자를 가르칠 때, 스스로 고민하며 알려고 노력하지 않으면 깨우쳐 주지 않았다. 또 한 모퉁이를 가르쳐 주었는데 나머지 세 모퉁이에 대해 스스로 알려고 노력하지도 않고 고민을 거듭한 후에 물어 오지 않으면 다시 되풀이해 가르쳐 주지 않았다.

공자는 향당, 즉 그 지방 사정에 밝은 어른이나 유지가 있는 곳에서는 너무나 공손하여 말을 못하는 사람처럼 행동하였다. 하지만 종묘나 조정에서는 조리 있게 말을 잘하면서도 말 한마디 한마디에 신중을 기했다. 조정에서 높은 관직에 있는 상대부들과 대화할 때는, 높은 자리에 있는 사람이라고 하여 아부하지 않고 태연하면서도 할 말은 다하였다. 낮은 자리에 있는 하대부들과 얘기할 때는 오히려 온화하면서도 즐겁게 대하였다.

공자는 군주의 궁문에 들어갈 때는 머리를 숙이고 허리를 굽혀 경의를 표하였고, 그 앞으로 빨리 걸어 나아갈 때는 단정하게 예의를 갖추었다. 왕이 손님을 접대하도록 명하면 정성을 다하여 모셨고, 왕이 부를 때는 수레가 준비될 때까지 기다리지 않고 서둘러 달려갔다.

공자는 상한 생선이나 썩은 고기, 반듯하게 썰지 않고 아무렇게나 잡아서 제멋대로 잘라 놓은 고기는 먹지 않았다. 자리가 올바르지 않으면 앉지 않았고, 상을 당한 사람 곁에서 식사를 할 때는 절대 배불리 먹지 않았다. 초상집에서 곡을 한 날은 종일토록 흥에 겨운 노래를 부르는 것은 피했다. 상복을 입은 사람이나 맹인을 보면 그가 어린아이라고 할지라도 반드시 표정을 바꾸어 슬픔을 나누려고 노력하였다. "세 사람이 길을 가면 반드시 그 가운데 나의 스승이 될 사람이 있다."라고 하였고, "덕이 닦이지 않고 학문을 강습하는 데 게으르며, 올바른 이치를 듣고도 쫓아가 행하지 않고, 잘못이 있어도 고치지 않는 것, 이런 몇 가지가 늘 우려하는 것이다."라고 말하였다.

공자는 노래를 시켜 보아서 잘 부르면 다시 부르게 하고 그런 다음에는 따라 불렀다. 특히 괴이한 것, 난폭한 것, 문란한 것, 그리고 헤아리기 힘든 귀신과 같은 것에 대해서는 말하지 않았다.

한편, 공자에 대한 제자들의 평가도 다양하다.

자공의 경우, "선생님이 문장을 통해 가르쳐 준 것은 알아들을 수 있는데, 천도와 성명에 대해 말한 것은 얻어들을 수 없었다."라고 하였다.

안연의 평가는 공자를 더욱 우러러보게 만든다.

"선생님의 학문은 우러러볼수록 더욱 높고 깊이 파고들수록 더욱 단단하다. 앞에 있는가 하고 쳐다보면 어느새 뒤에 있다. 선생님은 차근차근 하나씩 단계적으로 사람을 이끌어 주고 풍부한 자료와 정확한 문장으로 넓게 배우도록 인도한다. 그리고 예의와 도덕으로 행동을 절제할 수 있게 한다. 이 때문에 내가 선생님께 배우기를 그만두고자 해도 그만둘 수가 없었다. 나의 재주와 능력을 다하여도 선생님의 학문과 인품은 우뚝 솟아 있는 것 같아 아무리 따라가려고 해도 따라갈 도리가 없다."

달항당에 사는 어떤 사람이 말하였다.

"공자는 정말 위대합니다. 엄청나게 배웠으나 뚜렷하게 이름을 날리지는 못하였습니다."

공자가 이 말을 듣고 말하였다.

"내가 어떤 기술로 명성을 떨칠 수 있을까? 수레를 모는 마부가 적합할까? 활을 쏘는 사수가 적합할까? 둘 중에 택하라면 나는 차라리 마부가 되련다."

그러자 곁에 있던 제자 자로가 말하였다.

"선생님께서는 늘 이렇게 말씀하셨다. '나는 관직에 등용되지 못하였기 때문에 자잘한 기술을 많이 배울 수 있었다.'"

노나라 애공 14년 어느 따스한 봄날, 노나라의 습하고 낮은 땅인 대야에서 여러 사람이 사냥을 하였다. 이때 숙손씨의 마부였던 서상이 괴상하게 생긴 짐승을 잡았다. 함께 사냥을 나갔던 사람들은 이를 보고 좋은 일이 생길 징조는 아니라고 수군거렸다.

공자가 그것을 보고 말하였다.

"그 짐승은 기린이다."

그제야 그들은 그 짐승을 둘러메고 사냥에서 돌아왔다. 이런 일련의 과정을 지켜본 공자는 답답한 마음에 다음과 같이 말하였다.

"이제 좋은 일은 없을 것 같다. 예전처럼 황하에서는 등에 도판을 메고 하늘로 오르던 용이 다시 나타나지 않는구나. 낙수에서는 서판을 진 거북이 다시 나타나지 않는구나. 하도(河圖)·낙서(洛書)와 같은 길한 일이 생기지 않으니, 세상을 향한 나의 희망도 이제 끝나는가 보다!"

사랑하는 제자 안연이 죽자, 공자는 긴 한숨을 내쉬었다.

"아! 하늘이 나를 버리시는구나!"

곡부의 서쪽 지역에서 잡힌 기린을 보자 공자가 말하였다.

"세상에 인간의 길을 제대로 알리려던 나의 열망이 이제 끝나가는구나!"

그러고는 긴 한숨을 내쉬며 말하였다.

"이제 아무도 나를 알아주지 않는구나!"라고 하였다.

그러자 자공이 말하였다.

"어째서 선생님을 알아주는 이가 없다고 하십니까?"

공자가 말하였다.

"나는 하늘을 원망하거나 사람을 탓하지 않는다. 인간 세상에서 삶의 길이 무엇인지 배웠고 자연 세계에서는 그 질서와 이법에 통달하려고 했을 뿐이다. 이렇게 혼탁한 인간 세상에서 이제 나를 알아주는 것은 하늘 외에 무엇이 있겠는가!"

공자가 말하였다.

"자신의 뜻을 굽히지 않고 자신의 몸을 욕되게 하지 않은 사람은, 수양산에서 고사리나 산나물을 캐어 연명하며 숭고하게 살다간 백이와 숙제가 아닌가! 반면에 노나라의 대부 유하혜와 동이족 사람인 소련은 자신의 뜻을 굽히고 몸을 욕되게 하였다. 이런 부류의 사람들과는 달리, 이 시대의 은자인 우중과 이일이라는 사람은 은거하여 세상사를 논하지 않았다. 그러면서도 행동은 깨끗하였고 자리에서 물러나 화를 면하는 방법도 상황에 맞게 잘하였다. 그러나 나는 그들과 다르다. 할 수 있는 것도 없고 할 수 없는 것도 없다."

'너 자신을 알고 탐구하라!'라는 표현처럼, 공자는 자신이 어떤 존재인지를 정확하게 꿰뚫고 있었다. 자신의 거취 문제에서 늘 한쪽으로 치우치거나 고집하지 않고 모든 일을 정세와 상황에 따라 결정하였다. 이 때문에 절대로 할 수 있는 일이 없는 동시에 절대로 할 수 없는 일도 없었다. 이른바 '중용'을 체득한 인물 그 자체였다.

공자는 말하였다.

"아니야, 아니야. 훌륭한 사람은 죽을 때까지 자신의 분야에서 명성이 알려지지 않음을 걱정한다. 일평생 인간의 길에 대해 설파했건만 그 길이 제대로 행해지지 않았으니, 내 무엇으로 후세에 이름을 남기겠는가?"

이런 깨달음이 있은 후, 공자는 고국 노나라의 역사 기록에 근거하여 『춘추』를 지었다. 『춘추』는 노나라의 역사 문헌에 의거하여 기원전 722년에서 기원전 481년까지 모두 242년간의 역사를 기록한 책이다. 이는 유교 오경의 하나로 편년체 형식으로 쓴 최초의 기록이다. 위로는 노나라 은공으로부터 아래로는 애공 14년에 이르기까지 열두 공의 시대를 다룬다. 이처럼 공자는 고국의 역사를 서술의 중심에 두었다. 그리고 주나라를 가깝게 하고 은나라의 제도를 참고하여 하·은·주 3대의 문화와 제도를 다루었다. 기록한 내용은 간략하지만 제시하려는 뜻은 넓다.

예를 들면, 오나라와 초나라의 군주들이 스스로 왕이라 일컬었지만, 공자는 『춘추』를 통해 그들을 낮추어 본래 그들이 부여받았던 작위인 자작으로 바로잡았다. 또한 기원전 632년에 진나라 문공이 주나라의 천자와 제후를 불러 천토라는 지역에서 회맹을 하고 패권을 잡은 사실에 대해서도 명분에 맞게 기록하였다. 즉, 천토 지역에서의 회맹은 실제로 제후인 진나라 문공이 주나라 천자를 부른 것이다. 이는 도리에 어긋나는 짓이다. 따라서 공자는 『춘추』에서 그런 사실을 점잖게 표현하여, "주나라 천자가 하양 지역으로 사냥을 나갔다."라고 기록하였다.

『춘추』를 기록한 공자의 의도는 간단하다. 혼탁한 세상의 일그러진 기준을 명분과 법통에 의거하여 바로잡는 일. 공자가 당시 너무나 강력한 권력을 휘두르며 포악하기까지 한 제후들의 지위를 낮추거나 공적을 간략하게 줄여서 서술한 이유는, 나중에 군주가 될 사람들이 『춘추』를 참고하여 올바른 제후의 길을 실천할 수 있도록 일종의 지침을 주기 위한 것이다. 『춘추』가 의도하는 큰 뜻을 실천하면 세상을 어지럽히는 존재들은 자연스럽게 두려움에 떨게 될 것이다.

사실, 공자는 공적인 일을 처리할 때 매우 합리적이었다. 예전에 소송 관련 안건을 조사하고 심리할 때, 조직 구조상 다른 사람과 협조하고 의논해야 하는 경우에는 결코 혼자서 판단을 내리지 않았다. 그러나 『춘추』를 지을 때는 결연한 자세로 임하였다. 그 중요성에 비추어 보아 기록할 것이 있으면 더 보태서 기록하고 기록할 가치조차 없는 것은 분명하게 삭제하였다. 이것이 그 유명한 춘추필법(春秋筆法)이다. 너무나 결연한 자세로 역사를 기록하는 스승의 모습을 보고 곁에 있던 자하와 같은 제자들은 그에 대해 한마디도 거들 수 없었다.

공자는 자신이 지은 『춘추』가 어떤 의미를 지니는지 제자들에게 그 대강을 전수해 주었다. 그리고 그 가치를 다음과 같이 자평하였다.

"후세에 나를 알아주는 사람이 있다면 그것은 바로 『춘추』 때문일 것이다. 그와 동시에 나를 비난하거나 벌을 내리는 사람이 있다면 그 또한 『춘추』 때문일 것이다."

다음 해에 제자 자로가 위나라에서 죽었다.

노쇠한 공자에게도 병환이 찾아왔다. 제자 자공이 병문안 겸 스승을 방문했다. 마침 공자가 지팡이를 짚고 문 앞을 거닐고 있었다. 자공을 본 공자는 눈물어린 미소를 머금었다.

"사야, 어찌 그리 오래간만에 왔느냐?"

그러고는 나지막이 숨을 고르며 읊조렸다.

 태산이 무너지려는가!
 대들보가 부러지려는가!
 현인이 죽으려는가!

공자의 눈에 눈물이 가득 고였다. 긴 회한의 끝인가? 눈물은 뺨을 타고 흘러내렸다. 그리고 공자는 사랑하는 제자 자공에게 이 세상에서의 마지막 말을 남긴다.

"세상에 사람이 살아가야 할 삶의 기준이 없어진 지 오래되었구나! 내가 그것을 세상에 전하려 했건만 아무도 나의 말을 들어 주지 않는구나! 나를 높이는 이도 없고……. 하나라 사람은 장례를 치를 때 유해를 동쪽 계단에 모셨고, 주나라 사람은 서쪽 계단에 모셨으며, 은나라 사람은 두 기둥 사이에 모셨다. 어젯밤에 나는 두 기둥 사이에 놓여 사람들에게 제사를 받는 꿈을 꾸었다. 그런 걸 보니 나의 조상은 은나라 사람이 분명한 것 같다!"

7일 후, 공자는 조용히 눈을 감았다. 공자의 나이 73세. 때는 노나라 애공 16년 4월, 기원전 472년이었다.

공자의 사후 평가

공자가 세상을 떠나자 많은 사람들이 애도의 물결을 이루었다. 당시 노나라 최고지도자이던 애공은 다음과 같이 공자를 애도하였다.

하늘도 무심하구나!
이 한 노인마저 남겨 놓지 않고 데려가다니.
나 한 사람만 여기 버려두고
쓸쓸하게 병들어 울게 하는구나!
아, 슬프다! 공 선생이여!
홀로 좋을 일 하지 마소서!

이러한 애공의 만사를 보고 제자 자공이 말하였다.
"군주는 노나라에서 제대로 천명을 다할 수 없으리라. 선생님께서 예전에 '예법을 잃으면 질서가 어지러워지고 명분을 잃으면 죄악이 생긴다. 뜻을 잃는 것은 질서를 어지럽히는 일이고 당위성을 잃는 것은 죄악이 된다.'라고 말씀하셨다. 선생님께서 살아 계실 때는 제대로 등용하지 않고 돌아가신 후에 애도하는 것은 예의가 아니다. 또한 제후의 신분으로 '나 한 사람' 운운하는 것은 정말 명분에 맞지 않는 말이다."

공자는 노나라 도성의 북쪽 지역인 사수 부근에 묻혔다. 제자들은 모두 3년간 상복을 입었다. 마음에서 우러나오는 슬픔을 안고 삼년상을 마치고 헤어졌다. 이별하기 전에 다시 한 번 모두가 한바탕 통곡을 하고 각자 애도를 다하였다. 어떤 제자는 더 머물러 있기도 하였다. 그런데 자공만은 공자의 묘소 옆에 여막을 짓고 6년을 지키다가 떠났다.

나중에 공자의 제자들과 노나라 사람들이 묘소 주변에 와서 집을 짓고 살았는데 100여 가구나 되었다. 이들이 형성한 곳을 '공자 마을', 이른바 공리라고 하였다. 노나라에서는 대대로 새해를 맞을 때 공자의 묘소에 제사를 지냈다. 많은 유생들이 모여 예의를 논하고 향학의 졸업 의식인 향음례를 행하기도 했으며 활쏘기도 하였다.

공자의 묘소 크기는 1경이나 되었다. 공자가 옛날에 살던 집과 제자들이 거처하던 곳은 제자들에 의해 후세에 사당으로 만들어졌는데, 공자가 사용하던 의관과 거문고, 수레, 서적 등을 보관하여 한나라에 이르기까지 200여 년 동안이나 그대로 있었다.

한나라 고조 유방이 노나라를 지날 때 소와 양, 돼지 등 제물을 온전하게 갖추고 공자의 묘소에서 제사를 지냈다고 한다. 그 후, 제후, 경대부 등 재상이 부임하면 제일 먼저 공자의 묘소를 참배한 후 정사에 임하였다.

사마천은 공자 사후, 자신이 살았던 한 무제 시대까지 공자의 가계를 다음과 같이 간략하게 정돈하였다. 이 가계도는 남성을 중심으로 서술되었다. 공자의 후손 중에 뚜렷한 족적을 남긴 인사는 많지 않은 듯하다. 『중용』을 지은 손자인 자사와 한나라 때 경학자인 공안국 정도이다.

공자는 아들 리를 낳았다. 리의 자는 백어이다. 백어는 50세 되던 해 공자보다 먼저 죽었다. 백어는 급을 낳았는데, 그의 자는 자사이고 62세까지 살았다. 자사는 일찍이 송나라에서 고생을 하였고 『중용』을 지었다.

자사는 백을 낳았는데 백의 자는 자상이고 47세에 죽었다.

자상은 구를 낳았는데 구의 자는 자가이고 45세까지 살았다.

자가는 기를 낳았는데 기의 자는 자경이고 46세까지 살았다.

자경은 천을 낳았는데 천의 자는 자고이고 51세까지 살았다.

자고는 자신을 낳았는데 자신은 57세까지 살았다. 일찍이 위나라 재상을 지냈다.

자신은 부를 낳았는데 부는 57세까지 살았다. 중국 최초로 농민 봉기를 일으킨 진승의 편에 가담하여 진승이 진나라 왕인 섭으로 추대되면서 박사 직무를 맡아 보았으며, 진나라에서 죽었다.

부의 아우 자양은 57세까지 살았다. 효혜 황제, 즉 한나라 고조 유방의 아들인 유영의 박사가 되었다가 장사의 태수로 자리를 옮겼다. 공자와 비슷하게 키가 2미터에 육박하는 거구였다고 한다.

자양은 충을 낳았는데 충은 57세까지 살았다.

충은 무를 낳았다.

무는 연년과 안국을 낳았다. 안국은 한나라 무제의 박사가 되었다가 임희의 태수가 되었으나 일찍 죽었다.

안국은 앙을 낳았다

앙은 환을 낳았다.

사마천의 공자 평가는 매우 정제된 문체로 정돈되어 있다. 공자는 당시 계급·계층으로 보면 실제로 제후가 아니었다. 따라서 제후들의 일대기를 기록한 『사기』의 「세가」에서 논의할 대상이 아니었다. 하지만 사마천은 공자를 「세가」에 편입했다. 이유는 아래의 평가에 녹아 있다.

태사공 사마천이 말하였다.

"『시경』에 "높은 산은 우러러보며 큰 길은 따라가네"라는 노래가 있다. 내 비록 그 경지에 이르지는 못했으나 마음은 늘 그를 향해 있다. 나는 공자의 글을 읽고 그분의 사람다움이 얼마나 위대한지를 가늠할 수 있었다.

노나라에 가서 공자의 사당에 참배하고 수레, 의복, 예기 등을 보았으며 여러 유학자들이 수시로 그 사당에서 예를 익히고 있는 장면을 목격하였다. 그러고는 공경하고 사모하는 마음이 우러나 쉽게 그곳을 떠날 수 없었다.

역사적으로 세상에는 군왕에서부터 현인에 이르기까지 많은 사람들이 있었다. 그들은 생존 당시에는 영화스러웠지만 죽으면 그것으로 모든 것이 끝났다.

그러나 공자는 번듯한 벼슬자리를 누리며 영화롭게 지내지 못하고 포의로서 일생을 보냈다. 하지만 10여 세대를 지나도 여전히 많은 학자들이 그를 높이 받들고 있다. 천자·왕후로부터 나라 안에서 문화 제도와 삶의 길을 논하는 모든 사람에 이르기까지 모두 공자의 말을 기준으로 삼고 있다. 이런 점에서 공자는 진정으로 최고의 성인이라 말할 수 있다."

2부 『논어』 한글 독해

『논어』는 모두 20편으로 구성되어 있다. 각 편의 제목은 맨 앞의 두 글자 혹은 세 글자를 따서 만든 것이다. 따라서 각 편의 제목이 체계적이거나 논리적이지는 않다. 다만 각 편의 내용을 찬찬히 구명하다 보면 일정한 계열에 따라 분류하여 가름하고 있음을 느낄 수 있다.

제 1 편

학이

「학이」는 『논어』의 제1편이다. 첫 번째 편인 만큼 내용의 대부분은 사람이 사람답게 살아가기 위한 삶의 근본 문제를 다룬다. 삶의 원칙과 기준, 삶의 방법과 기술이 포괄적으로 담겨 있다. 모두 16개의 장으로 되어 있다.

1
공자는 배움을 통해 성취하는 삶의 전모를 다음과 같이 요약하였다.
"삶에 필요한 기예를 배우고 익혀라. 그것만큼 기쁜 일이 어디 있겠는가!

자신을 알아주고 함께 의견을 나눌 수 있는 벗이 먼 곳에서 찾아올 때, 이보다 반가운 일이 무엇이 있겠는가!

남들이 알아주건 알아주지 않건, 자신의 자리에서 역할과 기능을 충실히 해 나갈 때, 참된 사람은 그 진면목이 드러나리라!"

『논어』의 첫 마디는 배움(學)이다. 그것은 『논어』가 배움으로 일관하는 저작임을 상징한다. 그렇다면 무엇을 배워야 하는가?

사람에게 가장 중요한 배움은 인생을 살아가는 데 필요한 기술과 도덕, 즉 삶의 테크네이다. 유학에서는 그것을 크게 여섯 가지로 분류하여 설명하는데, 이른바 '육예'이다. 육예는 나 자신에 대해서는 물론이고 친구나 이웃들과 나누어야 하며, 더불어 살아가기 위한 공동체의 덕목이자 가치 체계로 작용한다. 자기 최선, 벗과의 만남과 교류, 소통, 내면화. 이런 삶의 의지와 희망, 열정의 텍스트(text) 가운데 모든 사람은 각자의 위치에서 충실해야 한다.

2

공자의 제자인 유약이 사람됨에 대해 말하였다.

"부모자식 사이에 효도하고 자애로우며 형제자매 사이에 우애 있는 사람 중에 윗사람에게 덤벼드는 자는 드물다. 윗사람에게 덤벼들기를 좋아하지 않는 사람으로서 난동부리는 자도 아직까지는 없었다. 참된 사람은 삶의 근본 문제를 다룬다. 왜냐하면 삶의 근본 문제가 파악되어야 인생의 길이 보이기 때문이다. 효도와 우애야말로 열린 마음으로 사람을 사람답게 대하는 길을 실천하는 기초 윤리이다."

사람됨의 문제는 가정 내에서 얼마나 제대로 윤리를 실천하느냐와 연관된다. 그것은 부모는 자식을 내리사랑 하고 자식은 부모에게 효도하며 형제자매는 서로 존중하여 우애를 다지는 일이다. 이는 가족 윤리에서 사회 윤리로 발전하여 삶의 근본 문제로 이어진다. 효도는 사회에서 윗사람과 아랫사람의 관계를 나타내고 우애는 동료애로 발전한다. 그러므로 효도와 우애는 사람을 사람답게 대하는 인(仁)의 실천 요소가 된다.

3

공자가 말하였다.

"말소리는 남들이 듣기 좋게 하고 낯빛은 남들이 보기 좋게 하는 사람 가운데 사람을 사람답게 대할 줄 아는 자는 드물다!"

사람을 만날 때 가장 쉽게 접할 수 있는 것이 말주변과 낯빛이다. 말은 온갖 미사여구를 동원하여 번지르르하게 듣기 좋게 하고, 얼굴빛은 웃음 가득 머금고 아양을 떨며 보기 좋게 하여, 남의 비위나 맞추려는 가식적인 행동은 참된 사람의 행동거지가 아니다.

4

공자의 제자인 증삼이 말하였다.

"나는 매일 세 번씩 세 가지 일에 대해 자신을 돌아본다. 첫째, 남을 위하는 일에 충실하였는가? 둘째, 벗들과 사귀면서 신뢰를 주었는가? 셋째, 스승으로부터 전해 받은 것을 제대로 익혔는가?(스승으로서 제대로 익히지도 않은 것을 전하지는 않았는가?)"

하루 일과를 정돈하며 일기를 쓸 때 어찌 세 가지 일만 가지고 말할 수 있겠는가? 지금처럼 복잡한 시대에 세 번, 세 가지 일로 하루를 마감할 수 있다면 그것도 행복일 수 있다. 매일 세 번, 세 가지로 반성하고 성찰한다는 언표는 하루에도 여러 번에 걸쳐 자신의 언행을 점검하며 삶에서 긴장의 끈을 놓치지 않으려는 노력을 가리킨다.

5

공자가 말하였다.

"1,000대가량의 전차를 소유한 큰 나라를 운영하려면 지도력을 발휘해야 한다. 어떤 일을 하건 깔끔하게 처리하고, 신뢰를 쌓아야 하며, 예산 낭비를 막고, 사람을 아끼며, 국민들에게 의무를 부과하되 때와 상황에 맞게 해야 한다."

큰 나라를 다스리려면 일을 할 때마다 충실하게 하여 국민들에게 믿음을 줘야 한다. 국민들이 낸 세금을 적절하게 쓰고 낭비하지 말아야 하며, 국민들의 삶을 존중하여 그들의 생업에 최대한 지장을 주지 않는 범위에서 그들에게 의무를 부과해야 한다.

6

어린 학생들이 글을 배우는 문제와 관련하여 공자는 다음과 같이 말하였다.

"첫째, 집에서는 부모자식 사이에 효도를 해야 한다.

둘째, 밖에서는 친구 사이에 우정을 나누어야 한다.

셋째, 어떤 상황에서도 신중하게 행동하고 신의를 지켜야 한다.

넷째, 어떤 사람을 만나더라도 열린 마음으로 대하고, 사람다운 사람을 만났을 경우 그를 더욱 가까이해야 한다.

일상에서 이런 생활을 제대로 실천하고 여유가 생길 때, 글공부를 해야 한다."

공자는 글공부 이전에 인생에게 중요한 것이 무엇인지를 심각하게 주문했다. 그것은 바로 살아가기의 덕목이다. 효도, 우정, 신중함, 신의, 개방적인 태도, 포용력 등. 삶을 살아가면서 상식적인 윤리 도덕조차도 지키지 못하는데 글공부에 매달리면 사람다움을 체득할 수 없다. 글공부에만 매진하면 많은 지식은 소유할 수 있을지는 모르나 아름다운 사람으로서 모범이 될 수는 없다. 지식 이전에 도덕 윤리를 실천하는 인간이 되어야 한다.

7

공자의 제자인 자하는 '배운 사람'의 의미를 정돈하면서 다음과 같은 의견을 피력하였다.

"자신이 가장 좋아하는 마음으로 지혜롭고 현명한 사람을 대우하고 존경하며, 온몸으로 부모를 모시며, 자신이 속한 조직과 공동체를 위해 헌신하고, 벗과 사귈 때 빈말을 하지 않는 사람! 그가 글을 배우지 못했을지라도 나는 이런 사람을 배운 데가 있다고 말하리라!"

자하가 말하는 '배운 사람'은 단순히 지식을 많이 알고 있거나 고등교육을 받고 석사·박사 학위를 받은 지식인의 차원에 머물지 않는다. '배운 사람'이란 일상에서 인간관계를 고려하고 윤리 도덕을 실행하는 사람다운 구실을 하는 지성적 존재이다.

8

공자가 말하였다.

"참된 사람은 모든 일에 신중해야 한다. 그렇지 않으면 위엄이 없어 보인다. 그리고 부지런히 배워서 열린 마음을 지녀야 한다. 그렇지 않으면 고집스럽게 보인다. 어떤 경우에도 충실과 신의를 삶의 무게 중심으로 삼고, 학문과 덕성이 나보다 못한 사람을 벗으로 사귀지 말며, 잘못이 발견되면 주저하지 않고 바로 고쳐야 한다."

참된 사람은 지도적 인물이자 교양을 갖춘 사람이다. 그의 언행은 묵직해야 하고, 그만큼의 권위도 있어야 하며, 지도력을 발휘할 자질도 갖추어야 한다. 충실한 행동과 신뢰를 최고의 덕목으로 삼고, 나보다 나은 사람에게서 늘 배우려는 자세를 가지며, 오류를 인정하고 고치려는 태도를 가져야 한다. 그것이 바로 지도력이다.

9

공자의 제자인 증삼이 말하였다.

"국가의 지도자는 솔선수범하여 돌아가신 분에 대해 진정으로 애도하고 정성껏 장례를 모셔야 한다. 나아가 돌아가신 부모나 선조의 제사를 잘 모셔 영혼이 평안하기를 기원해야 한다. 그래야만 국민들도 그것을 본받아 효도하고 사람이 기본적으로 지켜야 할 도덕성을 갖춘다."

상례와 장례, 그리고 제례는 동양의 유교 문화에서 매우 중시되는 전통이며, 지금도 인간 사회에서 벌어지는 어떤 행사보다 소중히 여기며 실천하고 있는 예식이다. 왜냐하면 죽음은 삶을 돌아보게 하는 주요한 계기로 작용하기 때문이다.

10

공자의 제자인 자금이 선배이자 공자의 수제자인 자공에게 물었다.

"선생님(공자)은 어떤 나라에 도착하시면 반드시 그 나라의 지도자로부터 정치 상황에 대해 듣습니다. 선생님께서 먼저 그것을 요청한 것입니까? 아니면 그 나라 지도자가 선생님께 조언을 듣기 위해 미리 제공한 것인가요?"

자공이 말하였다.

"선생님은 온화하고 선량할 뿐만 아니라 공손하고 검소하며 겸양한 인격을 갖추신 분이다. 그렇기에 그와 같은 덕성으로 각 나라의 지도자를 감화시킨다. 그 결과 각 나라에서는 자신들의 정치 상황에 대해 다양한 자문과 상담을 요청한다. 그러므로 선생님이 그것을 구한 것은 다른 사람이 그것을 구한 태도와는 다르다."

인격과 덕성은 사람 됨됨이를 규정하는 바탕이다. 공자는 남다른 인격과 덕성을 갖추고 각국의 지도자를 만났다. 그러고는 그들의 훌륭한 상담역이자 멘토 역할을 했다. 이것은 공자가 동양 최고의 스승이 될 수 있는 이유이기도 하다.

11

공자가 말하였다.

"부모가 살아 계실 때 자식은 마땅히 어른의 뜻을 살펴 받들어야 하고, 돌아가신 뒤에도 자연스럽게 살아 계실 때의 행적을 살펴 받들어야 한다. 최소한 3년 동안 부모가 추구했던 길을 바꾸지 않아야 효자라 일컬을 수 있고 효도했다고 할 수 있다."

유교에서 말하는 효도의 의미를 엿볼 수 있는 대목이다. 살아 계실 때는 부모가 원하는 바를 알아차리고 그것을 실천하여 부모 마음을 흡족하게 해 드리고, 돌아가신 후에도 어른의 유지를 받드는 것이다.

12
공자의 제자인 유약이 '예를 적용하는 문제'에 대해 말하였다.
"예를 어떻게 적용할 것인가? 예를 지키고 실천할 때 부드럽게 받아주고 궁색하게 굴지 않는 것이 핵심이다. 과거의 지도자들은 그것을 아름답게 여겼고 크고 작은 일들을 모두 이에 따라 처리하였다. 그러나 그것이 지나치면 일이 잘 안 될 때도 있다. 왜냐하면 예를 적용하는 것이 중요함을 알고 그것을 적용하되, 다시 예로써 조절해야 하기 때문이다."

동양 사회에서 예는 매우 중요한 삶의 양식이다. 주자에 따르면, 예는 "엄숙하면서도 태연하며, 부드러우면서도 절도가 있다. 이는 사람과 사람 사이의 관계에서 자연스럽게 발생한다." 예는 일상에서 예절이라는 말로 많이 쓰이는데, 예절은 모든 사람이 자신의 자리에서 역할과 기능을 확인하고 분수에 맞게 행동하는 일종의 질서 규범이다.

13
공자의 제자인 유약이 말하였다.

"약속을 정확하게 이행함이 사물을 올바르게 처리하는 것에 가까울 때 약속한 말을 실천할 수 있다. 공손함이 예의에 가까울 때 치욕적인 일을 당하지 않는다. 인연을 맺으면서 그 친근감을 잃지 않을 때 상호 존중할 수 있다."

사람은 언행과 교제를 통해 자신의 의사를 밝히고 관계를 만들어 간다. 이때 주의할 것은 시작과 끝에 대한 경계이다. 시작할 때는 신중히 해야 하고 결과가 어떻게 될지 깊이 생각해야 한다. 그러하기에 약속은 의리에 맞게, 공손함은 예의에 알맞게, 인정을 간직한 존중을 삶에서 실천할 수 있어야 한다.

14

어느 날 공자는 배우기를 좋아하는 사람의 성격에 대해 말하였다.
"참된 사람은 자기의 배만을 채우려 하지 않는다.
자기만이 편안하게 살려고도 하지 않는다.
자신이 맡은 일은 빠르게 처리하고 일과 관련해서는 말을 조심한다.
수시로 올바르게 일을 처리하는 사람을 찾아가 자신의 잘못을 고치려고 한다.
이런 사람이야말로 배우기를 좋아한다."

배움은 삶의 조건을 마련하는 데 필요한 원천이라는 점에서 삶의 본질이다. 그러기에 자신의 안락에 머물지 않고 자신의 허물과 단점을 발견하여 이를 보완하려는 적극적 자세에서 그 동기가 부여된다. 특히, 배움은 반성과 성찰을 통해 세상을 알아가는, 삶의 고백과 참회 속에서 이루어진다. 그런 이유로 역사상 수많은 위인들이 고백록과 참회록으로 일생의 배움 과정을 정돈하기도 했다.

15

공자가 제자 자공과 함께 가난함과 부유함에 대해 다음과 같은 대화를 나누었다.

자공이 물었다.

"가난한 생활을 하면서도 남에게 아첨하지 않는 사람이 있습니다. 또한 부유한 생활을 하면서도 교만하지 않은 사람이 있습니다. 이 두 가지 상황에 대해 어떻게 생각하시는지요?"

공자가 말하였다.

"둘 다 괜찮게 사는 것으로 생각되네. 하지만 가난한 생활 가운데서도 사람답게 사는 것이 충실하고 부유한 생활 가운데서도 예의를 지키며 착하게 사는 사람보다는 못한 것 같군."

자공이 말하였다.

"『시경』「위풍」의 '기오' 편에 나오는 "칼로 자르고 줄로 쓸고 끌로 다듬고 숫돌로 가는 듯이"라고 한 것, 이른바 "절차탁마(切磋琢磨)"라고 한 것이 바로 이를 가리키는 말입니까?"

공자가 말하였다.

"이제 자네와 함께 시를 이야기할 수 있겠구나. 지나간 일을 알려 주었더니 다가올 일도 아는구나."

유교는 일생을 통해 지속적인 수양을 강조하는 것이 특징이다. 절차탁마의 작업에서도 볼 수 있듯이, 조그마한 성공에 안주해서는 안 되며, 자신이 앓고 있는 병이나 단점을 끊임없이 살피고, 현실에 충실한 개선을 통해 예방하고 치유하는 노력을 게을리하지 않아야 한다.

16

공자가 말하였다.

"사람들이 나를 알아주지 않는다고 걱정하지 말고 내가 사람들을 알아보지 못함을 걱정해야 한다."

참된 사람은 스스로 쌓아 올린 학덕을 바탕으로 모든 것을 헤아린다. 따라서 남들이 알아주건 알아주지 않건 크게 문제 삼지 않는다. 중요한 것은 내가 바르게 알고 바르게 사는 일이다. 반대로 남을 바르게 알지 못할 경우, 무엇이 옳고 그른지, 무엇이 치우치고 바른지 분별할 수 없게 된다. 이 때문에 내가 남들을 모르는 것에 대해 심각하게 고민해야 한다.

제 2 편

위정

「위정」을 두 번째 편에 위치시킨 것은 유교의 이론과 연관된다. 그것은 '배움을 바탕으로 정치를 실천한다.'는 논리이다. 이 편은 모두 24개의 장으로 되어 있다.

1

공자가 정치의 원리에 대해 간결하게 말하였다.

"정치는 덕을 가지고 해야 한다. 그것은 북극성과 별자리의 관계에 비유할 수 있다. 북극성은 늘 그 자리를 지키고 여러 별들은 손을 맞잡고 절을 하듯이 북극성을 따른다. 정치는 이와 같아야 한다."

정치를 의미하는 정(政)은 현대적 의미에서는 정치인들의 정치 행위를 떠올리게 한다. 그러나 정은 모든 일에서 비뚤어진 것을 바르게 하는 작업으로 부정을 바로잡는 근간이 된다. 다시 말해, 곧은 마음으로 언행을 바르게 하여 정상으로 회복하는 일이다. 따라서 정사의 정(政)을 바를 정(正)과 같은 의미로 해석한다.

2

공자는 『시경』이라는 글이 얼마나 중요한지 다음과 같이 평가하였다.
"『시경』에 담겨 있는 시 300여 편의 의미를 한마디로 표현할 수 있지!
'생각에 치우침이 없다.'라고"

'생각에 치우침이 없다.'라는 것은, 특정 사물에 기울지 않아 간사하거나 어긋나는 마음을 두지 않으며, 충실하고 정성스럽게 알찬 삶을 지향하는 상징적 언표이다. '사악함이 없다'라는 극도의 간략한 표현을 통해 긍정성을 고조하기도 한다.

3

공자가 말하였다.
"정치를 할 때, 법령으로 사람을 이끌고 형벌을 써서 강압적으로 따르게 하면, 국민들은 법망을 뚫고 죄를 모면하려고만 하고 사람으로서 부끄러움을 느끼지 않는다. 반면에 덕성으로 사람을 인도하고 예의로 따르게 하면, 사람으로서 부끄러워할 줄도 알고 비뚤어진 마음도 바로잡는다."

법치와 덕치, 예치의 한 단면을 엿볼 수 있다. 공자는 어디까지나 덕치를 정치의 최고 가치로 내세웠고, 그 다음으로는 예의로 다스리는 예치, 그리고 어쩔 수 없는 난세의 경우 법치를 상정한 것으로 이해된다.

4

공자는 자신의 일생을 들어 배움의 과정을 다음과 같이 정돈하였다.

"나는 열다섯 살 무렵에 어른으로서 익혀야 하는 삶의 철학을 배우는 데 뜻을 두었다. 그리고 삶의 지혜와 기술이 담겨 있는 『시경』, 『서경』, 『역경』, 『예기』, 『춘추』 등 다섯 경전을 3년에 한 권씩 15년에 걸쳐 익혔다.

그리하여 서른 살 즈음에 삶의 목표가 섰고, 마흔 살 무렵에는 자연의 질서와 인간의 법칙을 깨달아 어떤 유혹이나 난관에도 쉽게 마음이 흔들리지 않았으며, 쉰 살 무렵에는 세상이 어떻게 이루어지는지 그 근원인 자연의 이법과 인생의 사명감을 깨달았다.

예순 살쯤 환갑 무렵에는 세상사에 관해 귀로 듣는 것은 무엇이나 훤하게 알아차리게 되었고, 일흔 살 무렵에는 하고 싶은 대로 행동해도 법도에 어긋나는 일이 없었다."

이러한 공자의 '어른 되기' 과정은 자신의 수양이 어떤 차원으로 승화되는지를 보여 주며, 인성의 성숙도를 살펴볼 수 있는 중요한 대목이다. 15년이 넘는 기간의 배움을 바탕으로 10년 정도를 주기로 삶의 경험을 통한 질적 측면의 전환이 번뜩인다.

5

공자에게 글을 배우기도 했던 노나라의 대부 맹의자가 효에 대해 묻자 공자는 아주 짧게 답하였다.

"부모님의 뜻에 어긋남이 없는 것입니다."

그때 제자인 번지가 수레로 공자를 모시고 있었는데 공자는 그 사실을 번지에게 알려 주면서 말하였다.

"맹손이 나에게 효에 대해 묻기에 내가 '부모님의 뜻에 어긋남이 없는 것이다.'라고 대답해 주었다."

그러자 번지가 물었다.

"무슨 뜻으로 하신 말씀입니까?"

이에 공자가 말하였다.

"부모가 살아 계실 때도 예로 섬기고, 돌아가셨을 때도 예로 장례를 치르며, 제사도 예로 모셔야 한다."

'부모님의 뜻에 어긋남이 없는 것'은 부모의 명령에 무조건 순종하는 것과는 차원이 다르다. 그것은 부모를 섬기는 예에서 처음부터 끝까지 일관되게 하고, 부모를 존경함에 소홀히 하지 않는다는 의미이다. 당시에는 이러한 부모 섬기기 예를 어기는 사람들이 많아 공자가 그런 사회 행태를 비판한 것으로 볼 수 있다.

6

맹의자의 아들인 맹무백이 효에 대해 묻자 공자는 간단하게 말해 주었다.

"부모는 오직 자식의 질병을 근심한다."

효는 부모의 걱정을 덜어 드리는 것에서 시작된다.『효경』에서도 "신체발부수지부모, 불감훼상 효지시야."라고 했듯이, 부모에게 걱정을 끼치지 않는 가장 기본적인 방법은 자기 몸을 건강하게 유지하는 일에서 출발한다. 특히, 몸이 아프지 않고 무사하게 살아 있는 모습!

7

공자의 제자인 자유가 효에 대해 묻자 공자가 말하였다.
"요즘 사람들은 효에 대해 부모를 물질적으로 봉양하는 데만 초점을 둔다. 사람이 개나 말과 같은 짐승을 키울 때도 먹이는 준다. 부모를 섬기는 데 존경하는 마음이 없다면 개나 말을 기르는 것과 무엇이 다르겠는가?"

효에서 가장 중요한 것은 부모에 대한 무한 존경이다. 그것은 단순하게 봉양하는 차원을 넘어 부모의 뜻을 헤아리는 정신적 안식과 연관된다. 즉, 눈에 보이는 가식적 효도가 아니라 가슴 깊이 우러나오는 부모를 향한 진정성이 효도의 근본이다.

8

공자의 제자인 자하가 효에 대해 묻자 공자가 말하였다.
"부드러운 낯빛으로 어른을 섬기기가 정말 어렵다. 해야 할 일이 있으면 젊은이들이 먼저 수고하고 술과 먹을거리가 있으면 어른께 먼저 올린다고 하여 효를 다했다고 할 수 있겠는가?"

자식이 부모를 섬길 때 언제나 안색을 밝게 하고 표정을 부드럽게 하기란 쉬운 일이 아니다. 또한 부모의 심기가 어떠한지 안색을 통해 파악하기도 쉽지 않다. 어른을 대신해서 일을 도맡아 하거나 먹을거리를 충분히 마련한다고 해서 효를 다한 것은 아니다. 이런 점에서 효는 이심전심과 같은 내면의 공감과도 통한다.

9

공자가 말하였다.

"하루는 제자 안회와 온종일 이야기를 나누었다. 그때 안회는 내 말을 정확하게 알아듣고 질문하거나 따지지 않았다. 어찌 보면 멍청하기 짝이 없었다. 하지만 안회가 일상에서 생활하는 것을 살펴보니 내가 해 준 말들을 누구보다 제대로 실천하고 있었다. 이런 점에서 안회는 절대 어리석은 사람이 아니다."

주자의 선생인 이연평은 이 장면을 다음과 같이 이해하였다. 안회는 그 사람됨이 속이 깊고 순수하며 훌륭한 사람의 면모를 갖추었다. 그러하기에 스승인 공자의 말을 듣고 마음에 새기고 세상 사물의 도리를 제대로 알고 그에 맞게 행동하였다.

10

공자가 말하였다.

"어떤 사람이 지금 무언가를 하고 있다. 무엇을 하고 있는지 슬쩍 한번 보라. 그리고 그가 왜 그것을 하고 있는지 자세히 살펴보라. 나아가 그가 무엇에 마음 편해 하는지 세밀하게 들여다보라. 그러면 그 사람의 인품을 알 수 있다. 사람이 어찌 자신을 숨길 수 있겠는가?"

사람을 이해하기 위해서는 그 사람이 현재 무엇을 하고 어떤 행동을 하는지 살피고 들여다볼 필요가 있다. 외면만이 아니라 내면까지도 조용히 파고들었을 때 그가 열심히 노력하며 자신이 하는 일에 만족하고 즐겁게 임한다면 훌륭한 사람으로 간주할 수 있다. 그렇지 않은 사람은 자신이 만족하거나 즐기는 일을 오래 지속하지 못하고 금방 사람들에게 들통 나고 만다.

11

공자는 다른 사람의 스승이 될 수 있는 요건에 대해 이렇게 말하였다.
"지나간 것을 살펴보는 동시에 다가오는 것을 알아야 한다. 그래야 남의 스승 노릇을 할 수 있다."

다른 사람의 모범이 되어야 할 스승은 전통에 대한 통찰력, 현재를 추동하는 실천력, 그리고 미래에 대한 예지력을 지녀야 한다. 그것은 옛날의 역사를 알고 그것을 현실에서 창조적으로 활용하는 작업이다.

12

공자가 말하였다.
"참된 사람은 그릇처럼 국한된 존재가 아니다."

그릇은 정해진 용도가 있다. 그릇마다 다른 용도가 있기에 그릇들은 서로 통하지 않는다. 이와 달리 참된 사람은 하나의 재능이나 기예만 지니고 있는 것이 아니라 여러 사안에 융통성을 발휘할 수 있는 인물이다.

다시 말해, 사람과 사람 사이에서 회통하고 유연성을 갖춘 존재로 볼 수 있다.

13

제자 자공이 참된 사람에 대해 묻자 공자가 말하였다.
"말하기 전에 먼저 행하고, 그 후에 말하는 사람이다."

우리 사회에는 말이 난무한다. 반면에 그것을 실천하는 사람은 드물다. 말만 난무하는 세상을 향해 공자는 실천을 강조한다. 말하는 것 자체는 절대 어려운 일이 아니다. 중요한 것은 실천이다.

14

공자가 말하였다.
"참된 인간은 두루 통하여 패거리를 만들지 않는다. 그러나 조무래기는 패거리를 만들고 두루 통하지 않는다."

인격을 제대로 갖춘 사람은 여러 사람들과 어울리고 서로 이해하며 공감대를 이끌어 낸다. 반면에 물질적 쾌락만을 일삼는 소인배들은 자신의 개인적 이익에 따라 당파를 만들어 욕심을 채우려 한다.

15

공자는 삶에서 어떻게 배우고 생각하는지에 대해 변증법적 태도로 접근하며 다음과 같이 말하였다.

"머리로 배우기만 하고 가슴으로 생각하여 따지지 않으면, 제대로 얻는 것이 없다.

단순하게 생각하여 따지기만 하고 온몸으로 배우지 않으면, 무엇을 해야 할지 갈피를 잡지 못하고 위태로운 삶으로 떨어진다."

삶을 제대로 운용하려면 온몸으로 배우고 온몸으로 생각하여 배움과 사고를 일치시키려고 노력해야 한다. 배움 하나에만 만족하거나 생각이 공상으로 확대되어 실제적이지 못한 상황으로 전락해서는 곤란하다. 배움과 사고의 역동적 전환은 구체적 행동을 유발하는 실천의 밑거름이 된다.

16

공자는 이단에 빠지는 것을 다음과 같이 경계하였다.

"쓸데없는 공부, 부질없는 일에 몰두하면 손해를 볼 수밖에 없다."

여기에서 이단은 지나치게 자신의 이익만을 추구하는 학설을 주장한 양주나 모든 사람에게 사랑을 베풀어야 한다고 주장한 묵자의 학설을 말한다. 이들은 세상에 부모도 없고 지도자도 없다고 한다. 얼핏 보면 이것들은 자기애와 타인애가 가득한 사랑과 평등의 학설 같지만, 역할에 따라 사람을 구별하지 않고 본분을 소홀히 하거나 삶의 태도를 합리적으로 처리하지 못할 우려가 있다.

17

공자는 용맹스럽고 정의감에 불타던 제자 자로에게 '안다는 것'의 의미를 정확하게 일러 주었다. 왜냐하면 자로가 용맹을 좋아하다 보니 자기가 알지 못하는 것에 대해 억지로 안다고 우기는 성격을 지녔기 때문이다.

"자로야! 거기 앉거라. 내 너에게 안다는 것이 무엇인지 가르쳐 주마. 아는 것은 안다고 하고 모르는 것은 모른다고 하는 것! 그것이 진정으로 아는 것이다."

진정으로 안다는 것은 풍부한 지식이 있음을 자랑하거나 높은 학력을 뽐내는 것이 아니다. 그것은 아는 것과 모르는 것을 정확하게 분별하고 판단하여 자신이 어떤 사람인지 솔직히 밝히는, 일종의 자기 고백 같은 것이다. 그것이야말로 자신을 적나라하게 타자에게 공개하여 의사소통의 밑거름을 마련하는 작업이다.

18

공자의 제자인 자장이 공직에 나가 봉급 받으며 사는 방법을 배우려 하였다. 이 모습을 보고 공자가 말하였다.

"먼저, 많이 들어라. 그 가운데 의심나는 것이 있으면 빼놓아라. 그리고 나머지 크게 의심하지 않아도 될 말 가운데서 신중하게 가려서 하면, 일상에서 잘못하는 일이 적을 것이다.

다음으로, 많이 보아라. 그 가운데 확실하지 않은 것 같다고 생각되는 부분은 빼놓아라. 그리고 나머지 확실하다고 생각되는 것 가운데서 신중하게 가려서 행동하면, 삶에서 후회가 적을 것이다.

말에 잘못이 적고 행동에 후회가 적으면, 반드시 공직자 생활을 잘 할 수 있을 것이다."

주자에 따르면, "많이 듣고 보면 학문이 넓어진다. 의심나는 것이나 확실하지 않은 것을 빼놓으면 선택이 쉬워진다. 말과 행동을 신중히 하면 지키는 것이 굳어진다." 따라서 학문하고 선택하여 올바른 것을 제대로 지키는 사람이 공직자가 되어야 하는 것이다.

19

노나라의 임금인 애공이 물었다.

"국민이 잘 따르게 하려면 어떻게 하면 됩니까?"

공자가 이에 대답하였다.

"정직한 사람을 등용하여 부조리한 사람의 윗자리에 배치하면 국민이 따르게 됩니다. 반대로 부조리한 사람을 높은 자리에 등용하여 정직한 사람 위에 쓰면 국민이 따르지 않을 것입니다."

이는 상식에 가까운 말이지만 정직과 부조리에 관한 사람의 지극히 당연한 반응이다. 일반적으로 사람들은 정직을 좋아하고 부조리를 싫어한다. 그래서 정직을 실천하고 부조리를 배척하려고 한다. 이 순리의 세계를 정당하게 이행하면 임금 자질을 갖추었다고 할 수 있다.

20

노나라의 장관인 계강자가 물었다.

"국민들이 최고지도자를 존경하고 충성을 다하게 하려면 어떻게 해야 합니까? 그와 동시에 일을 잘하도록 동기를 부여하려면 어떻게 해야 합니까?"

공자가 이에 대답하였다.

"최고지도자는 국민들에게 지도자로서의 예의와 태도를 보여 주어야 합니다. 그러면 국민들은 지도자를 공경하게 되지요. 지도자가 솔선수범하여 효도하고 자애를 베풀면, 자연스럽게 국민들이 충성하게 됩니다. 국민들 가운데 착한 사람을 등용하고 재능이 부족한 사람을 가르쳐 재능을 북돋아 주면, 그것이 바로 일을 잘할 수 있게 동기를 부여하는 것입니다."

최고지도자의 덕목은 의외로 간단하다. 지도자로서 그에 맞는 덕성과 위엄을 보여 주면 된다. 그리고 모든 사람에게 보편적인 감정인 효도와 자애를 스스로 실천하고 국민들을 위한 정치와 교육을 제공하면 되는 것이다.

21

어떤 사람이 공직에 있지 않은 공자에게 물었다.

"선생은 어찌하여 정치를 하지 않는가요?"

그러자 공자가 말하였다.

"『서경』에 이런 말이 있습니다. '부모에게 효도하고 또 효도하라. 형제자매 사이에 우애를 돈독히 하라. 이 효도와 우애가 정치에 반영된다.' 이렇게 보면 효도하고 우애하는 일이 바로 정치입니다. 어찌 공직에 나가 벼슬하는 것만이 정치이겠습니까?"

유학에서 정치는 일상생활 속에 있다. 효도와 우애 가운데 정치의 근원이 담겨 있고, 모든 생활을 바르게 하는 것이 정치의 목적이다. 그래서 정치의 정(政)을 바르다는 의미의 정(正)으로 풀이하였다. 정치는 정의를 베푸는 일에 불과하다.

22

공자가 말하였다.

"사람이 믿음직스럽지 않으면 그 쓸모를 알 수 없다. 소가 끄는 큰 수레에 멍에 걸이가 없고 말이 끄는 작은 수레에 멍에 걸이가 없다면 어떻게 수레를 끌고 갈 수 있겠는가?"

모든 사물은 제각기 그에 맞는 쓰임이 있다. 사람도 마찬가지다. 그중에서 사람의 쓸모를 가늠할 수 있는 기준이 바로 신의 또는 신뢰이다. 사람을 믿을 수 있을 때 그에 적합한 일을 제대로 맡길 수 있다.

23

공자의 제자인 자장이 물었다.

"세월이 가면 계속해서 왕조가 바뀌겠지요? 그렇다면 왕조가 열 번 정도 바뀐 다음에 세상이 어떠할지 알 수 있겠습니까?"

공자가 말하였다.

"나는 알 수 있다고 본다. 은나라는 하나라 제도를 바탕으로 건국하였다. 그러하기에 하나라와 은나라를 비교해 보면 은나라가 무엇을 빼고 더했는지 알 수 있다. 주나라는 은나라의 제도를 바탕으로 건국하였다. 그러하기에 은나라와 주나라를 비교해 보면 주나라가 무엇을 빼고 더했는지 알 수 있다. 그러므로 이후에 세워지는 왕조가 주나라의 제도를 계승한다면 앞으로 백 번 정도 왕조가 바뀌어도 세상일을 예측할 수 있다."

옛날에 왕조를 새로 세울 때는 성을 바꾸고 천명을 받는다. 이를 역성혁명(易姓革命)이라 하고 새 왕조를 세운 사람은 1세(世)가 된다. 또한 부자간의 세대교체는 30년 정도 걸리는데 이를 대(代)라고 한다. 인간의 삶은 전통과 현대를 가로지르고 있고 보편성과 특수성을 고루 갖추고 있기 때문에, 세대가 교체되더라도 그 삶의 내용과 수준, 방향을 어느 정도 추측할 수 있다. 이런 점에서 유교는 나름대로의 증거나 근거, 경험에 의해 세상을 바라보려는 특징을 지니고 있다.

24

공자가 말하였다.

"자기가 모셔야 할 조상이 아닌데 제사를 지낸다면 이는 특정한 사람에게 아첨하고 복을 바라는 짓이다. 마땅히 해야 할 바른 일을 보고도 주춤거리며 행하지 않는 것은 용기가 없다는 증거이다."

제후(諸侯)는 종묘에서 8대까지 제사를 지낼 수 있고, 경(卿)·대부(大夫)는 5대, 사(士)·서민은 3대를 제사 지낼 수 있다. 이런 예법을 벗어나 자기의 이익만을 바라는 것이 바로 아첨이고, 올바른 일인 줄 알면서도 행동으로 실천하지 않는 것은 용기가 없는 삶이다.

제 3 편

팔일

「팔일」은 최고지도자가 제사 지낼 때 연주하는 무악(舞樂)의 이름이다. 제2편 「위정」에 이어 정치를 잘하는 요건을 기록한 글로, 주요 내용은 '예악을 활용하여 나라를 안정시키는 일'이다. 이 편은 모두 26개의 장으로 되어 있다.

1

공자가 노나라 대부 계손씨에게 말하였다.

"당신은 최고지도자의 무악인 팔일을 그 집안의 뜰에서 추게 했소이다. 신분과 지위에 맞지 않는 이런 무례한 짓을 거리낌 없이 행할 수 있는데, 어떤 나쁜 짓인들 못하겠소이까?"

팔일무는 천자를 위해 64명이 8명씩 8열로 추는 춤으로, 음악을 연주하고 춤을 주는 인원수는 관직이 높은 데서 아래로 내려오면서 두 줄씩 감소한다. 천자는 8열, 제후는 6열, 대부는 4열, 사는 2열인데, 대부에 불과한 계손씨가 천자와 같은 수준으로 했으니 극도로 횡표한 짓을 저지른 것이다. 공자는 이처럼 명분을 잃은 사안에 대해 적극적으로 비판하였다.

2

노나라의 대부인 맹손씨, 숙손씨, 계손씨 세 가문에서 최고지도자의 노래인 옹시를 읊으며 제사를 마쳤다.

이를 본 공자가 다음과 같이 말하였다.

"『시경』「옹」에 '천자를 돕기 위해 줄줄이 늘어선 제후들, 묵묵하고 엄숙한 천자의 자태'라고 했는데, 어찌 이와 같은 시를 세 가문이 사당에서 제사 지낼 때 쓰는가?"

최고지도자인 천자는 종묘에서 제사를 마칠 때 「옹시」를 부르며 제기를 거두었다. 그런데 당시 노나라의 세 대부가 자신들이 노나라의 권력을 잡고 있다 보니 마치 스스로를 천자인 것으로 착각하고, 참람하게 이를 모방하였다. 공자가 보기에 이 또한 지위와 신분에 맞지 않게 예악을 어긴 것이다.

3

공자가 말하였다.

"사람이 사람답지 않으면 예는 무슨 소용이 있으며, 사람이 사람답지 않으면 악은 무슨 소용이 있겠는가?"

사람답다는 것은 세상을 살면서 바른 도리를 잃지 않는 삶을 말한다. 그것은 사람 사이에 행해지는 일종의 질서 의식이요 조화이다. 사람답게 살지 않는다면, 화려하게 겉치레를 하거나 듣기 좋은 음악을 영유한다고 해도 진정한 삶의 재미를 느끼기는 힘들 것이다. 이 때문에 함께 어울리며 희로애락을 나눌 수 있는 사람다움을 강조하였다.

4

노나라 사람인 임방이 예의 근본이 무엇인지 묻자 공자가 답하였다.
"참으로 중요한 질문이다. 예식은 사치스럽게 겉을 꾸미는 것보다 실질적이고 검소하게 차리는 것이 좋다. 장례식은 번지르르하게 여러 절차를 갖추기보다는 진심으로 슬픔이 넘쳐야 한다."

세상 사람들 대부분은 다른 사람들이 하는 대로 그냥 세속의 형식적인 예를 따라 행동한다. 오늘날 혼인이나 장례, 돌잔치나 생일, 회갑 등 다양한 예식에서 그런 면을 엿볼 수 있다. 이는 예식의 근본정신을 간과하고 남의 시선을 의식한 겉치레에 불과한 경우가 많다. 예식은 형식보다는 공경하는 마음이 넘치는 실질을 갖추고, 상례는 절차를 제대로 구비하지 못했더라도 슬퍼하는 마음이 넘치는 것이 바람직하다.

5

공자가 말하였다.
"야만적이고 예의가 없는 오랑캐 나라에도 추장은 있다. 하지만 문명을 갖추고 예의가 있는 나라에서 지도자 없이 그냥 지내는 것에 비할 바 아니다."

어떤 공동체이건 최고지도자가 존재한다. 하지만 지도자가 있느냐 없느냐는 중요한 문제가 아니다. 중요한 것은 공동체에 인간이 인간답게 살아가는 데 필요한 예의와 제도, 즉 인간의 길을 갈 수 있는 여건이 구비되어 있느냐의 여부이다.

6

노나라의 대부 계손씨가, 최고지도자인 천자만이 제사 지낼 수 있는 태산에서 제사를 지내려고 하였다.
공자가 계손씨의 가문에서 신하 노릇하던 제자 염유에게 말하였다.
"자네는 그 일을 막을 수 없는가?"
염유가 대답하였다.
"예, 제 힘으로는 어쩔 수 없습니다."
그러자 공자가 탄식하며 다음과 같이 말하였다.
"아! 태산의 신이 예의 근본을 물었던 임방보다도 못하다는 말인가!"

계손씨는 무례하게 태산에서 제사를 지내려고 하였는데, 문제는 공자가 가르쳤던 제자 염유가 이를 막지 못했다는 것이다. 공자는 자신의 가르침에서 예를 목숨처럼 소중히 여겼다. 그런데 자신의 제자조차도 정치적 권력의 한계에 부딪혀 그것을 실천하지 못하자 안타까움을 토로하였다.

7

공자가 말하였다.
"참된 사람은 함부로 경쟁하지 않는다. 불가피하게 경쟁을 해야 한다면 활쏘기를 할 때 정도이다. 그때에도 서로 예의를 갖추고 활 쏘는 자리에 오르고 활쏘기에서 지면 자리에서 내려와 벌주로 술을 마시니, 그런 경쟁이야말로 참된 사람의 모습이다."

참된 사람, 즉 사람다운 사람은 기본 예의를 지키고 공손하기 때문에 다른 사람과 다투고 싸우거나 경쟁할 일이 많지 않다. 특별한 경우를 제외하고는 화합하고 협동하며 공동체의 발전을 위해 함께 힘쓴다. 그런데 예외가 있다. 동양의 고대 사회에서 활쏘기는 연회나 특별한 모임에서 참된 사람들이 즐긴 일종의 오락이자 예의 실험장이었다. 그것은 경쟁이라기보다는 예의 모범을 보여 주는 하나의 사례였다. 활 쏘는 자리에 오를 때는 활쏘기에서 짝을 이룬 두 사람이 올라가기 전에 가볍게 절을 하고, 활쏘기를 마치고 내려왔을 때는 승자는 패자에게 절을 하고 패자는 활쏘기 자리에 올라가 술잔을 들고 서서 마신다. 이는 승자 독식의 경쟁이나 승리의 환호가 아니라, 패자에게 미안한 마음과 서로에게 자기의 위상을 보여 주는 아름다운 삶의 모습이다.

8

공자의 제자 자하가 물었다.

"『시경』에 다음과 같은 시가 있지 않습니까? '방긋 웃는 입매, 아리따운 검은 눈동자, 흰 분으로 더욱 빛나네!' 이는 무엇을 뜻합니까?"

공자가 말하였다.

"그림을 그릴 때도 먼저 흰 바탕을 마련하여 밑그림을 그리고 그 위에 색칠한다."

그러자 자하가 "예의로 마무리한다는 뜻이군요!"라고 답하였다.

이에 공자는 기뻐하며 말하였다.

"내 말 뜻을 알아차리는 사람이 바로 자네로구먼. 이제야 자네와 함께 시를 말할 수 있게 되었구먼."

"회사후소(繪事後素)"라는 유명한 말이 등장하는 구절이다. 그림을 그릴 때 기본은 바탕을 희게 한 다음에 그리는 것이다. 사람의 경우에도 아름다운 자질을 갖춘 후에 그에 맞게 차근차근 치장해 나가야 한다. 그것은 마치 단맛을 접하면 달게 즐기고, 흰색을 접하면 채색을 가하며, 충실하고 신의 있는 사람을 만나면 예를 배울 수 있는 것과 같다.

9

공자가 말하였다.

"중국 고대의 하나라가 어떤 제도와 법도로 나라를 다스렸는지 내가 말할 수는 있다. 하지만 하나라를 이어받은 기나라에서 그것을 증명할 만한 증거를 찾을 수는 없다. 또한 은나라가 어떤 제도와 법도로 나라를 다스렸는지 내가 말할 수는 있다. 하지만 은나라를 이어받은 송나라에서 그것을 증명할 만한 증거를 찾을 수는 없다. 왜냐하면 남아 있는 문헌이 부족하기 때문이다. 문헌이나 증거가 있다면 내가 그것을 증명할 수도 있으리라!"

공자는 배움의 방법에서 문헌을 통한 고증을 강력하게 주장하였다. 배움은 철저하게 근거를 들어 익혀야 한다. 그렇지 않을 경우, 거짓 정보를 통하거나 혹은 막연한 상상으로 사상과 실천을 재단하는 위험에 빠질 수 있다.

10

공자가 말하였다.

"체 제사는 최고지도자가 하늘과 씨족의 뿌리가 되는 시조를 모시는 제사이다. 제사를 시작할 때는 울창주의 향기를 시동에게 풍기고 술을 뿌린 다음에 신이 내려오기를 빈다. 나는 제사의 절차에서 여기까지만 보고 싶다."

공자가 울창주를 뿌릴 때까지만 보고 싶다고 한 이유는 간단하다. 제사를 지낼 때 무례하고 실례하여 예를 어겼기 때문이다. 공자 당시의 노나라의 지배자들은 최고지도자가 아님에도 불구하고 최고지도자 노릇을 하려고 했다. 즉 노나라는 천자가 다스리지 않고 대부가 다스렸기 때문에 체 제사를 지내는 것이 예가 아니었다. 공자는 이런 것조차 보고 싶어 하지 않았다. 그래도 현실을 인정하여, 노나라의 지배자들이 체 제사를 지낸다고 하고, 울창주를 뿌리고 신령이 강림할 때까지는 긴장하고 성의를 보이며 제사를 지내기에 그래도 어느 정도 지켜보려 했다. 그러나 그 이후의 제사 절차는 안일하고 해이해졌으며 제사를 게을리하여 무례하기 짝이 없었으므로 그것을 한탄하며 보지 않으려고 한 것이다.

11

어떤 사람이 체 제사가 어떤 것인지 묻자 공자가 말하였다.

"잘 모르겠소이다! 그 뜻을 잘 아는 사람은 세상 다스리기를 마치 이것을 들여다보듯이 할 것이오!" 그러고는 자기의 손바닥을 가리켰다.

체 제사는 선왕에게 제사를 지내고 자신의 선조에게 보답하고 먼 조상을 추모하는 의미를 담고 있다. 따라서 효도하고 정성을 다하며 경건한 사람만이 제사에 참여할 수 있다. 그런데 그렇지 못한 인간이 체 제사에 대해 설명해 달라고 요청하자, 공자는 자기 손바닥을 가리키며 그것이 분명하고 알기 쉬운 것임을 알려준 동시에 답답함을 토로하고 경각심을 주려 했다.

12

공자는 제사를 모시는 태도에 대해 다음과 같이 언급하였다.
"선조의 제사를 지낼 때는 그 선조가 살아 계신 듯이 정중하게 모신다. 산천의 제사를 지낼 때처럼, 다른 신에게 제사 지낼 때도 그 신이 앞에 있는 듯이 경건하게 제사를 모신다. 아울러 이런 제사에 마음을 담아 제대로 참여하지 않으면 제사를 지내지 않는 것과 같다."

유교에서 제사는 나의 존재 근거를 확인하는 작업이다. 나는 멀게는 선조로부터, 가깝게는 부모로부터 태어났다. 따라서 제사는 나의 자리가 어디인지 확인하고 나의 본분을 정립하는 계기가 된다. 이때 필요한 최고의 태도는 성의이다. 성의는 선조에 대해 모든 정성을 쏟는 작업이다. 살아 있을 때 베풀어 준 은혜를 기억하고 살아 있을 때처럼 알차게 신령을 대하는 자세가 제사의 기본이다.

13

위나라의 대부 왕손가가 물었다.

"'안방의 신에게 아첨하기보다 차라리 부엌의 신을 섬기고 아첨하라.'고 한 말은 무엇을 뜻합니까?"

공자가 말하였다.

"그렇지 않습니다. 하늘에 죄를 지으면 빌 곳조차 없는 법입니다."

안방의 신과 부엌의 신을 비교하면 다음과 같다. 안방의 신에게 제사를 지낼 때는 먼저 신주를 모시고 제사를 지낸 다음 시동을 맞이하고 방안에서 제사를 지낸다. 부엌의 신에게 제사를 지낼 때는 신주를 부뚜막에 모시고 제사가 끝나면 다시 방 안에 음식을 차려 놓고 시동을 맞이 한다. 방안 신을 모신 오 제사는 굉장히 중요한 제사이고, 부엌의 신을 모신 조 제사는 대수롭지 않지만 때에 따라 긴요한 일을 하기도 한다. 한편 안방을 임금에, 부엌을 권신에 비유하기도 한다. 그러므로 임금과 결탁하지 말고 권신에게 아부하라는 의미로 이해되기도 한다. 하지만 이 말의 핵심은 방이건 부엌이건, 임금이건 권신이건 마땅한 도리를 따라 행동하는 것이 중요하고, 부당한 방법으로 안방 신이나 부엌 신, 혹은 임금이나 권신에게 아첨해서는 안 된다는 것이다.

14

공자가 그토록 배우고 싶었던 문화는 주나라의 예악이었다.

공자는 자신의 포부를 이렇게 말하였다.

"주나라는 하나라와 은나라, 두 나라의 예악 문화를 이어받아 찬란한 문화를 이룩했다. 따라서 나는 주나라의 빛나는 문화를 따르려고 한다."

문화는 생활의 양식이다. 그러므로 사람들 사이에 보편성을 얻고 전통으로 쌓여 인정받을 때 빛을 발한다. 주나라 문화는 이른바 하·은·주 삼대를 거쳐 형성된 문화의 종결판이었기에 공자가 온몸으로 받아들이려고 한듯 하다.

15

공자가 배우는 태도는 모르는 일에 대해서는 모든 것을 구체적으로 묻는 것이었다.

어느 날 공자가 노나라 주공의 사당에 들어가 제사 의식을 행하였다. 제사 절차를 정확하게 몰랐는지 의식을 행할 때마다 하나씩 하나씩 구체적으로 물었다.

그러자 어떤 사람이 빈정대며 말하였다.

"누가 추 지역 출신의 시골뜨기를 데려다 놓고 예법을 안다고 한 거야! 사당에 들어가서 제사 절차도 제대로 몰라 일일이 묻지 않는가!"

공자는 이 말을 듣고 이렇게 말하였다.

"그렇게 묻는 것이 예의이다."

앞에서 언급했듯이, '아는 것을 안다고 하고 모르는 것을 모른다.'고 하는 것이 진정한 앎이다. 따라서 모르는 것은 익히 알고 있는 사람에게 물어 정확하게 알고 실행하는 것이 '아는 것'과 '하는 것'의 본질이다.

16

공자는 활쏘기를 통해 배움의 방법을 간략하게 제시하였다.

"활을 쏘는 목적은 과녁의 가죽을 뚫는 데 있지 않다. 왜냐하면 활 쏘는 사람의 힘이 같지 않고 실력에 차등이 있기 때문이다. 이것이 옛 날부터 내려오던 활 쏘는 방법이다."

활쏘기의 목표는 과녁의 가죽을 힘으로 꿰뚫는 것이 아니라 표적을 제대로 맞추는 것이다. 왜냐하면 선천적으로 타고난 육체적 힘은 노력한다고 해서 강해지는 것이 아니기 때문이다. 하지만 표적을 맞추는 일은 열심히 익히면 능숙해질 수 있다. 그것이 활쏘기, 즉 배움의 관건이다.

17

공자의 수제자인 자공이 매달 초하루 사당 제사에 바치는 희생양을 더 이상 쓰지 않으려 하자 공자가 말하였다.

"자네, 희생양을 아까워하는가? 나는 초하루 사당 제사와 그 예를 중요하게 생각한다."

여기에서 스승과 제자, 전통과 현대의 교차 지점을 엿볼 수 있다. 자공은 실속 없이 재물을 낭비하는 희생양을 안타깝게 생각했고, 공자는 당시 예가 퇴색하긴 했어도 희생양이라도 바치면 전통적인 예를 기억하며 그 의미를 되새길 수 있을 것으로 판단했다.

18 ──

공자가 말하였다.

"지도자를 섬기는 것에 예의를 다하는데, 다른 사람들은 아첨한다고 생각한다."

공동체를 살아가는 모든 사람 사이에는 예의가 존재한다. 지도자와 구성원 사이, 구성원과 구성원 사이에 각자의 지위와 본분에 따른 예의가 있다. 이때 구성원이 지도자를 섬기거나 지도자가 구성원을 섬기거나 구성원이 구성원을 배려하는 것은 일종의 사회적 상식이다. 그것을 그릇된 시선으로 바라보면 아첨하거나 아부한다는 식으로 편협하게 사람을 재단하는 오류를 범하게 된다. '섬김'의 행위는 자연스런 인간의 정감일 뿐이다.

19 ──

노나라의 최고지도자인 정공이 물었다.

"지도자가 참모를 부리고 참모가 지도자를 섬기려면 어떻게 해야 합니까?"

공자가 대답하였다.

"지도자는 예의를 갖추어 참모를 초빙하여 쓰고, 참모는 충실하게 지도자를 모셔야 합니다."

공자는 정공을 모시고 노나라의 삼환 세력이던 맹손씨, 숙손씨, 계손씨를 누르려고 했으나 실패하였다. 공자가 정공을 모시고 있으면서 왕과 신하의 자세, 이른바 지도자와 참모의 예의에 대해 일러 준 대목이다.

지도자는 예의와 겸양으로 참모를 등용하고 참모는 충실과 성의로 지도자를 섬기는 것이 기본이다.

20

공자가 말하였다.
"『시경』의 「관저」는 즐거우면서 음란하지 않고 슬프지만 마음을 상하게 하지 않는다."

시의 내용은 "꾸우꾹 우는 징경새 / 모래톱에 있네 / 고상하고 정숙한 숙녀 / 군자의 좋은 짝이로다"이다. 이 시를 두고 논평한 공자의 '즐거우면서 음란하지 않고 슬프지만 마음을 상하게 하지 않는다', 즉 "애이불상"이라는 말은 '옛날의 시가를 총체적으로 평가한 언표'로 회자된다.

21

노나라의 지도자 애공이 공자의 제자 재아에게 토지신을 모시는 사당에 심은 나무에 대해 묻자 재아가 대답하였다.
"하나라 지도자는 소나무를 심었고 은나라 사람들은 잣나무를 심었으며 주나라 사람들은 밤나무를 심었습니다." 그리고 덧붙여 말하기를, "주나라가 밤나무를 심은 것은 사람들에게 '밤송이'를 보듯이 두려워하게 하기 위해서였습니다."
공자가 나중에 이 사실을 알고 재아를 꾸짖으며 다음과 같이 말하였다.
"이미 저지른 일이니 해명하라고 하지 않겠다. 그렇게 할 수밖에 없는 일이니 따지지도 않겠다. 한참 지난 일이니 책망하지도 않겠다."

재아는 언어와 웅변에 뛰어난 사람이었다. 그러므로 자의적 판단에 의해 말을 잘 갖다 붙이기도 했던 모양이다. 옛날에는 토지신을 모시는 사당에 그 토지에 맞는 나무를 심어 주신으로 삼았다. 그러므로 주나라가 밤나무를 심은 것은 그것이 토양에 맞는 나무였기 때문이지 사람들을 겁주기 위한 것이 아니었다. 그래서 공자는 제대로 알지도 못하고 엉뚱하게 말한 재아를 꾸짖고 탓한 것이다.

22

관포지교로 유명한 관중에 대해 공자는 다음처럼 평가하였다.
"관중이란 인물은 그 그릇이 작습니다!"
그러자 어떤 사람이 물었다.
"관중은 검소했습니까?"
다시 공자가 대답하였다.
"관씨는 부인을 셋이나 두었고, 호화로운 관청에 있었으며, 참모 몇 사람이 아니라 사안마다 한 사람씩의 참모를 두었으니 어찌 검소하다 하겠소!"
또 물었다.
"그렇다면 관씨는 예의는 알았던 사람인가요?"
공자가 말하였다.
"당시에는 최고지도자의 대문에만 안팎 칸막이로 쓰는 울타리를 칠 수 있었는데, 관씨도 안팎으로 울타리를 쳤습니다. 또한 최고지도자라야 그들끼리 외교 관계를 하기 위해 술잔 대를 갖추는 법인데, 관씨도 그런 술잔 대를 가졌어요. 이런 관씨가 예의를 안다면 예의를 모를 사람이 어디 있겠소!"

일반적으로 관중과 포숙의 이야기로 잘 알려진 관중은 춘추시대 사람이다. 그는 춘추시대 강력한 다섯 나라, 이른바 춘추오패 중에서도 으뜸이었던 제나라를 만든 장본인이다. 『관자』라는 책에 그의 사상이 풍부하게 담겨 있는데, 관중은 제나라의 환공을 도와 그를 최고의 패자로 만들었다. 관중이 제나라를 부국강병의 나라로 만들기는 했으나, 검소함과 예의를 지키는 생활 측면, 또는 왕도 정치나 덕치의 차원에서 보면, 도량이 넓지 않다는 것이 공자의 평가이다. 그것은 올바름을 중시하고 권모술수를 부리지 않는 유가의 정치 이념과 어긋나기 때문이다. 관중에게는 장점도 있었겠지만, 공자는 세상을 다스리는 양식에서 바른 도리와 덕이 아니라 거짓된 도리로 윗사람의 비위를 맞추고 공을 세우는 것을 경계하였다.

23

공자가 노나라에 있을 때 노나라의 음악을 담당하던 관리에게 음악이 무엇인지를 적확하게 일러 주었다.

"음악은 이렇게 이루어져야 한다. 시작할 때는 종이 크게 울리고, 그 다음에는 합주가 은은하게 리듬을 타고 흐르며 관악기와 현악기가 제각기 선율을 연주하고, 마지막에는 여운이 이어지는 듯이 마무리되어야 한다."

공자는 다방면에 능숙했는데, 특히 음악에 관해서는 전문가 수준이었다. 음악은 삶의 희노애락을 압축적으로 보여 주는 영혼의 울림이다. 그러기에 음악은 끊임없이 삶을 변주한다. 공자는 일찍이 이런 음악의 특성을 간파하였다. 음악은 시작을 알리는 종소리와 함께, 리듬, 멜로디, 하모니의 조화를 통해 가지런히 가락을 뽑고, 가닥이 추려지면서 잇달아 뚜렷한 음절이 만들어지면서 연주를 이어가는, 조화와 균형, 절도와 절제의 미학이다!

24

위나라의 국경 지대인 의라는 성읍의 관리가 공자를 뵙고자 청하며 말하였다.

"참된 사람이 이곳에 오면 제가 모두 찾아뵈었습니다."

이에 공자를 따르던 제자들이 그를 안내하여 공자를 뵙게 했다. 공자를 만나고 나오면서 그는 공자 제자들에게 이렇게 말하였다.

"여러분은 어찌하여 여러분의 스승이신 공자께서 관직을 잃은 것에 대해 걱정하고 있습니까? 세상에 사람이 가야 할 길이 무엇인지 갈 길 몰라 헤맨 지 오래, 하늘은 스승이신 공자를 세상의 목탁으로 삼을 것입니다."

노나라 정공 13년, 공자의 나이 56세 때, 공자는 노나라의 삼환을 제거하려 실패하고 국경을 넘어 위나라로 가는 길이었다. 이때 성읍을 경비하던 관리가 공자를 만났다. 그 결과 공자야말로 세상을 이끌고 지도할 인물이라고 판단하여 공자를 목탁(木鐸)으로 칭송하였다. 목탁은

쇠로 겉의 입을 만들고 나무로 혀를 만든 것, 즉 나무로 만든 방울이 달린 요령인데, 옛날에 교령을 낼 때 관원들이 들고 다니면서 치던 것이다. 따라서 목탁은 사람을 인도하고 어리석은 사람을 가르칠 지도력을 갖춘 사람을 말한다.

25

공자는 순임금의 음악인 소에 대해 '정말 아름답고 또 참으로 좋다.'라고 했다. 하지만 주나라 무왕의 음악인 무에 대해서는 '정말 아름답기는 하지만 참으로 좋다고 할 수는 없다.'라고 했다.

공자는 음악을 통해 덕성을 평가하고 그 교육적 의미를 부여하였다. 공자가 이렇게 평가한 이유는 간단하다. 순임금은 요임금을 이어 자연스럽게 왕도 정치를 실현하였고 무왕은 은나라의 폭군인 주를 쳐서 백성을 구제하였다는 측면에서 그 공로가 동일하다. 그러므로 그들의 음악은 모두 '정말 아름답다'. 하지만 순임금의 덕은 자연스럽게 이어진 것이고 무왕의 덕은 폭군의 폭정으로 잃어버렸던 덕을 전쟁으로 되찾은 것이라는 측면에서 그 실상이 다르다. 따라서 순임금의 소 음악은 참으로 좋은 것이고 무왕의 무 음악은 참으로 좋다고만 할 수는 없었던 것이다.

26

공자가 말하였다.
"윗자리에 있으면서 너그럽지 못하고 예를 행하면서 경건하지 못하며 상례를 치르면서 슬퍼하지 않는다면, 내 무엇으로 그 사람의 사람됨을 보겠는가?"

　인지상정은 윗자리에 있으면서 너그럽고, 예를 행하면서 경건하며, 상을 당하여 슬퍼하는 것이다. 그런데 그와 반대로 한다면 사람됨의 기준을 파악하기 어렵다. 이는 어울려 살아야 하는 사회에서 사람과 사람 사이의 소통 기준의 부재를 일깨워 준다.

제4편

리인

「리인」은 '마을에 착한 풍속이 넘치다.' 또는 '열린 마음으로 선행을 베풀다.'라는 의미이다. 참된 사람이 선행을 실천해야 예악을 행할 수 있기 때문에 「팔일」 다음에 자리매김하였다. 이 편은 모두 26개의 장으로 되어 있다.

1

공자가 말하였다.

"마을의 분위기가 탁 트여 있어야 아름답고 좋다. 스스로 이런 마을을 골라 열린 마음으로 살 때, 지혜롭다고 할 수 있지 않겠는가!"

어떤 공동체이건 그 사회가 일궈 온 전통과 문화가 있다. 그것을 풍속이라고 한다. 특히 아름답고 좋은 풍속을 미풍양속이라고 하는데, 이는 열린 사회적 분위기에서 가능하다. 이처럼 개방적이고 배려하는 태도로 어우러진 마을이 바로 살 만한 곳이다.

2

공자가 말하였다.

"열린 마음을 지니지 못한 사람은 가난을 견디지 못하고 즐거운 삶을 지속하지도 못한다. 열린 마음을 지닌 사람은 확 트인 분위기에 젖어 들고, 지혜로운 사람은 확 트인 분위기를 잘 이용한다."

열린 사람과 지혜로운 사람의 차이는 이해관계의 여부에 있다. 이익을 고려하는 존재는 속마음과 겉으로 드러난 행동이 다를 수 있으나 어울려 즐기는 사람은 내외가 한결같다. 중요한 것은, 열린 마음을 갖지 않으면 최악의 가난을 극복하기도 힘들고 최선의 즐거움을 즐길 수 없다는 것이다.

3

공자가 말하였다.

"열린 마음을 지닌 사람만이 사람을 사랑할 수 있고 또 미워할 수 있다."

열린 마음을 지닌 사람은 사사로운 욕심이 없다. 따라서 개인적 인정에 이끌려 함부로 이것저것에 치우치지 않는다. 치우치지 않을 때 객관적 기준이 작동할 수 있다. 삶의 정당한 기준에 따라야만 올바른 사람을 사랑할 수 있고 그릇된 사람을 미워할 수도 있다.

4

공자가 말하였다.

"최소한 열린 마음으로 사람답게 사는 데 뜻을 두어야 나쁜 짓을 하지 않으리라."

개방된 마음 자세, 사람 구실을 하려는 노력! 이런 삶의 지향을 가지고 있다면, 자신도 모르게 잘못된 거동을 한다 하더라도 나쁜 짓을 저지르는 데까지 이르지 않을 가능성이 높다.

5

공자가 말하였다.

"재물이나 높은 지위, 이른바 '부귀'는 사람이 탐내는 것이다. 그러나 정당한 방법으로 얻은 것이 아니라면 그 부귀를 누려서는 안 된다. 가난과 천한 직업, 이른바 '빈천'은 사람이 싫어하는 것이다. 하지만 그것이 정당하게 주어진 것이 아니라, 사회가 타락하고 부도덕한 무리들이 판을 치는 바람에 어쩔 수 없이 나에게 부과된 것이라면 피하지 마라.

참된 사람이 열린 마음을 버리면 사람다움을 어디에서 찾겠는가?

참된 사람은 밥 먹을 때와 같은 평상시에도 사람답고, 다급한 일에 닥쳐도 그러하며, 가난에 넘어지고 좌절하며 뒤집히는 순간에도 그렇게 해야 한다."

참된 사람은 개방된 자세로 세상을 마주하며, 시대 상황이나 일의 정황이 바뀌어도 정당한 방법에 의거하여 삶을 추구한다. 그 핵심이 사람 구실을 하는 작업인데, 유학에서는 한마디로 '인(仁)'이라 한다.

6

공자가 말하였다.

"나는 아직 진정으로 열린 마음을 지닌 사람을 보지 못했다. 또 닫힌 마음을 지닌 자를 미워하는 사람도 보지 못했다. 더불어 사는 사회에서 열린 마음을 지닌 사람보다 더 착한 사람은 없으리라. 닫힌 마음을 지닌 자를 미워하는 사람도 스스로 열린 마음으로 세상을 마주할 수 있다. 이때 닫힌 마음을 지닌 자가 가까이 다가와 영향을 미치지 않게 하는 것이 중요하다.

단 하루라도 열린 마음으로 세상을 마주하기 위해 온 힘을 쏟는 사람이 있는가? 나는 힘이 모자라서 열린 마음을 지니지 못했다는 사람을 아직까지 보지 못했다.

세상에 그런 사람이 있겠지만, 나는 아직 보지 못했다."

세상 사람들은 평범하게 살아간다. 대부분의 소시민처럼 완전하게 개방된 마음도 완전하게 폐쇄된 마음도 아닌 어정쩡한 모습으로 처세한다. 하지만 그 가운데 가능성이 있다. 반쯤 개방되고 반쯤 폐쇄된 상태이기에 온전하게 열린 마음으로 참된 사람이 될 수 있는 것이다.

7

공자가 말하였다.

"사람이 잘못을 저지를 때는 제각기 잘못의 유형이 있다. 그러므로 사람이 저지르는 잘못의 유형을 살펴보면 그 사람이 어느 정도 사람다운지 알 수 있다."

사람이 잘못을 하거나 실수를 저지를 때 비슷한 유형을 보이는 경우가 많다. 예를 들면, 착한 사람은 너무 따스하고 후하게 사람을 대하다가 지나치게 되고 나쁜 사람은 너무 잔인한 짓을 많이 하여 잘못하는 경우가 많다. 이러한 잘못된 행동을 통해 그 사람의 인품을 가늠할 수 있다.

8

공자가 말하였다.
"아침에 세상 사물의 이치와 사람의 길이 무엇인지 듣고 깨닫는다면, 저녁에 죽어도 좋다."

사람에게서 삶과 죽음은 매우 중요하다. 아니 가장 중요하다고 해도 과언이 아니다. 그런데 삶에서 그것보다 더 고민해야 할 것이 있다. 바로 도(道), 즉 길의 문제이다. 길은 진리와 유사한 개념이다. 그것은 자연의 길이요 인간의 길이요, 모든 사물의 길이다. 그 길이 무엇인지 파악하여 순리대로 따르려는 것이 삶의 가치이다.

9

공자가 말하였다.
"하급 공무원이 국민에게 봉사하는 데 뜻을 두면서도 서민들이 즐겨 입는 옷 입기를 부끄러워하고 서민들이 즐겨 먹는 음식 먹기를 창피하게 여긴다면, 그와 더불어 대민 봉사에 대해 논의할 가치가 없다."

하급 공무원은 국민들, 특히 서민의 삶을 위해 발로 뛰며 봉사하는 실무진이다. 그런데 명품 옷을 입고 비싼 음식을 골라 먹는다면 어찌 서민들에게 믿음을 줄 수 있겠는가? 특히 공무원의 경우, 자신의 신분에 맞게 눈높이를 조절하며 본분을 다하는 자세가 중요하다.

10

공자가 말하였다.

"참된 사람은 세상의 수많은 일을 처리할 때, 한 가지 방법만을 고집하지도 않고 어떤 방법은 절대 안 된다고 부정하지도 않는다. '옳음'이라는 기준에 따라 처리할 뿐이다."

일 처리의 기본은 원칙과 기준이다. 그러나 세상의 수많은 일을 처리하는 방법은 다양하고 또 합리적인 방법을 선택하는 과정에서 문제가 해결되는 경우도 있다. 중요한 것은 원칙과 기준을 그 수단이나 방법과 혼동하지 않아야 한다는 점이다.

11

공자가 말하였다.

"지도자는 선한 마음으로 서민에게 봉사할 것을 생각하고 서민은 편안하게 먹고살 것을 생각한다. 지도자는 정해진 법도를 서민이 잘 지킬 것이라 생각하고 서민은 지도자의 은혜를 받아 이익을 얻으려고 한다."

지도자와 서민의 길은 다르다. 지도자는 공공의 이익을 위해 소신대로 일하고 서민은 개인의 이익을 위해 노력한다. 과거 전통 사회의 지도자는 정치 관료가 되어 백성들의 삶을 윤택하게 만드는 데 기여하고자 했으나 일반 백성인 소인은 땅을 얻어 농사를 지으며 잘살기를 바랐다.

12

공자가 말하였다.
"지나치게 이익을 추구하면 원망이 많아진다."

사리사욕을 채우려고 제멋대로 행동하면 주변 사람들에게 반드시 해를 끼치기 마련이다. 그것은 곧바로 주변 사람들의 원망이나 원한으로 연결되기 쉽다. 따라서 이익에 따르는 삶은 위태롭다.

13

공자가 말하였다.
"예의의 핵심인 양보와 겸손한 마음을 갖추고 나라를 다스릴 수 있다면 국가를 운영하는 데 무슨 문제가 있겠는가? 예의의 핵심인 양보와 겸손한 마음을 갖추지 못하여 나라를 다스릴 수 없다면, 이 예의가 어디에 필요하겠는가?"

예의범절의 핵심은 양보와 겸손이다. 전통 사회에서는 이 겸양의 마음을 갖추었느냐의 여부가 국가지도자의 자질과 직결되었다. 형식적으로 드러나는 겉치레 인사만으로는 올바른 국정 운영을 하기 힘들다.

14

공자가 말하였다.

"사회적 지위가 없음을 걱정하지 말고, 그런 자리에 나설 수 있는 능력을 어떻게 갖출 지를 걱정하라. 자기를 알아주는 사람이 없음을 걱정하지 말고, 다른 사람이 나를 알아보도록 자신의 능력과 실력을 갖추어라."

사회적 지위와 개인의 능력이 반드시 일치하는 것은 아니다. 하지만 대부분의 사람들은 가능한 그것이 일치될 때 일처리가 매끄러울 것이라고 생각한다. 문제는 실력이나 능력을 제대로 갖추지 않고 그보다 높은 자리를 탐내거나 별 볼일 없는 인생을 살면서 남들에게 허세를 부릴 때이다. 중요한 것은 먼저 훌륭한 인성과 전문성을 갖추는 작업이다. 여기에 권모술수는 끼어들기 힘들다.

15

공자가 말하였다.
"증삼아, 내가 지키고 행하는 길은 한결같다!"
증자가 대답하였다.
"네, 알겠습니다."
그렇게 대화를 나눈 뒤 공자는 밖으로 나갔다. 그러자 공자의 여러 문하생들이 증자에게 물었다.
"무엇을 말씀하신 것입니까?"
증자가 말하였다.

"선생님의 길은 충실과 배려일 뿐이다."

공자의 일관된 도를 말한 유명한 구절이다. 공자는 증자의 언표를 통해 자기 삶의 길을 '충서(忠恕)'라는 두 글자로 표현했다. 이때 '충'은 자신에게 최선을 다하는 충실을 의미하고, '서'는 다른 사람에게 최선을 다하는 배려를 뜻한다. 이는 일종의 '자기로부터의 혁명'이자 타자를 포용하는 '거대한 화해'이다.

16

공자가 말하였다.
"참된 사람은 올바르고 정당함을 밝히고 좋아하며, 조무래기들은 세속적인 이익을 밝히고 좋아한다."

훌륭한 사람과 그렇지 못한 사람의 차이는 간단하다. 정의와 도의를 추구하느냐, 사사로운 이득, 즉 돈이나 물질만을 밝히느냐이다. 의리와 이익은 반드시 상충하는 것은 아니지만, 지나치게 이익만을 추구하여 욕망에 휩쓸릴 때 삶의 모습은 천박해진다.

17

공자가 말하였다.
"현명한 사람을 보면 그와 같이 현명하게 되기를 생각하고, 현명하지 못한 사람을 보면 '나는 어떤가?'하고 스스로 깊이 반성해야 한다."

전통 사회에서 현명한 사람은 누구나 본받고자 하는 사람다운 존재였다. 그는 일종의 사람다움의 기준이자 원칙이다. 따라서 사람다움의 잣대로서 현명함에 미치느냐 미치지 못하느냐가 인간성을 좌우하는 관건이었다.

18

공자가 말하였다.

"부모를 모실 때, 간절하게 드릴 말씀이 있으면 신중하게 올려야 한다. 간절하게 말씀드렸건만 그 뜻이 받아들여지지 않더라도 더욱 공경하게 부모를 모시며 효도를 다해야 한다. 또 간절히 드린 말씀 때문에 힘든 상황이 벌어지더라도 부모를 원망해서는 안 된다."

부모자식 사이의 관계를 잘 보여 주는 대목이다. 유교 사회에서 자식은 부모에게 순종하는 형태로 드러난다. 자식이 부모에게 간청하거나 부탁을 했을 때 상당수의 부모는 거절할 수 있다. 이 경우에도 자식은 부모를 잘 모시는 것이 공자 시대의 문화였다. 『예기』「내칙」에는 이것이 약간 다르게 표현되어 있다. "자식이 간절하게 말씀드리지도 않고 부모가 계속하여 잘못을 할 경우 어떻게 할 것인가? 부모가 잘못을 저질러 그 지역 사회나 마을, 이웃에게 죄를 짓는 것보다는 자식이 간절하게 말하여 그것을 막는 것이 낫다." 아무리 '부모자식' 사이라지만, 현대 사회에서는 민주적 의사소통이나 설득과 합리성에 의거하여 해당 사안을 논의하는 것이 바람직할 것이다.

19

공자가 말하였다.

"부모가 살아 계실 때 자식은 멀리 여행하지 않아야 한다. 부득이하게 여행을 가는 경우, 자식은 반드시 부모에게 그 행선지를 알려서 안심시켜야 한다."

잘 알고 수시로 만나는 사람 사이에 서로의 행방을 알려 주는 것은 매우 중요하다. 왜냐하면 그것이 서로의 마음을 편안하게 하고 믿음을 줄 수 있는 계기가 되기 때문이다. 현대 사회처럼 교통이나 통신 기술이 발달하지 않았던 전통 사회에서는, 특별한 경우를 제외하고 부모자식은 늘 같은 공간에서 생활하기 마련이었다. 따라서 자식은 평소에 부모에게 자기의 위치를 알려 걱정하지 않도록 하고, 필요에 따라서는 부모가 부르면 때를 놓치지 않고 언제든지 돌아갈 수 있도록 장치를 마련해야 했다.

20

공자가 말하였다.

"돌아가신 후 최소한 3년 동안 부모가 추구했던 길을 바꾸지 않아야 효자라 일컬을 수 있고 효도했다고 할 수 있다."

「학이」 11장의 말이 다시 나왔다. 효도의 양식에 대한 언급이다. 이 말은 3년 동안 부모가 갔던 길을 그대로 가라는 말이라기보다는 다른 의미가 있는 듯하다. 예를 들면, 사람은 태어나 3년 정도는 길러 주어야 아장아장 걸을 수 있고 수저질도 할 수 있으며, 생물학적으로 사람으로 살아가기 위한 기본 능력을 갖춘다고 한다. 이때 부모님이 길러준 은혜를 3년은 갚는다는 뜻으로 부모님이 돌아가신 후 3년 정도는 그 뜻을 기리는 것이 도리가 아닐까 유추해 본다. 삼년상도 이와 유사한 맥락이다.

21

공자가 말하였다.

"부모의 나이는 반드시 알고 있어야 한다. 그래야 한편으로는 장수하시는 것을 기뻐하고, 다른 한편으로는 쇠약해지는 것을 두렵게 여기며 염려하기 때문이다."

인간의 생로병사는 자연의 이치이다. 거기에는 희로애락이 공존한다. 장수하는 기쁨 속에 노쇠의 슬픔이 배어 있다. 그에 따라 자신도 그런 과정에 편입된다. 중요한 것은 두 차원을 동시에 꿰뚫어 보는 혜안이다. 부모자식 사이의 나이 확인도 이런 자연의 이치와 삶의 정황을 모색하는 과정이다. 효도도 그 속에 있다.

22

공자가 말하였다.

"옛날 사람이 말을 함부로 내뱉지 않은 것은, '몸소 그 말을 실천하지 못할까' 부끄러워했기 때문이다."

동서고금을 막론하고 말과 행동의 일치 문제는 중요한 관심사이다.

사람을 평가할 때, 언행일치는 신뢰의 담보가 되기도 하고 의리의 근거가 되기도 한다. 보통 사람들의 경우 말을 가볍게 하다 보니 언행일치가 되지 않는 일이 많고, 이는 다툼의 소지로 작용하기도 한다.

23

공자가 말하였다.
"거만하거나 방종하지 않고 마음을 단속하는 가운데 실수하는 사람은 드물다."

모든 일에서 긴장의 끈을 놓치지 않고 일을 세세하게 살피며 나아가면, 실수가 줄어드는 것은 당연한 이치이다.

24

공자가 말하였다.
"참된 사람은 말을 어눌하고 신중하게 하며 그 행동은 재빠르고 민첩하게 한다."

말하기는 쉬우나 신중하기는 어렵다. 행동하기에 힘쓰는 것은 어렵지만 재빠르게 할 수는 있다. 말과 행동, 두 가지가 삶을 추동하는 데 쉽지 않음을 일러 준다.

25

공자가 말하였다.

"사랑하고 협동하는 성품을 지닌 사람은 외롭지 않다. 반드시 그것을 함께 나눌 이웃이 있기 때문이다."

동서고금을 막론하고 인간은 사회를 이루어 살아간다. 특별한 경우를 제외하고 사람은 혼자 살 수 없다는 말이다. 이때 필요한 것이 사람다움으로서의 덕목이며, 그 덕목은 함께 어울리기 위한 윤리성이다.

26

공자의 제자인 자유가 말하였다.
"군주를 모시고 있을 때 지나치게 자주 간언을 하여 귀찮게 만들면 끝내는 욕을 보게 된다. 친구와 동료 사이에도 지나치게 자주 충고를 하여 귀찮게 하면 사이가 멀어진다."

윗사람에 대한 간언은 중요한 결단의 순간에 유용한 참고 자료가 된다. 친구나 동료, 그리고 아랫사람에 대한 충고는 삶의 활력소가 되기도 한다. 그러나 지나친 간언이나 충고는 도움을 주기보다는 간섭으로 전락하고, 어떤 사안에 대해 구체적인 판단을 하는 데 방해가 될 수도 있다. 이런 경우의 간언과 충고는 오히려 어떤 일의 실패 요인이 되기도 한다.

제5편

공야장

「공야장」은 주로 인물에 대한 평을 담고 있다. 절반 가량은 공자의 제자에 대한 평이고, 나머지는 당시 제후국의 명망가들에 대한 평이다. 인물평을 통해, 인간의 현명함과 어리석음, 삶에서의 얻음과 잃음에 대해 논의하였다. 이 편은 모두 27개의 장으로 되어 있다.

1

공자는 제자인 공야장의 인물됨을 다음과 같이 평가하였다.

"공야장은 사위로 삼을 만한 인물이다. 포승줄에 묶여 감옥에 갇힌 일이 있었지만 그것은 그의 죄가 아니었다."

그러고는 자신의 딸을 공야장에게 시집보내 그를 사위로 삼았다.

공자는 제자인 남용의 인물됨을 다음과 같이 평가하였다.

"나라가 안정되어 제대로 운용된다면 반드시 등용될 만하고, 나라가 어지러워 혼란에 빠지더라도 형벌이나 살육을 면할 수 있는 사람이다."

그러고는 형의 딸을 남용에게 시집보내 그를 조카사위로 삼았다.

공야장과 남용은 공자가 자신의 딸과 형의 딸을 시집보낼 수 있을 정도로 떳떳하고 현명한 인물임에 분명하다. 어떤 사람은 남용이 공야장보다 현명하였기 때문에 공자가 형의 딸을 그에게 시집보내 아우로서의 도리를 다했다고도 한다. 중요한 것은 공자가 누군가 죄를 지었다 하더라도 그가 결백하고 정치적 도리를 다할 줄 아는 신뢰를 보여 주기만 한다면 그것을 사람됨의 판단 기준으로 삼았다는 것이다.

2

공자가 나이 어린 제자인 자천의 인물됨을 다음과 같이 평가하였다.
"참된 사람이다. 이와 같은 사람! 노나라에 참된 사람이 없었다면 자천이 어찌 그렇게 훌륭한 학문과 덕행을 터득했겠는가?"

자천은 공자보다 나이가 49세가량 적은, 문하생 중에서도 막내에 해당된다. 나이는 비록 어리지만 단보라는 조그만 읍의 수장으로 있으면서 사람다운 모습을 많이 보여 준 듯하다. 이런 자천의 풍모는 그가 나고 자랐던 노나라에 참된 사람이 많이 있어 그에게 다양한 차원에서 영향력을 미쳤기 때문이라는 추측이 엿보인다. 그것은 결국 교육 환경의 문제와 직결된다.

3

공자의 제자 자공이 공자에게 여쭈었다.
"선생님 저는 어떻습니까?"
공자가 대답하였다.
"자네의 인물됨은 그릇에 비유할 수 있다."
그러자 자공이 다시 여쭈었다.

"어떤 그릇에 해당합니까?"

공자가 대답하였다.

"제사 때 쓰이는 귀중한 호련과 같은 그릇일세."

자공은 공자의 수제자에 해당한다. 수제자이기 때문에 가장 아끼기도 하지만 가장 엄격하게 다그쳐야 할 제자이기도 하다. 공자가 자공을 그릇에 비유한 것도 이런 이중적 평가를 담고 있다. 종묘에서 제사 지낼 때 쓰는 호련과 같은 그릇에 비유한 것은 매우 긍정적인 평가이다. 호련은 옥으로 장식되어 있고 그릇 중에서도 가장 귀중하고 아름다운 것이다. 이것에 자공을 비유한 것은 자공이 세상에 유용하게 쓰일 좋은 자질을 갖춘 인물이라는 뜻이다. 한편, 그릇은 하나의 기능만을 지닌 제한된 특성을 지니고 있다. 그렇기 때문에 호련에 비유한 것은 융통성이 없고 포용력과 종합력이 떨어진다는 비판적 충고를 담고 있기도 하다. 그러나 이 둘 다 수제자에게 던지는 사랑의 징표로 볼 수 있다.

4

어떤 사람이 말하였다.

"당신 제자인 염옹은 열린 마음의 소유자이기는 하나 말주변이 없습니다."

그러자 공자가 말하였다.

"말재주나 부리며 아첨하는 말주변을 어디다 쓰겠는가? 사람을 말주변으로만 대하면 항상 남에게 미움을 사게 된다. 나는 염옹이 열린 마음을 지녔는지는 모르겠다. 그러나 말재주나 부리며 아첨하는 말주변을 어디다 쓰겠는가?"

　동서고금을 막론하고 훌륭한 정치가의 자질 중 하나가 연설이다. 말 잘하고 구변이 좋은 것은 정치를 꿈꾸는 사람에게 일종의 현명함처럼 보이기도 할 것이다. 그러나 구변에만 능숙하고 진정성이 없다면 많은 사람으로부터 미움을 받을 수 있다. 마치 선거에서 실천할 수 없는 공약이 남발되듯이 말이다.

5

　공자가 제자인 칠조개에게 공무원이 될 것을 권유하였다. 그러자 칠조개는 겸손하게 대답하였다.
　"선생님, 저는 아직 공무원이 될 자질을 갖추지 못했습니다."
　이에 공자는 기뻐하며 흡족했다.

　칠조개는 공자보다 일곱 살 적은 초기의 제자이다. 공자가 그에게 벼슬자리를 권했을 때는 이미 그 자리를 감당할 만한 학식을 갖추었다고 판단했기 때문이다. 그런데 칠조개는 선생님의 권유마저 사양하며 아직도 자질이 부족하다고 냉정하게 자신을 평가했다. 공자가 이런 제자의 자세에 대해 기뻐한 이유는, 칠조개 스스로 더욱 갈고 닦아 나중에 훨씬 훌륭한 공무원으로 대성할 자질을 보았기 때문이리라.

6

　공자가 말하였다.

"세상이 사람답게 살아갈 수 있도록 길이 보여야 하는데, 그런 희망이 없으니 이제 나는 뗏목이나 타고 바다에 떠다니려 한다. 이때 나를 따라올 제자는 자로가 아닐까 생각한다."

자로가 이 말을 듣고 기뻐했다. 그러자 공자가 말하였다.

"자로는 용맹스러움이 나를 능가한다. 하지만, 뗏목 만들 재료를 구하지는 못하는구나!"

공자는 천하주유를 하며 세상을 제대로 다스리는 현명한 군주가 없음을 한탄하였다. 그렇게 마음 둘 곳을 찾기 어려워지자 뗏목을 타고 바다를 유랑하는, 세속에서 벗어난 삶을 동경하기도 했다. 그렇다고 현실을 적극적으로 벗어나려는 노장 철학이나 불교와 동일한 처세의 방법을 택한 것은 아니다. 늘 현실을 지향하면서도 현실 상황을 주시하며 처세를 고민하였다.

자로는 용감하면서도 강직한 성품을 지닌 충직한 제자였다. 하지만 상대적으로 다른 제자에 비해 지혜롭지 못하고 급한 성격 탓에 욱하고 나서는 것을 좋아한듯 하다. 이런 자로가 고맙기는 하지만, 한편으로는 아쉬움과 안타까운 측면이 있음을 토로하는 장면이다.

7

노나라의 대부인 맹무백이 물었다.

"선생의 제자인 자로는 열린 마음을 지닌 사람입니까?"

공자가 말하였다.

"잘 모르겠습니다."

맹무백이 다시 묻자 공자가 말하였다.

"자로는 1,000대 정도의 전차를 보유할 수 있는, 제후가 다스리는 나라의 중앙 무대에서 국방부장관이나 국세청장 정도의 자리를 맡아 정치를 할 수 있는 인물입니다. 하지만 열린 마음을 지니고 있는지는 모르겠습니다."

맹무백이 물었다.

"선생의 제자인 염구는 어떻습니까?"

공자가 말하였다.

"염구는 1,000가구 정도의 큰 읍이나 100대 정도의 전차를 보유할 수 있는, 대부가 다스리는 자치단체의 장, 그러니까 도지사나 구청장, 군수와 같은 자리를 맡아 정치를 할 수 있는 인물입니다. 하지만 열린 마음을 지니고 있는지는 모르겠습니다."

맹무백이 또 물었다.

"선생의 제자인 공서적은 어떻습니까?"

공자가 말하였다.

"지도자의 참모가 되어 예복을 갖추고 찾아온 손님들을 접대할 정도로 실무에 능합니다. 하지만 열린 마음을 지니고 있는지는 모르겠습니다."

당시 노나라의 맹손씨 집안의 정치적 실세이던 맹무백이 공자의 제자들이 어떠한지, 그 인물됨에 대해 공자에게 자문을 구하고 있는 모습이다. 맹무백은 맹희자의 손자인데, 맹희자는 공자를 매우 존경했다. 앞에서 언급한 것처럼, 자신의 아들인 맹의자에게 '공자에게 예를 배우라.'

고 유언을 할 정도였다. 맹의자의 아들이 바로 맹무백이다. 아마도 맹무백이 공자의 제자 중에서 자기를 도와 줄 인재를 등용하기 위해 공자에게 자문을 구한 것이 아닌가 생각된다. 중요한 것은 공자가 막연하게 제자들을 칭찬하거나 등용해 주기를 부탁한 것이 아니라, 제자들의 인물됨을 객관적이고 구체적으로 일러 주어, 자문을 구하는 사람에게 정확한 정보를 제공하고 있다는 점이다. 이는 실질을 중시하는 공자의 성격이 드러나는 대목이다.

8

공자가 제자 자공에게 말하였다.
"너와 안회 중에 누가 더 뛰어나다고 생각하는가?"
자공이 대답하였다.
"제가 어찌 감히 안회를 따라갈 수 있겠습니까? 비교할 수 있는 대상이 아닙니다. 안회는 한 가지 일에 대해 들으면 열 가지 일에 대해 알 정도로 유연하고 사고의 폭이 넓습니다. 저는 한 가지 일에 대해 들으면 겨우 두 가지 일에 대해 알 정도로 단순합니다."
공자가 말하였다.
"그래, 안회를 따라갈 수가 없지. 나나 너나 그만 못하지!"

안회는 공자의 제자 중에서도 총명예지의 상징이다. 그는 어떤 사안이 진행될 때 시작되는 모습을 보고 그 결말이 어떨지를 구체적으로 알 수 있을 정도의 인물이다. 반면에 자공은 어떤 사안이 진행될 때 다양한 차원에서 추측해 가면서 일을 파악하거나 한 가지를 보고 다른 한

가지를 유추해서 아는 자질을 지녔다. 안회가 명확하고 명증하게 자기 확신에 차 있는 주체적 차원의 장점을 지녔다면, 자공은 조심스럽고 다른 사안으로부터 유추하는 객관적 차원의 장점을 지닌 듯하다. 공자 또한 자공과 유사한 차원에서 자기 평가를 한다. 『논어』 전편에 걸쳐 보아도, 공자는 전면적 혹은 주체적, 자의적 판단에 의한 앎을 주장하지 않고, 객관적으로 증명되거나 증거나 근거에 의한 사실을 통해 삶에 유용한 진리를 유추해 낸다. 그것은 유교가 지닌 삶의 태도로 이어진다.

9

제자인 재여가 낮잠을 자고 있었다.
그러자 공자가 다음과 같이 말하였다.
"썩은 나무에는 조각을 할 수 없고, 거름으로 쓰기 위해 썩힌 흙으로 쌓은 담장은 흙손질을 할 수가 없다. 재여 같은 인간을 꾸짖어서 무엇하겠는가?"
그리고 또 공자가 말하였다.
"나는 처음 사람을 만났을 때 대부분 그 사람의 말을 듣고 그 사람의 행실을 믿는다. 하지만 이제는 사람을 만나면 그 사람의 말을 듣고 그 사람의 행실을 살피게 되었다. 재여의 저런 행동이 나를 이렇게 바꾸었다!"

어떤 분야건 공부를 하겠다고 나선 사람은 기력이 다할 때까지 힘써 배워야 한다. 그런데 제자가 공부에 뜻을 두지 않고 게으르게 낮잠이나 자고 있으니, 스승인 공자가 볼 때 얼마나 한심했겠는가? 공부의 최대

적은 바로 게으름과 안일에 빠지는 것. 재여에게서 반면교사의 전형을 엿볼 수 있다.

10

공자가 말하였다.

"나는 아직까지 물질적 욕망을 초월하는 꿋꿋한 사람을 만나 보지 못했다."

그러자 어떤 사람이 공자의 그런 태도에 대해 반색하며 말하였다.

"젊은 친구 중에 신정이란 사람이 있는데, 꿋꿋한 사람 같던데요."

공자가 말하였다.

"신정은 욕심쟁이이다. 그런데 어찌 꿋꿋한 사람이라고 할 수 있겠는가?"

물질적 욕망은 보통 사람들이 조절하기 어려운 문제 중 하나이다. 꿋꿋한 삶의 자세는 세속에 유행하는 물욕을 누르고 덮어 버릴 때 나온다. 당시 신정이라는 사람이 어떤 욕심을 지니고 있었는지 알 수는 없지만 성질을 잘 부렸다고 전한다. 욕심이 많은 사람은 사소한 일에도 쉽게 성을 내는 경향이 있으므로 신정을 욕심쟁이로 인식했다고 판단된다.

11

제자 자공이 말하였다.

"저는 다른 사람이 저에게 제가 싫어하는 일을 억지로 시키는 것을 원하지 않습니다. 마찬가지로 저 또한 다른 사람에게 그가 싫어하는 일을 억지로 시키고 싶지 않습니다."

공자가 말하였다.

"자공아, 말하기는 쉬워도 그런 행동을 쉽게 할 수 있는 것은 아니다."

자공은 내가 원하지 않는 것을 남이 강요하는 것을 싫어하였고, 자신도 남에게 강요하지 않으려고 하였다. 이런 마음자세는 유교가 추구하는 열린 마음의 지향이다. 그것은 억지로 애쓴다고 성취할 수 있는 영역이 아니다. 적극적이고 진취적으로 남을 사랑하고 너그럽게 남을 배려할 수 있을 때 우러나오는 것이다. 일종의 영혼의 울림이 있어야 가능한 경지이다.

12

자공이 공자에게 배운 내용을 다음과 같이 간략하게 말하였다.

"선생님의 가르침은 사람의 행동거지나 문장처럼 밖으로 드러난 사안에 관한 것이 대부분이었다. 그러다 보니 인간의 본성이나 자연의 질서와 같이 파악하기 힘든 부분에 대해서는 좀처럼 이야기하지를 않아 들을 수 없었다."

공자는 사람이 살아갈 때 필요한 문화, 즉 인간의 윤리 도덕을 중심으로 삶의 합리성을 강조한다. 이는 일상에서 올바른 행위를 중요하게 여기는 생활 태도이다. 그런 점에서 공자는 인간의 문화를 적극적으로 긍정하며 제자들에게 전수한 선구적인 인문학자이다. 하지만 인간의 본성이나 자연의 질서와 같이 심오한 이치를 담고 있는 자연학에 대해서는 적극적으로 해명하지 않았다는 느낌이 든다. 한편, 공자가 본성이나 자연의 질서와 같은 심오한 이치를 말해 주었는데 제자들이 그 뜻을 제대로 헤아리지 못했다는 설도 있다.

13

자로는 이전에 가르침 받았던 내용을 아직까지 실행하지 못하고 있으면 새로운 가르침을 더 듣게 될까 봐 두려워하였다.

공자의 수제자인 자로는 배움과 관련하여 중요한 자세를 보여 주었다. 자로는 공자의 제자 중에서도 용맹함을 주특기로 했던 열혈 청년이었기에 실천을 자기 목숨처럼 소중히 여겼다. 좋은 말을 들으면 반드시 용감하게 실행했다. 그런데 이전에 배운 내용을 아직까지 실천하지 못한 것은 자신의 삶에 오점이기 때문에 매우 부끄러워했다.

14

제자 자공이 물었다.
"위나라 대부인 공어에게 왜 '문(文)'이라는 시호를 붙여 공문자라고 부릅니까?"
공자가 말하였다.
"행동이 민첩하면서도 배우기를 좋아하고, 아랫사람에게 묻기를 부끄러워하지 않았기 때문에 '문(文)'이라는 시호를 준 것이다."

성급한 성격을 가진 사람은 일반적으로 배우기를 좋아하지 않는다.

또한 지위가 높은 사람은 아랫사람에게 묻는 것을 부끄럽게 여기는 경우가 많다. 그러므로 부지런히 배우고 묻기를 좋아하는 일은 보통 사람들이 실천하기 어려운 일이다. 옛날에는 죽은 사람의 생전 업적이나 행적에 따라 임금이 칭호를 내려 주던 시호법(諡號法)을 시행하였는데, 배움을 부지런히 하고 묻기를 좋아했던 사람에게 '문(文)'이라는 시호를 내려 주었다.

15

공자가 자산이라는 사람에 대해 다음과 같이 평가하였다.
"자산은 사람다운 사람으로서 갖춰야 할 네 가지를 지니고 있었다. 첫째, 행실이 공손했고, 둘째, 윗사람을 존경했으며, 셋째, 국민들에게 은혜를 베풀었고, 넷째, 국민들을 올바르게 지도했다."

자산은 정나라 대부 공손교라는 사람이다. 그는 겸손하고 조심스러우며 사람을 사랑하고 이롭게 하여 지도력을 발휘했다고 전해지는 인물이다. 핵심적인 업적으로는 임금이 사는 도성과 지방의 성읍을 구분하여 다르게 만들어 생활의 편리를 도모했고, 국민들이 제각기 지위와 본분에 맞는 법도와 예절을 지키게 하였으며, 농경지를 정리하여 농사를 잘 되게 하였고, 국민들을 다섯 가구로 묶어 하나의 단위로 삼고 협동하여 살 수 있게 만들었다.

16

공자가 말하였다.

"안평중은 사람들과 잘 사귄다. 그런데 그 사귐이 오래되어도 공경하는 마음이 변치 않았다."

안평중은 제나라 대부 안영을 말한다. 보통 사람의 경우, 오래도록 사람을 사귀다 보면 친해진 만큼 함부로 대할 수 있고 공경하는 것이 시들해지기 쉽다. 하지만 안영은 이와 달리 존경함이 더욱 깊어져 삶의 모범을 보여 주었다.

17

공자가 말하였다.
"장문중은 자기 집에 임금이 점을 칠 때 사용하던 큰 거북을 두고, 그 거북을 보관하는 방을 만들었다. 그리고 그 방의 기둥 끝에 산 모양을 새기고 대들보에는 풀 모양의 무늬를 그렸다. 이런 행동이 어찌 슬기로운 사람이 할 일이겠는가?"

장문중은 노나라 대부 장신이라는 사람이다. 대부와 같은 장관급의 고위 관료는 그 본분이 국민들이 잘살도록 힘쓰는 일이다. 그런데 올바른 정치는 버려두고 점을 치거나 요행을 바라며 귀신에게 아첨하는 일이나 하고 있었으니, 공자가 보기에 장신은 한심한 인간의 전형이었다.

18

제자 자장이 물었다.
"자문이라는 사람은 초나라의 재상 자리인 영윤이라는 벼슬을 지냈습니다. 세 차례나 영윤 벼슬에 나아갔는데, 그때마다 우쭐거리거나 기뻐하는 낯빛이 없었고, 세 차례 그만둘 때도 언짢아하거나 노여워하는 낯빛을 하지 않았습니다. 자리에서 물러날 때는 반드시 전임자의 업무를 신임자에게 인계하였습니다. 이런 자문을 어떤 사람으로 볼 수 있습니까?"

공자가 말하였다.

"그런 태도라면 본분에 충실한 사람이다."

자장이 다시 물었다.

"열린 마음을 지닌 사람이라고 할 수 있습니까?"

공자가 말하였다.

"글쎄, 잘 모르겠다. 열린 마음을 지닌 사람이라고 할 수야 있겠는가?"

자장이 다른 사람에 대해 또 물었다.

"제나라의 대부인 최저가 제나라 군주를 시해하였습니다. 그때, 제나라 대부였던 진문자는 말 마흔 마리를 버리고 그곳을 떠났습니다. 다른 나라로 가서 말하기를, '우리나라 대부 최저와 같구먼!'하고 떠났고, 또 다른 나라로 가서 말하기를, '우리나라 대부 최저 같구먼!'하고 떠났다고 하는데, 그의 사람됨은 어떻습니까?

공자가 말하였다.

"청렴한 사람 같네."

자장이 다시 물었다.

"열린 마음을 지닌 사람이라고 할 수 있습니까?"

공자가 말하였다.

"글쎄, 잘 모르겠다. 열린 마음을 지닌 사람이라고 할 수야 있겠는가?"

자문은 초나라의 대부로 성은 투이고 이름은 구이며 자가 자문이다. 어려서 호랑이 젖을 먹고 자랐다고 전한다. 여러 번 벼슬에 나아갔는데 오늘날의 총리에 해당하는 재상 자리에 세 번이나 올랐다. 나라 걱정에 온 힘을 쏟은 충성스런 사람이었기에 자장이 그의 사람됨을 스승인 공자에게 여쭈었다. 공자는 자문이 개인적인 욕심이 없고 충실한 사람임을 인정했지만 열린 마음을 지닌 사람인지에 대해서는 후한 점수를 주지 않았다.

최저는 제나라의 대부인데, 군주가 자신의 처와 불륜의 관계를 맺자 군주를 죽였다. 진문자는 당시 최저와 함께 제나라의 대부로 있었는데, 군주를 죽인 최저를 토벌하고도 남을 정도의 군사력을 지니고 있었다. 하지만 최저의 행동을 모른 척하고 자신만이라도 청렴함을 지키기 위해 혼란한 나라를 떠나 버렸다. 그런데 다른 나라에 가도 마찬가지 상황, 최저와 같은 일을 저지르는 사람이 많음을 알고 한탄 어린 말을 내뱉은 것이다.

19

노나라의 대부 계문자는 세 번이나 곱씹어 생각한 다음에 행동으로 옮겼다.

공자가 그런 사실을 듣고 다음과 같이 말하였다.

"두 번이면 괜찮다."

어떤 사안이건 실천에 앞서 깊이 생각하는 자세는 중요하다. 그러나 너무 생각에 몰두하면 생각 자체에 매몰되어 실천 의지가 약해질 수 있다. 공자가 '두 번이면 괜찮다.'라고 한 것은 두 번 정도면 충분하다는 의미이다. 아무리 건전한 생각이라도 세 번 이상 하게 되면 개인적 의도가 끼어들 수 있어 현혹되기 쉽다. 현명한 사람은 올바른 길이 무엇인지 찾으려는 노력을 게을리하지 않고 과감하게 결단한다. 쓸데없이 많이 생각하는 것이 반드시 좋은 결과를 가져다 주는 것은 아니다.

20

공자가 말하였다.

"위나라의 대부 영무자는 나라가 잘 다스려질 때는 지혜를 발휘하여 현실 정치에 참여했다. 나라가 어지러울 때는 어리석은 척하며 정치에서 물러났다. 잘 다스려질 때 현실 정치에 참여하는 것은 따라할 수 있으나 어지러울 때 정치에서 물러나는 일은 따라할 수 없다."

영무자는 위나라 문공과 성공 때 벼슬을 한 사람이다. 문공 때는 정사가 잘 다스려졌는데, 이때 영무자가 현실 정치에 참여하였어도 드러날 만한 일을 하지 않았다. 왜냐하면 잘 다스려지기 때문에 특별히 나설 이유가 없었기 때문이다. 반면 성공 때는 정사가 어지러워 나라를 잃을 지경에 이르렀다. 이때 영무자는 보이지 않는 곳에서 혼란을 막기 위해 혼신의 힘을 다하였다. 문제는 정치적 상황에 대한 식견이다. 이처럼 무턱대고 자신을 낮추는 자세, 음지에서 애를 쓰며 환란을 덜어 주는 자세는 정치 문제를 해결하는 방식이 아니다. 사회가 안정되어 현실 정치에 참여할 때는 적극적으로 나서지 않다가, 사회가 혼란스러워졌을 때 오히려 정치 일선에서 물러나 수습에 참여하는 것은 바람직하지 않다. 일반적인 정치인이라면 그와 반대로 행동해야 한다.

21

공자는 세상을 두루 다니면서 자신의 도를 주장하였고, 그것이 여러 나라에서 시행될 것을 기대하고 있었다. 그러나 진나라에 있을 때 그 한계를 절실히 느끼면서 다음과 같이 말하였다.

"이제 내 고향 노나라로 돌아가야겠다. 노나라에서 활동하고 있는 제자들이 젊고 혈기왕성하여 날뛰며 나름대로 고집도 있어, 겉으로는 그럴 듯하게 보인다. 하지만 아직도 어찌해야 하는지 정확하게 방향을 찾지 못하고 있는 것 같다. 그러니 빨리 돌아가 제자들이 엉뚱한 곳으로 빠지지 않도록 단속해야 한다."

공자의 나이 56세 때, 공자는 노나라를 뒤로하고 여러 나라를 돌아다나다가 진나라에 두 번 들렀다. 당시 진나라는 초나라와의 싸움으로 전화를 입었다. 이에 공자는 진나라에서도 자신의 도를 펼치기가 매우 어렵다는 사실을 깨달았다. 이런 상황에서 공자는 그동안 가르쳐 놓은 제자들 단속이 더 중요한 일임을 깨달았다. 노나라에 있는 그들마저 자신의 길을 잊고 타락하게 될까 두려워, 공자는 다시 자기의 학문적 울타리를 점검하는 지역 사회의 삶으로 돌아가려고 한 것이다.

22

공자가 말하였다.

"백이와 숙제는 지난 일에 대해 원한을 품지 않았다. 그래서 다른 사람을 원망하는 일도 드물었다."

동양의 역사에서 백이숙제는 정의와 청렴을 대표하는 인물이다. 정의와 청렴을 생명으로 하는 사람은 부정과 부패한 악인을 미워하기 마련이다. 하지만 백이숙제는 다른 사람들의 악한 행위를 막으려고 했을 뿐, 사람 자체를 미워하거나 원망하지 않았다. 원한을 마음에 두면 복수심이 생기고 이는 악순환의 고리처럼 반복될 수 있다. 개인이나 특정 사안에 대한 원한을 마음에 두지 않고 너그러트리는 위대함. 공자는 이 점을 높이 평가한 듯하다.

23

공자가 말하였다.

"누가 미생고를 정직하다고 했는가? 어떤 사람이 그에게 식초를 얻으러 갔더니 자기 집에 없다고 하지 않고 이웃집에서 빌려다가 주었다고 하더군."

미생고는 노나라 사람으로 평소에 정직하다고 소문난 인물이다. 그런데 어떤 사람이 식초를 빌리러 왔을 때, 자기 집에 식초가 없으면 없다고 얘기를 해야지, 그러지 않고 이웃집에서 얻어다 주었다. 이런 행위는 물질을 가지고 남에게 베푸는 것으로 정직함과 거리가 멀다. 정직함은

'옳은 것은 옳다. 그른 것은 그르다. 있으면 있다. 없으면 없다.'라고 분명하게 표명하는 데서 시작된다.

24

공자가 말하였다.

"듣기 좋게 말을 꾸며대고 얌전한 체하며 낯빛을 부드럽게 하고 지나치게 굽실거리며 공손한 체하는 짓을 좌구명은 부끄럽게 여겼다. 나도 이런 짓을 부끄럽게 여긴다. 마음에 원한을 숨기고 친구인 체하는 짓을 좌구명은 부끄럽게 여겼다. 나도 이런 짓을 부끄럽게 여긴다."

좌구명은 노나라의 대부라고 하나 누구인지 정확하지 않다. 부끄러움을 무게 중심에 두고 공자는 두 가지 차원에서 생각했을 수 있다. 하나는 공자와 전혀 다른 삶의 태도를 지닌 악덕한 좌구명과 같은 대부마저 교언영색하고 속으로는 원망 가득하면서도 겉으로 웃는 존재를 부끄럽게 여기는데, 공자 자신은 더욱 그러하다고 볼 수 있다는 것이다. 다른 하나는 좌구명도 공자처럼 올바른 삶을 추구하는 사람인데, 이런 가면 쓴 존재들에 대해 기본적으로 부끄럽게 여긴다는 데 동의하는 장면으로 볼 수도 있다.

25

어느 날, 제자 안연과 자로가 공자를 모시고 곁에 앉아 있었다.
이때 공자가 말하였다.
"너희들이 뜻하는 바를 각각 한번 말해 보겠나?"

자로가 말하였다.

"수레와 말, 옷과 가벼운 가죽옷을 얻어 벗들과 함께 나눠 쓰다가 헐어 못 쓰게 되더라도 서운하게 여기지 않았으면 합니다."

안연이 말하였다.

"제가 잘한 것을 내세우고 싶지도 않고, 남에게 힘든 일을 시키고 싶지도 않습니다."

자로가 말하였다.

"선생님의 뜻을 듣고 싶습니다."

공자가 말하였다.

"늙은이를 편하게 해 주고, 벗에게는 믿음을 주며, 젊은이는 품어 주려고 한다."

자로와 안연과 공자의 언표는 모두 열린 마음으로 나아가는 인간과 세계에 대한 경지를 보여 준다. 자로는 마음을 열려는 단계이고, 안연은 마음을 열어 가는 중간 수준이며, 공자는 마음을 연 성숙한 모습이다.

26

공자가 말하였다.

"아! 끝내 어쩔 수 없는 것인가! 나는 아직까지 자기의 잘못을 보고 진심으로 스스로 꾸짖는 사람을 보지 못했다."

자기주장과 판단으로 일관하는 사람은 일상생활에서 자신의 잘못을 스스로 인지하기 어렵다. 하지만 말과 행동을 성찰하여 스스로 잘못을 알고 진심으로 뉘우치고 깨닫는다면 반드시 잘못을 고칠 수 있고 실수도 줄일 수 있다. 공자는 이런 인간이 많지 않음을 걱정하며, 당대에 그런 사람을 만나지 못할까 탄식한 듯하다.

27

공자가 말하였다.

"집이 10채 정도 되는 조그마한 고을에도 충실하고 믿음직스러운 사람은 있기 마련이다. 하지만 나처럼 배우기를 좋아하는 사람은 없으리라!"

공자는 수시로 스스로 배우기 좋아하는 사람으로 자신을 규정하려고 하였다. 당시 여러 사람의 스승이었던 공자가 배우기를 좋아하는 사람이라고 자기 고백을 한 것은, 그만큼 함께 세상의 여러 일들에 대해 힘써 노력하자는 강력한 충고이다.

제 6 편

옹야

「옹야」도 앞 편의 「공야장」에 이어 인물평이 많다. 앞 부분은 인물에 대해 폄하하거나 꾸짖는 평이 많고 뒷 부분의 경우, 현명한 사람이나 열린 마음을 지닌 사람, 지혜로운 사람에 대한 평가가 주를 이룬다. 이 편은 모두 28개의 장으로 되어 있다.

1

공자가 말하였다.

"염옹(중궁)은 높은 자리에 올라 신하들을 다스릴 수 있는 인물이다."

중궁이 물었다.

"자상백자는 어떻습니까?"

공자가 말하였다.

"괜찮기는 한데 지나치게 소탈하고 대범하다."

중궁이 다시 물었다.

"몸가짐은 경건하게 하고 행동은 소탈하고 대범하게 하여 백성을 대한다면 또한 괜찮지 않겠습니까? 몸가짐이 소탈하고 대범하면서 행동마저 소탈하고 대범하게 한다면, 지나치게 소탈하고 대범하지 않겠습니까?"

공자가 말하였다.

"염옹의 말이 옳다."

염옹과 공자의 대화는 자상백자라는 인물을 통해 삶과 정치에서 중요한 태도가 무엇인지를 구명하고 있다. 그것은 바로 경건, 혹은 거경이다. 경건하게 처신할 때 마음의 중심이 잡히고 자신의 행동을 적절하게 조절할 수 있다. 지나친 소탈함이나 대범함은 번거롭지 않고 간단히 일을 처리한다는 점에서 장점일 수는 있으나, 그로 인해 자신에게 소홀할 수 있고 최소한의 제도 자체를 거부할 위험성이 있다.

2
노나라의 임금인 애공이 공자에게 물었다.
"제자 가운데 누가 배우기를 좋아합니까?"
공자가 대답하였다.
"안회라는 제자가 있었는데 배우기를 정말 좋아했습니다. 가난했지만 투덜대지 않았고 똑같은 잘못을 두 번 저지르는 일이 없었지요. 그런데 불행히도 일찍 죽고 지금은 없습니다. 그 후로는 배우기를 좋아하는 제자가 있다는 얘기를 못 듣고 있어요."

안회는 41세에 죽었다. 그러나 32세에 죽었다는 설도 있다. 공자의 제자 중에 배우기를 좋아하여 학문에 뛰어난 사람은 72명이나 된다. 그중에서도 안회는 가장 실천적인 인물이었기에, 공자는 안회가 일찍 죽은 것에 대해 매우 안타까워하였다.

3

공자의 제자 중 외교에 능숙했던 자화가 제나라에 사신으로 가게 되었다. 이때 염구가 자화의 어머니에게 먹을 곡식을 보내 줄 것을 청하였다.

공자가 말하였다.

"여섯 말 넉 되를 보내면 어떻겠는가."

염구가 더 보내기를 청하자 공자가 말하였다.

"그럼, 열여섯 말을 보내게나."

그러나 염구는 여든 섬의 곡식을 보냈다.

이에 공자가 말하였다.

"자화가 제나라로 갈 때 살찐 말을 타고 가벼운 가죽옷을 입었다. 나는 이렇게 들었다. '참된 사람은 부족한 사람에게는 보태 주되 풍족한 사람에게 보태 주지는 않는다고.'"

노나라 사람 원사는 공자가 사구 벼슬을 할 때 공자의 가신 노릇을 하였다. 공자가 고마움의 표시로 원사에게 곡식 구백 섬을 주자 원사가 너무 많다고 사양하였다.

그러자 공자가 말하였다.

"사양하지 마라. 네 이웃들과 지역 사람들에게 나누어 주면 되지 않느냐."

자화는 공자의 제자 공서적을 말한다. 자화가 외교관이 되어 제나라로 갈 때 살찐 말을 타고 가벼운 갖옷을 입고 갔다. 이는 오늘날에 비유하면 고급 승용차에 명품 옷을 입고 간 것과 마찬가지로, 그가 매우 부유하였음을 상징한다. 그런데도 염구는 자화의 어머니를 위해 곡식을 더 보내 주자고 했다. 자화가 가난했다면 공자는 염구가 청하지 않더라도 알아서 주었을 것이다. 전통적인 사회 지도층 인사들의 삶의 자세는 궁핍하여 궁지에 몰린 사람을 돕고 보태 주되 풍족한 사람의 재물을 늘리는 데 보태 주지는 않는 것이었다. 이런 점에서 자화에게 적게 주거나 주지 않는 것이 옳은 법. 그런데 그와 상반되는 태도를 취하는 제자들의 모습을 보고 공자는 못마땅하게 여겼다.

원사의 경우, 사양한 것이 잘못은 아니다. 공자가 준 곡식이 자신의 직분에 비추어 보아 너무 많기에 합당한 의사 표시를 한 것이다. 이런 점에서 그의 사양은 정당하다. 다만, 공자는 공인으로서 재물을 어떻게 다루어야 하는지 올바름의 차원에서 접근하는 방법을 역설적으로 보여 준다.

4

공자가 중궁을 평하여 말하였다.
"얼룩소 새끼일지라도 털빛이 붉고 뿔이 가지런하게 자랐다면, 사람들이 그것을 제물로 쓰지 않으려 해도 산천의 신이 어찌 그것을 버리겠는가?"

중궁의 아버지는 천민 출신이면서 행실이 악했다고 한다. 그런데 중궁은 앞에서 공자가 평가했듯이 '높은 자리에 올라 신하들을 다스릴 수 있는 인물'이었다. 여기에서 얼룩소는 중궁의 아버지를 비유한 것이고, 얼룩소 새끼는 중궁을 상징한다. 중국 고대의 주나라에서는 중요한 제사를 지낼 때 털빛이 붉고 뿔이 바르게 생긴 소를 바쳤다. 따라서 얼룩소는 농사일이나 하는 천한 대접을 받았다. 하지만 중궁의 사례를 통해 새로운 의미가 부여된다. 즉 부모의 출신이 나쁘고 행실이 악하다고 해서 자식의 선함까지 무시해서는 안 된다는 것이다. 여기에서 공자의 사상이 출신에 의한 귀속주의라기보다는 그 사람의 능력이나 노력을 소중하게 여기는 현실주의임을 발견할 수 있다.

5

공자가 말하였다.

"나의 제자 안회는 한결같아 3개월이라는 긴 시간 동안 열린 마음을 지속하였다. 다른 사람들은 기껏해야 1일, 길어야 1개월 정도 열린 마음을 지닐 뿐이다."

공자의 최고 제자 중 한 사람인 안회는 마음이 한결같았다. 그가 칭찬 받는 이유는 털끝만큼도 개인적 욕망에 사로잡히지 않았기 때문이다. 미성숙한 보통 사람은 수시로 세상의 유혹에 빠지기 십상이다. 하지만, 안회는 3개월, 절기로 따져도 한 계절이 다 지나갈 정도의 기간 동안 열린 마음으로 공평하게 처신하였다. 이는 안회의 인간다움이 매우 성숙했음을 암시한다.

6

노나라의 대부인 계강자가 물었다.

"자로에게 정사를 맡겨도 괜찮겠습니까?"

공자가 대답하였다.

"자로는 배짱이 있습니다. 정사를 맡겨도 큰 문제는 없을 것입니다."

또 물었다.

"자공에게 정사를 맡겨도 괜찮겠습니까?"

공자가 대답하였다.

"자공은 사리에 두루 밝습니다. 정사를 맡겨도 큰 문제는 없을 것입니다.

또 물었다.

"염유에게 정사를 맡겨도 괜찮겠습니까?"

공자가 대답하였다.

"염유는 재능이 뛰어나고 재주가 많습니다. 정사를 맡겨도 큰 문제는 없을 것입니다."

계강자는 당시 노나라 임금인 소공을 몰아낸 대부이다. 그가 공자에게 접근하여 제자들의 정치 참여의 가능성을 타진하고 있다. 공자는 자로, 자공, 염유 세 제자의 장점, 이른바 배짱과 사리 통달, 재능의 탁월함을 들어 정치가로서 적합하다고 추천하였다. 이 대목에서는 공자의 제자 사랑이 엿보이기도 하고, 자신의 정치적 소망을 제자를 통해 실현하려는 의지도 드러나는 듯하다.

7

노나라의 계씨가 공자의 제자 민자건을 자신의 성읍인 비 지역의 읍장으로 삼으려 하였다. 그러자 민자건이 계씨가 보낸 사람에게 다음과 같이 말하였다.

"저는 사양하겠습니다. 그러니 제 대신 말을 잘 전해 주십시오. 다시 저를 읍장으로 삼으려 한다면 저는 노나라와 제나라의 국경 지역으로 가 버릴 것입니다."

여기에서 계씨가 누구인지는 정확하지 않다. 당시 실력자인 계환자나 계강자일 가능성이 높다. 민자건은 계씨 밑에서 일하고 싶지 않았다. 왜냐하면 계씨가 정당하지 않은 방법으로 부귀를 누리고 있었고, 민자건은 그런 정치인을 개나 돼지처럼 여겼기 때문이다. 그리하여 계씨의 사신에게 최후통첩을 한다. '자꾸 귀찮게 굴면 노나라를 떠나 제나라로 가 버리겠다.'고. 정자의 설명에 따르면, 공자의 제자 중에서 당시 노나라 대부 아래에서 벼슬하지 않을 정도로 자신의 지조를 지켰던 사람은 민자건과 증자 등 몇 사람에 불과하였다.

8

공자의 제자인 염백우가 앓아누워 있을 때 공자가 문병하였다. 창을 통해 그의 손을 잡고 이렇게 말하였다.

"이런 몹쓸! 죽을병에 걸리다니, 운명인가 보다. 이 사람이 이런 병에 걸리다니. 이 사람이 이런 병에 걸리다니."

염백우는 공자보다 나이가 일곱 살 아래였다. 당시 염백우는 전염병의 일종인 나병(癩病), 이른바 문둥병에 걸렸다. 그러자 공자가 문병하였고, 직접 방에 들어가 위로하지 못하고 창문 밖에서 손을 잡고 한탄하였다. 공자가 문병을 가서 너무나 애석해 할 정도로 염백우는 덕행의 차원에서 공자 제자 중 안연, 민자건 다음으로 유명하였다.

9

공자가 말하였다.

"참으로 현명하구나, 나의 제자 안회여! 대나무 그릇에 담은 한 그릇의 밥을 먹고, 표주박에 담은 한 종지 물을 마시며, 누추한 골목에서 살고 있구나. 보통 사람들은 이런 삶을 괴로워하며 견디기 힘들어하건만 안회는 그런 삶에 즐거워하니, 참으로 현명하구나, 안회여!"

안빈낙도(安貧樂道)를 상징하는 말인 유명한 일단사일표음(一簞食一瓢飮)의 출전이다. 정자는 이 대목을 다음과 같이 설명하였다. 안회가 대나무 그릇의 밥을 먹고 표주박의 물을 마시며 누추한 마을에 사는 빈궁함 자체를 즐긴 것은 아니다. 그것은 결코 즐겁지 않다. 다만, 안회는 가난에 시달려도 인간의 길을 지키고 마음을 다치지 않으며 자신이 즐기는 것을 고치지 않았다. 주자는 이 구절에 대한 분명한 독해를 유보하였다. 그는 배우는 사람이 스스로 느끼고 깨달음에 이르기를 바랐던 것이다.

10

제자 염구가 변명하듯 말하였다.

"선생님이 가시려고 하는 삶의 길, 그 교훈을 싫어하는 것이 아닙니다. 힘이 모자라 실천하지 못하는 것입니다."

공자가 말하였다.

"힘이 모자라는 사람은 중도에 그만두기 마련이지. 자네는 지금 미리 할 수 없다고 스스로 한계를 그어 놓고 실천을 하지 않고 있어."

염구의 태도는 자포자기 하는 듯한 패배주의의 전형을 보여 준다. 앞에서 공자는 '가난하게 살면서도 만족하는 인생', 안빈낙도를 즐기는 안회를 칭찬하였다. 그것을 들은 염구는 자기는 그렇게 하지 못하겠다고 하였다. 공자는 약간 화가 난 듯하다. 못 하는 것과 안 하는 것의 차이! 스스로 능력이 부족하다고 여기고 한계를 정하면 삶의 퇴보만이 놓여 있을 뿐이다. 핵심은 이것이다. '능력의 부족을 앞세우지 마라! 누구나 자신의 삶을 가꿀 권리와 의무가 있다!'

11

공자가 자하에게 충고하였다.

"너는 진정한 학자 관료가 되어야 한다. 하찮은 조무래기 소인배가 되어서는 안 된다."

진정한 학자나 관료는 의리를 목숨처럼 여기며 자기 수양을 위해 배운다. 조무래기 소인배들은 사사로운 이익만을 추구하며 남에게 알려지기 위해 배운다. 전자는 자기의 올바른 삶을 위한 학문인 '위기지학(爲己之學)'이고 후자는 남에게 보여주기 위한 알맹이 없는 '위인지학(爲人之學)'이다. 학자는 위기지학을 생명력으로 삼고 시정잡배는 위인지학으로 빠지기 마련이다.

12

공자의 제자 자유가 노나라 도성 아래에 위치한 무성의 읍장이 되었다.

조금 지난 후에 공자가 물었다.

"자네, 정사를 돌보는 데 쓸 만한 사람을 구했는가?"

자유가 대답하였다.

"예, 담대멸명이라는 사람이 있습니다. 그는 좁은 샛길로 살짝 다니지 않고, 공무가 아니면 제 집무실에 들어오는 일이 없습니다."

공무원의 전형을 볼 수 있는 대목이다. 좁은 샛길로 다닌다는 것은 행동이 떳떳하지 못함을 상징한다. 공적인 사안이 아닌데 공무원이 개인적으로 상관을 만날 필요는 없다. 하지만, 대부분의 사람은 편하고 빠르게 갈 수 있는 지름길이나 샛길을 선택하지 않으면 어리석다고 하고, 개인적으로 상관을 찾아뵙지 않는 것을 상관에 대해 소홀히 하는 것으로 생각한다. 이런 생각을 하는 순간 공명정대는 무너진다.

13

공자가 말하였다.

"노나라의 대부인 맹지반은 자기가 공을 세웠다고 자랑하지 않는다. 전투에서 패배하여 후퇴할 때는 맨 뒤에서 묵묵히 적을 막고, 성문으로 들어올 무렵에는 자기가 탄 말을 채찍질하면서 이렇게 말하였다. '일부러 뒤처지려고 한 것이 아니라 이놈의 말이 제대로 달리지 않아 뒤처진 것이라네. 하하.'"

맹지반은 자신을 내세우지 않는 사람의 모범이다. 전투에 패하여 정신없이 도망치는 상황에서 동료들을 먼저 보내고 맨 뒤에서 적을 막는다. 그리고 동료들이 성문 안으로 들어가 안전하게 되었을 때, 그것이 자신의 공임에도 불구하고 자기 말이 제대로 뛰지 못하여 늦게 도착했다는 농담으로 자기 임무를 다했음을 은은히 드러냈을 뿐이다.

14

공자가 말하였다.

"위나라 대부 축타 같은 말재주가 없거나 송나라의 공자 송조 같은 미모를 갖지 못했다면, 오늘날과 같은 세상에서 살기 어려우리라!"

축타는 제사를 관장하는 제관으로서 말재주가 좋았고, 송조는 위나라 영공의 부인인 남자의 옛 애인으로 외모가 뛰어났다. 둘 다 언변과 외모 하나로 급변하는 세상에 잘 대처하였다. 혼란한 세상일수록 아첨이 난무하고 용모 꾸미기가 성행한다. 그래야 따돌림을 당하지 않고 그럭저럭 묻어가며 살 수 있다. 현실적으로 위선적 언변과 외모 지상주의가 난세를 건너는 방법의 하나일 수는 있지만, 그것은 인간이 추구하는 진실한 삶과는 거리가 있다.

15

공자가 말하였다.

"누가 문을 거치지 않고 들락거릴 수 있는가? 그런데 어찌하여 이 길을 가려고 하지 않는가?"

사람은 출입을 할 때 반드시 문을 통해 왕래한다. 문을 통하지 않고 출입할 수 있는 사람은 없다. 정치를 하거나 교육을 하거나 경제를 실천하려고 할 때는 반드시 그에 합당한 문이 있다. 문제는 사람들이 그 문을 통해 출입하지 않는다는 것이다.

16

공자가 말하였다.

"사람의 본바탕이 자라나면서 후천적으로 꾸민 것보다 강조되면 촌스럽다. 꾸민 것이 본바탕보다 강조되면 사람 됨됨이가 텅 빈 듯 공허하다. 본바탕과 나중에 꾸민 것이 함께 어울려야 훌륭한 인물이라고 할 수 있다."

실질적 내용이나 도리, 사실적 바탕만을 강조하고 외형적으로 꾸미거나 문화적으로 수식하는 것을 소홀히 하면 천박한 사람으로 비치기 쉽다. 그렇다고 지나치게 외형을 꾸미거나 문화적 수식만을 강조하고 실질적 내용을 소홀히 하면 알맹이는 없고 수다스런 사람이 된다. 따라서 문화적 꾸밈과 실질적 내용이 잘 어울려 빛을 발휘해야 교육받은 사람으로서 온전한 인성을 갖추게 된다.

17

공자가 말하였다.

"사람이 사람답게 살아갈 수 있는 존재의 이유는 곧음 때문이다. 곧은 방법이 아니라 구부러지고 비뚤게 속임수를 써서 살아간다면 기껏해야 요행으로 죽음을 면하고 있는 것뿐이다."

사람이 자연으로부터 생명을 받아 삶을 누리고 있는 것은 자연의 도리를 곧이곧대로 본받고 따르기 때문이다. 자연의 질서는 정직하다. 봄이면 생기가 돋고 여름에는 무성하게 자라며 가을에는 열매 맺고 시들며 겨울에는 다음 봄을 기다리며 조용히 움츠려 든다. 이런 자연 순환의 법칙을 인위적으로 망가뜨리고 살아간다면 목숨을 유지할 수는 있으나 그만큼의 부작용도 예상된다.

18

공자가 말하였다.

"사람의 길이 무엇인지 아는 사람은 그것을 좋아하는 사람만 못하고, 사람의 길이 무엇인지 좋아하는 사람은 그것을 즐기는 사람만 못하다."

'안다'라는 말은 사람이 각자의 위치에서 가야 할 길이 있음을 아는 것이고, '좋아한다'는 말은 속으로 좋아서 행하는 것이며, '즐긴다'는 말은 체득하여 즐기는 것이다. 좋아하는 수준은 온전하게 체득한 단계와는 다르다.

이를 곡식과 같은 먹을거리에 비유하면 다음과 같다. 안다는 것은 그것이 먹을 수 있는 것이라는 사실을 아는 것이고, 좋아한다는 것은 그것을 먹으면서 맛있게 여기는 것이며, 즐기는 것은 배불리 맛있게 먹는 상황이다. 이렇게 끊임없이 노력하는 삶의 일관성을 자강불식(自強不息)

이라고 한다.

19

공자가 말하였다.

"일반적으로 중간쯤 되는 위치의 사람에게는 약간 높은 수준의 심오한 이치에 대해 말해 줄 수 있다. 하지만 중간 이하의 사람에게는 수준 있는 이야기를 하기가 어렵다."

가르치는 사람은 개별적인 능력에 따라 일러 주어야 한다. 그래야만 상대가 수준에 맞게 배우게 된다. 자질이나 학식, 덕행이 중간 이상 되는 사람이라야 철학적 담론을 논의할 수 있다. 그렇지 않고 갑자기 보통 이하의 사람에게 밑도 끝도 없이 깊이 있는 이야기를 하면, 상대방은 무슨 이야기인지 알아듣지도 못할 뿐만 아니라 자신의 자질을 생각 이상으로 오해하여 엉뚱한 짓을 저지를 수도 있다.

20

제자 번지가 지혜롭게 사는 것에 대하여 물었다. 그러자 공자가 다음과 같이 말해 주었다.

"사람들을 잘살게 하는 데 힘을 쏟아야 한다. 선조의 신령이나 산천의 신을 공손하게 모시되 적절한 거리를 두어야 한다. 그래야 정치가로서 지혜롭다고 할 수 있다."

번지가 다시 사람들에게 열린 마음으로 다가가려면 어떻게 해야 하는지 묻자 공자가 일러 주었다.

"사람들에게 열린 마음이란, 어려운 일을 남보다 먼저 하고 거둬들이는 것은 나중에 하는 것이다. 그러면 열린 마음을 지닌 사람답다고 할 수 있으리라."

사회 지도층, 이른바 지도자가 되어 리더십을 발휘하려면 어떤 자세가 필요할까? 번지의 물음은 지도력에 대한 성찰이다. 핵심은 현재를 살고 있는 사람들에 대한 관심과 배려이다. 선조나 산천의 귀신을 모시는 일보다 그것이 우선이다. 아울러 어려운 일의 경우 다른 사람보다 앞서 실천하고, 명예나 이익 등 자신에게 돌아오는 보답은 나중에 생각해야 한다.

이런 차원에서 유교적 지도성, 지도자의 지혜를 간략하게 정돈할 수 있다. 첫째, 자신의 자리에서 당연히 해야 할 일에 힘쓰라. 둘째, 알기 어려운 것을 애써 구하지 마라. 셋째, 알고 있는 것은 힘껏 실천하라. 넷째, 하기 어려운 일이라 해서 꺼리지 말고 행하라.

21

공자가 말하였다.

"슬기로운 사람은 물을 좋아하고 열린 마음을 지닌 사람은 산을 좋아한다. 슬기로운 사람은 상황에 따라 잘 움직이고 서성거리며, 열린 마음을 지닌 사람은 세상을 고요하게 품는다. 슬기로운 사람은 경쾌하게 현실적 삶을 즐기고, 열린 마음을 지닌 사람은 묵묵하게 수명을 누린다."

지적이고 똑똑한 사람은 사리(事理)에 통달한 사람이다. 물의 속성처럼 자연스럽게 흐르고 막힘이 없다. 그러므로 물을 좋아한다. 반면에 열린 마음을 지닌 어진 사람은 의리(義理)를 중시한다. 따라서 중후하고 함부로 자신의 마음을 옮기지 않고 묵묵히 버틴다. 그러므로 그런 속성을 닮은 산을 좋아한다. 지혜로운 사람은 처세에 밝으므로 삶이 유동적이다. 그는 상황 포착의 달인이다. 그렇기 때문에 현실에서 벌어지는 삶의 다양한 모습을 즐긴다. 반면, 열린 마음을 지닌 어진 사람은 모든 것을 사랑하므로 마음을 비우고 조용히 대응한다. 그는 현실을 즐기는 삶보다는 자신에게 주어진 수명을 존중한다.

22

공자가 말하였다.

"제나라가 조금만 좋은 방향으로 바뀌면 노나라처럼 어느 정도 문화를 갖춘 나라가 되리라. 노나라가 조금만 바뀌면 옛날 주나라가 명성을 누리던 만큼 좋은 나라가 될 수 있으리라."

제나라는 현재 중국의 산동 일대를 다스렸던 부강한 나라였다. 시조는 유명한 태공망 여상이고, 춘추 시대에 관중의 도움으로 환공이 패자가 되었던 나라이다. 당시 제나라는 패도 정치를 행하며 공리를 추구하기에 급급했다. 반면, 노나라는 세력이 미미한 약자였지만 주나라의 문물제도를 물려받아 예의와 신의를 간직하고 있었다.

공자는 주나라 문물제도의 상징인 주공을 흠모하였고 자신의 조국인 노나라의 부흥을 고민했다. 강대국인 제나라와 약소국인 노나라의 문화적 특성 사이에서 공자의 정치적 염원을 엿볼 수 있다.

23

공자가 말하였다.

"사각형 모양인 '고'라는 술잔이 사각형으로 생기지 않았다면, 어찌 고라고 할 수 있으랴! 어찌 고라고 할 수 있으랴!"

모든 사물은 그에 합당한 이치와 형태, 쓰임새가 있다. 고는 물건에 있는 모서리를 말한다. 즉 네모난 물건으로, 술잔 혹은 나무로 만든 간책으로 쓰였다. 여기에서 고는 사람이 맡은 직책을 상징한다. 사람이 자신이 맡은 직책을 도리에 맞게 수행하지 못할 경우 사람 구실을 못하므로 이를 경계한 것으로 이해된다.

24

제자 재아가 물었다.

"열린 마음을 지닌 사람은, '어떤 사람이 우물에 빠졌습니다.'라고 하면 우물에 들어가 그를 구하고 빠져 허우적댑니까?"

공자가 말하였다.

"그렇게야 하겠는가? 훌륭한 사람은 우물에 가서 사람을 구하려고 하겠지만 그곳에 들어가 허우적대지는 않을 것이다. 사람들이 우물에 빠지게 하듯이 훌륭한 사람을 잠시 속일 수는 있겠지만 허우적댈 정도로 끝까지 속일 수는 없다."

열린 마음을 지닌 사람은 사람을 포용하고 신뢰를 주는 존재이므로, 어려움에 처한 사람을 구하는 데 앞장서게 마련이다. 그렇다고 해서 자신의 존재까지도 잊어버리는 무모한 사람은 결코 아니다. 그는 문제 해결을 위한 지혜를 지니고 삶의 이치를 고민한다. 우물에 빠진 사람을 구하기 위해서는 내 몸은 우물 밖에 있어야 한다. 내가 우물 속에 들어간다면 나도 우물에 빠지기 때문에 오히려 사람을 구할 수 없다.

25

공자가 말하였다.

"훌륭한 사람은 널리 글을 배우되 예법으로 몸단속을 한다. 그러므로 사람이 살아가는 도리에 어긋나는 일이 좀처럼 없다."

널리 배운다는 것은 세상의 모든 문물제도를 공부하는 일이다. 즉 배운 내용을 간략하게 요약하여 지켜야 한다. 학문을 통해 문물을 광범위하게 익히고 예법을 통해 조이고 단속해야 일관성 있게 삶의 질서가 유지된다.

26

공자가 위나라 영공의 첩인 남자 부인을 만났다. 그러자 제자인 자로가 좋아하지 않았다.

이때 공자는 굳은 표정으로 말하였다.

"내가 남자 부인을 만나 예의에 어긋나는 불륜을 저질렀다면, 하늘이 용서하지 않으리라. 하늘이 용서하지 않으리라."

옛날에는 그 나라에서 벼슬을 하면 그 나라 임금의 부인을 만나는 것이 기본 예의였다. 공자의 경우, 위나라에 도착했을 때 당시 임금인 영공의 부인인 남자가 공자를 만나기를 요청했는데, 공자는 당연히 남자 부인을 만나 보아야 했다. 문제는 영공의 부인인 남자가 음란하다는 것이었다. 자로는 착하지 않은 부인을 만나는 것 자체가 온당하지 못하고 스승을 욕되게 하는 부끄러운 일로 여겼던 것 같다. 이에 대해 공자는 자기 말을 믿고 걱정하지 말라고 제자들을 안심시킨 듯하다.

27

공자가 말하였다.
"삶에서 중용의 올바른 실천이 최고인가 보다! 사람들이 이를 소홀히 하여 실천하지 못한 지가 오래되었구나!"

중용에서 중(中)은 지나침도 미치지 못함도 없다는 뜻이다. 용(庸)은 평소에 언제나 따르고 행한다는 뜻이다. 이는 세상의 바른 도리와 정해진 이치로, 일상에서 행해져야 하는 도덕의 핵심이다. 그것은 바로 올바르고 정당한 마음 씀씀이에 달려 있다. 공자의 언표는 마음 씀씀이가 제대로 이루어지지 않는 현실에 대한 개탄이다.

28

제자 자공이 물었다.
"세상 사람들에게 널리 은혜를 베풀어 그들을 구제할 수 있다면 어떻습니까? 열린 마음으로 다스렸다고 할 수 있습니까?"

공자가 말하였다.

"어찌 열린 마음을 가졌다고만 하겠는가! 열린 마음을 최고조로 발휘한 사람으로서 최고의 경지에 이르렀다고 해야 하리라! 최고의 임금으로 추앙받는 요임금이나 순임금 같은 분들도 그렇게 하지 못함을 고민했다. 열린 마음을 지닌 사람은 자기가 서고 싶으면 남도 세워 주고, 자기 앞을 트고 싶으면 남의 앞길도 터 준다. 가까이 있는 자신의 처지를 바탕으로 남의 입장을 알아차릴 때, 그것이 바로 열린 마음을 실천하는 방법이리라."

유교의 핵심 개념인 인(仁)을 잘 보여 주는 대목이다. 인은 한글로 '어질다'라는 뜻인데 '모질다'의 상대어이다. 이는 열린 마음으로 독해할 수 있는데, 열린 마음으로 정치를 실천하는 것이 바로 은혜를 베풀어 많은 사람을 구제하는 작업이다. 은혜를 베푸는 일은 다양하지만, 『맹자』의 경우, 50세가 되면 비단 옷을 입게 하고 70세가 되면 고기반찬을 먹을 수 있게 하는 정치가 하나의 사례이다. 이는 자신의 욕구나 욕망을 바탕으로 상대방을 고려하고 배려할 때 싹튼다. 일종의 보살핌이고 돌봄이다.

제7편

술이

「술이」에는 공자가 지향하는 뜻과 행실에 관해 적은 글이 많다. 공자 자신의 겸손한 태도, 남을 가르치는 언표, 그리고 용모와 일처리에 관한 행적이 담겨 있다. 『논어』의 여러 편 가운데 명문장이 많기로 유명하다. 이 편은 모두 37개의 장으로 되어 있다.

1

공자가 말하였다.

"나는 옛 전통문화를 공부하여 전달하고 기술하는 데 힘을 쏟았지, 내 멋대로 창작하여 미래 세대에게 가르치지는 않았다. 옛날의 고적을 믿고 좋아하기를 노팽에게 견주어 본다."

노팽은 상나라의 대부라고 하는데, 옛 전통을 열심히 공부하고 전달하는 데 능숙했던 사람으로 보인다. 공자는 성인들의 공적을 추려 모으고 절충하여 육경을 편찬하였다. 그 일은 전술이기는 하지만 새로 만드는 것 이상으로 힘든 작업이다. 동양의 학문 전통에서 보면, 창작은 성인만이 할 수 있고 그것을 시대에 맞게 해석하고 전달하는 일은 현인의 몫이다. 하지만 전달하고 기술하는 과정 자체가 순수한 교육을 넘어 시대정신과 열정을 담은 새로운 창작이 될 수도 있다.

2

공자가 말하였다.

"묵묵히 마음에 새기고, 배우면서 싫증내지 않으며, 사람 가르치기를 게을리하지 않는 일. 이 세 가지 가운데 무엇이 나에게 있겠는가?"

묵묵히 마음에 새기는 일은 지식에 대해 말없이 속으로 깊이 깨닫고 아는 작업이다. 내면으로부터 깨닫고 배우며 사람을 가르치는 일은 학습과 교육의 과정이다. 동양 최고의 스승으로 꼽히는 공자는 인생의 전반에서 이런 일을 실제로 수행하였다. 그러면서도 이 세 가지를 감당하기 쉽지 않다고 겸손해 한다.

3

공자가 말하였다.

"덕을 제대로 닦지 못한 것, 학문을 제대로 익히지 못한 것, 옳은 일을 듣고도 행동으로 옮기지 못한 것, 착하지 않은 일을 진정으로 고치지 못한 것. 이 네 가지가 나의 걱정 근심이다."

사람의 성숙과 성장에 필수적인 네 가지를 말한 대목이다. 덕은 스스로 수양을 한 후에 체득되고, 학문은 강구하고 실천해야 더욱 밝아진다. 정의로운 일을 보면 그것을 본받아서 자신도 실천할 수 있어야 하고, 잘못된 일에 대해서는 재빨리 그것을 인식하고 바로바로 고칠 수 있어야 한다. 이 네 가지가 인생을 새롭게 발전시키고 풍요롭게 만드는 삶의 행동 지침이다.

4

특별한 일 없이 한가로이 있을 때, 공자의 얼굴 모습은 부드럽고 느긋하며 낯빛은 온화하고 환하였다.

휴식은 삶에 활력을 불어넣는다. 직장에서 돌아와 집에서 쉴 때 긴장의 끈을 풀고 마음의 화평을 요청한다. 가족들과 말을 할 때는 자상하고 안색은 온화하게 하여 가정의 돈독한 분위기를 살리고, 즐거운 기분으로 몸의 에너지를 충전하며 내일을 준비한다.

5

공자가 말하였다.
"정말 내가 늙고 쇠약해졌나 보다! 오래도록 주공을 꿈에서도 보지 못했구나!"

공자는 주공을 삶의 이상적 모델로 삼았다. 얼마나 그리워했었는지 젊었을 때는 꿈속에서 간혹 주공을 보았던 모양이다. 주공은 주나라 문왕의 아들이자 무왕의 동생이다. 형 무왕이 죽고 어린 조카 성왕이 왕위에 오르자 섭정을 하여 예악을 만들고 문물제도를 크게 정비하였다. 공자가 매우 존경하던 성인 중 한 사람이다. 그런데 공자도 이제 나이가 들어 주공처럼 뜻을 펼칠 수 없게 되자 스스로 탄식하며 신세타령을 하는 모습이다.

6

공자가 말하였다.

"일상생활에서 실천해야 할 사람의 길이 무엇인지 고민하는 데 뜻을 두고 그것을 터득하여 바른 생활을 하는 곧은 마음을 간직하여, 열린 마음으로 사람답도록 애쓰며 삶의 멋을 즐겨야 한다."

공자가 배움의 목적으로 삼은 네 가지 기둥에 대한 언급이다. 그것은 배움의 뜻을 인간의 올바른 길을 인식하고 실천하는 데 두고 마음으로 삶의 지혜를 체득하며 개인적 욕망을 조절하여 생활을 합리적으로 하는 능력의 함양이다. 삶의 정도(正道)에 대한 성찰을 요청하는 대목이기도 한다.

7

공자가 말하였다.

"육포 한 묶음 정도의 예물을 가져온 사람이라면 내 일찍이 가르치지 않은 적이 없다."

옛날에는 사람을 만나 뵈려면 반드시 폐백을 가지고 기본적인 예의를 표시하였다. 배우기 위해서는 스승을 만나야 한다. 공자도 최소한의 예의를 갖추어 배우기를 요청한 사람에게 가르침을 주지 않은 일이 없었다. 이는 오늘날의 학비, 최소한의 수강료, 촌지 등에 비유할 수도 있겠지만, 교육에 대한 공식적인 대가라기보다는 교육적 만남에서 이루어지는 인간적 신뢰와 기본 예의로 이해하는 것이 좋다.

8

공자가 말하였다.

"배워서 알려고 달려들지 않으면 계발해 주지 않고, 말로 표현하려고 애쓰지 않으면 일러 주지 않으며, 한 귀퉁이를 들어 가르쳐 주었는데 세 귀퉁이를 들어 낼 만큼 반응하지 않으면 다시 되풀이하여 가르치지 않는다."

교육 방법의 정곡을 찌르는 언표이다. 핵심은 자기 노력이다. 스승이 먼저 지식을 알려 주는 방식이 아니다. 첫 번째는 배우려는 의지나 열망을 갖고 분발해야 하고, 두 번째는 무언가를 배워 알기는 했으나 입 안에서 중얼거릴 것이 아니라 명확하게 표현해야 하고, 세 번째는 네모진 물건이 있을 때 그중 한 모퉁이를 일러 주면 연상을 하여 나머지 세 모퉁이를 깨달으려고 노력하는 것이다. 요컨대 의지력, 표현력, 상상력, 응용력 등을 두루 갖추어야 한다는 말이다.

9

공자는 상을 당한 사람의 곁에서 식사할 때는 배부르게 먹지 않았다. 그리고 조문을 가서 슬픔을 나눈 날에는 노래를 부르지 않았다.

상을 당한 사람은 슬픔에 잠겨 있기에 제대로 먹을 수 없다. 그런 사람을 곁에 두고 나 홀로 배불리 먹는다거나 슬픔을 달래주기는커녕 즐겁게 노래를 부르는 것은 예의가 아니다. 이는 사람에 대한 깊은 배려와 동정심을 고려한 삶의 태도이다.

10

공자가 제자 안연에게 말하였다.

"한 나라의 지도자가 등용해 주면 나가서 바른 정치를 행하고, 등용되지 않으면 물러나 은거해야 한다. 살아온 이력으로 보건대 나와 너만이 그렇게 할 수 있을 게다."

옆에 있던 제자 자로가 물었다.

"선생님께서는 군대를 대동하여 출정을 하신다면 누구와 함께하시겠습니까?"

그러자 공자가 말하였다.

"맨주먹으로 호랑이를 사로잡으려 하거나 맨발로 강물을 건너려다가 죽어도 뉘우치지 않는 무모한 자와는 함께할 수 없지. 반드시 일을 처리하기에 앞서 실패하면 어떻게 할 것인지 조심하고 계획을 잘 세워서 일을 성사시키려고 노력하는 사람과 함께해야지."

양식 있는 인간이라면 누구나 세상에 필요한 존재이기를 갈망한다. 그래서 공부를 하고 인간관계를 만들며 실력을 갈고 닦는다. 자신이 종사하려는 영역에 필요한 능력을 갖춘 후에 쓰이기를 바라는 것이 순서이다. 혹 기회가 닿지 않아 쓰이지 못하더라도 특별한 미련을 갖지 않는다. 그냥 편하게 자신의 바른 길을 간다. 억지로 쓰이기를 바란다면 그것은 욕심이다. 하지만 아무런 계획도 방법도 고민하지 않고 허무맹랑하게 세상일에 대처한다면 그만큼 어리석은 짓도 없다.

11

공자가 말하였다.

"재물이라는 것이 구하여 얻어질 수 있는 것이라면 마부 노릇이라도 하여 구할 것이다. 하지만 구하여 얻어질 수 있는 것이 아니라면 내가 좋아하는 일을 하면서 살겠다."

경제적으로 부를 획득하는 일은 쉽지 않다. 무조건 열심히 일한다고 해서 돈이 벌어지는 것은 결코 아니다. 전혀 일하지 않는 것 같은데도 재수가 좋아 횡재를 하기도 하고, 때로는 도리에 어긋나는 일을 자신도 모르게 저지르기도 한다. 중요한 것은 기본적인 돈벌이는 해야 하지만 올바른 이치를 어기면서 구차하게 재물을 구하는 일은 경계해야 한다는 것이다.

12

공자가 평소에 신중하게 여긴 것은, 몸가짐 마음가짐을 바르게 하고 국가의 흥망이 걸린 전쟁을 고민하며 내 몸의 생사가 달린 질병에 걸리지 않는 것이었다.

일상을 살아갈 때 신중하게 여겨야 할 것은 많다. 공자는 목욕재계나 전쟁, 질병은 물론, 모든 일에 조심하는 태도를 지니고 있었다. 여기에서 세 가지를 든 것은 그중에서 가장 심각하게 고려해야 할 우선순위를 든 것이다. 목욕재계를 통해 몸과 마음을 깨끗이 하고 자연의 질서와 인간의 문화 제도를 이해하며, 전쟁과 질병에 관한 관심과 이해는 인간 사회의 지속 가능한 삶을 고민하게 한다.

13

공자가 제나라에 있을 때, '소' 음악을 듣고 석 달 동안 고기 맛을 잊었다고 한다. 그때, 공자는 자신의 느낌을 이렇게 말하였다. "음악이 이렇게까지 아름다운 경지에 이르리라고는 생각하지 못했다."

'소'는 순임금의 덕을 높인 음악으로 진선진미의 맛을 보여 준다고 한다. 공자는 35세 때 제나라에 갔는데 석 달에 걸쳐 소 음악을 배웠다. 그때, 제나라 악공들이 연주하는 소 음악을 듣고 그 맛있는 고기 맛조차 잊을 정도로 감탄하였다. 아마도 순임금의 덕을 찬양한 곡인 만큼 그의 일상과 정치적 삶이 아름다웠고 그것을 음악으로 만들었을 때 멋들어지게 연주된 것으로 판단된다.

14

공자의 제자 염유가 자공에게 물었다.
"선생님은 위나라 임금을 도와 벼슬을 할까요?"
그러자 자공이 말하였다.
"글쎄, 내가 선생님께 한번 물어보지 뭐."
그러고는 안으로 들어가 "백이와 숙제는 어떤 사람입니까?"라고 물었다.
이에 공자가 말하였다.
"옛날의 잘난 사람들이다."

자공이 다시 물었다.

"그들은 수양산에 들어가 고사리나 산나물을 캐서 먹고살았다고 하는데, 혹시 사회에 불만이 있었나요?"

공자가 말하였다.

"착하게 살려고 했고 착하게 살았는데 무슨 불만이나 원망이 있었겠는가?"

자공이 나와서 염유에게 말하였다.

"분위기로 봐서, 선생님은 위나라 임금을 도와 벼슬을 할 것 같지는 않다."

이때 공자는 위나라에 있었다. 당시 위나라 임금은 출공, 첩이었는데, 출공은 영공의 손자이자 괴외의 아들이었다. 영공은 생전에 애첩이었지만 품행이 나쁜 '남자'를 총애하여 많은 잘못을 저질렀다. 이에 영공의 아들이자 태자였던 괴외가 그 남자를 제거하려다 실패하자 이웃 나라로 망명을 갔다. 이후 영공이 죽고 괴외가 돌아와 임금 자리에 오르려고 하자 괴외의 아들 첩이 아버지를 무력으로 막고 자신이 임금 자리에 올랐다. 이런 상황에서 공자는 백이숙제를 추앙하고, 위나라 임금인 출공이 아버지 괴외가 왕위에 오르지 못하도록 한 사건을 비도덕적으로 보고 못마땅하게 여긴 듯하다.

15

공자가 말하였다.

"잡곡밥이나 거친 나물죽을 먹고 고깃국 대신 냉수를 마시며 팔을 굽혀 베개로 삼을 정도로 가난하게 살아도, 그 가운데 즐거움이 있다. 옳지 않은 방법으로 재산을 불리고 권력 있는 높은 자리를 차지하는 것은 나에게는 뜬 구름과 같다."

공자는 '정의냐 부정이냐? 올바른 일이냐 그른 일이냐?'에 관심을 쏟는다. 건강을 위해 별도의 식단을 준비하는 것이 아닌 한, 누가 거친 밥 한 그릇, 냉수 한 사발의 초라하고 가난한 음식을 즐기며 베개조차 없는 잠자리를 좋아하겠는가? 공자도 기름기 잘잘 흐르는 맛있는 음식과 편안한 잠자리를 원했으리라. 핵심은 정의이다. 정당하지 않은 방법, 불합리한 수단으로 부와 지위를 차지하는 것에 대한 경계이다.

16

공자가 말하였다.

"나에게 몇 년만 더 살게 해 주어 『역』을 배울 수 있다면 큰 잘못이 생기지 않게 할 수 있을 텐데."

『역』은 길하고 흉하고, 사그라지고 자라나며, 나아가고 물러나고, 보존되고 멸망하는 자연과 인간의 이치를 담고 있다. 따라서 사람은 『역』에 담긴 진리를 배워 깨닫고 삶에 응용할 필요가 있다. 그렇다고 경솔하게 제멋대로 『역』을 이해하고 해석해서는 곤란하다. 『역』의 이치와 논리가 무궁하기 때문에 공자도 남은 시간을 아쉬워하며 안타까움을 토로한 것 같다.

17

공자는 항상 "시와 서를 잘 배우고 예를 잘 지키고 행하라."고 하였다. 이 모두를 평소에 늘 이야기하였다.

시는 인간의 성품과 정서를 조화롭게 하고, 서는 역사를 통해 정치의 도리를 깨닫게 한다. 예는 몸가짐을 신중히 하고 윤리 도덕과 사회 질서를 지키게 한다. 시서예 중에서도 예는 사람이 반드시 굳게 지키고 실천해야 하는 덕목이자 교육 내용이다.

18

초나라의 대부 섭공이 공자의 제자 자로에게 스승인 공자가 어떤 사람인지 물었는데, 자로가 대답하지 않았다.

그러자 공자가 자로에게 말하였다.

"자네, 왜 말하지 않았는가. '사람됨이 배우기를 좋아하여 분발하면 먹는 것도 잊고, 일상의 올바른 도리를 즐김으로써 모든 근심을 잊으며, 늙는 것조차 모른다.'라고."

섭공은 초나라의 대부로 섭현의 장을 맡은 사람이다. 자기 능력에 맞지 않게 스스로 공이라 부르며 오만 방정을 떨었다. 그는 공자가 훌륭한 사람인 것을 제대로 알지 못했기 때문에 그 사람됨에 대해 물었고 제자 자로는 이에 대꾸조차 하지 않은 것이다. 공자는 오히려 자기 평가를 통해 자신의 순수한 마음과 인생관을 드러내 보인다.

19

공자가 말하였다.

"나는 태어나면서부터 세상의 모든 것을 아는 사람이 아니다. 옛 전통을 좋아하고 그것을 부지런히 탐구하는 사람이다."

후세의 많은 사람들이 공자를 평가할 때, 선천적으로 모든 것을 아는 존재로 묘사해 왔다. 하지만 공자는 스스로 평가하기를, 태어나면서 총명하여 모든 것을 아는 사람이 아니라 평소에 옛 사람들의 전적을 읽기를 좋아하고 열정을 갖고 탐구하기를 좋아하는 사람이라고 하였다. 이런 점에서 이 구문은 공자의 겸손함이 묻어나는 대목일 뿐만 아니라, 일반 사람들도 배움에 온 힘을 쏟으라는 메시지를 담고 있는 듯하다.

20

공자는 괴이한 일, 폭력, 난동, 귀신에 관해 심각하게 말하거나 논의하지 않았다.

유학은 일상의 철학이다. 따라서 불가사의한 일보다는 평범한 일, 폭력적이고 무력적인 것보다는 도덕적인 일, 어지러운 것보다는 질서정연하게 다스려지는 일, 헤아리기 어려운 귀신의 일보다는 분명하게 파악되는 사람의 일을 깊이 있게 이야기한다. 이는 이치에 맞지 않거나 쉽게 밝히기 어려운 일에 대해 경솔하게 말하는 것을 경계한 것이다.

21

공자가 말하였다.

"세 사람이 길을 가면 반드시 그 가운데 나의 스승이 있다. 좋은 점은 가려서 따르고, 좋지 않은 점은 가려서 나의 허물을 고치는 거울로 삼는다."

세 사람은 나를 포함하여 다른 두 사람이다. 그중에서 한 사람은 좋은 사람이고 다른 한 사람은 나쁜 사람이다. 좋은 사람의 행동은 본받아야 하고 나쁜 사람의 행동은 경계하고 고쳐야 한다. 선한 측면과 악한 측면을 통해 나를 깨우쳐 준다는 점에서 두 사람 모두 나의 스승이다. 여기에는 선에 대한 추구와 악에 대한 반성이 동시에 개입되어 있다.

22

공자가 말하였다.

"하늘이 나에게 세상을 구할 덕을 주었는데 송나라의 사마인 환퇴가 나를 어떻게 하겠는가?"

공자는 인간과 세상을 구하려는 강한 사명감을 지니고 있었다. 그것이 하늘이 부여한 덕으로 표현되었다. 환퇴는 송나라의 사마인 상퇴인데, 환공의 후손이라 하여 환퇴라고 불렸다. 공자가 송나라로 가는 도중에 나무 그늘에서 제자들과 함께 강론을 하고 있는데, 환퇴가 공자를 죽이려고 한 사건이 일어났다. 이때, 공자가 자신의 존재 이유와 임무를 깨우치면서, 환퇴가 하늘의 뜻을 어기고 자신을 쉽게 해칠 수 없음을 제자들에게 자신 있게 말하였다.

23

공자가 말하였다.

"너희들은 내가 무엇을 숨기고 있다고 생각하는가? 나는 숨기는 것이 없다. 내가 하는 일은 너희들에게 낱낱이 모두 보인다. 나는 그런 사람이다."

공자가 이런 말을 한 것은 제자들을 깨우치기 위한 교육 방법의 하나이다. 공자의 제자들은 스승의 학문이 너무나 높고 깊어 자신들은 거의 따라갈 수 없다고 생각하였다. 그러니까 스승이 심오한 학문을 다 가르쳐 주지 않고 숨기는 것은 없을까 의심한 듯하다. 이에 공자는 어떤 일이건 제자들과 함께하고 있다고 격려하며 동기를 부여한다.

24

공자는 평소에 네 가지 양식으로 제자를 가르쳤다. 그것은 바로 학문, 덕행, 충실, 신뢰이다.

유학 교육의 내용이다. '학문'은 『시경』이나 『서경』과 같은 전적을 통해 공부하는 작업이고, '덕행'은 사회생활에 필요한 윤리 도덕적 차원의 실천이며, '충실'은 자신에게 성실하고 최선을 다하는 일이며, '신뢰'는 다른 사람과의 관계에서 신의를 지키고 말과 행동이 일치하는 생활을 하는 것이다. 이 네 가지 가운데서도 충실과 신뢰가 핵심이다.

25

공자가 말하였다.

"현실에서 완전한 인간을 기대할 수 없다면, 참된 사람이라도 만나 보았으면 좋겠다. 아니 더 양보해서 착한 사람을 기대할 수 없다면, 마음이 한결같은 사람이라도 만나 보았으면 괜찮겠다. 요즘 사람들은 없으면서도 있는 체하고, 텅 비었는데도 알찬 체하며, 가진 것도 없으면서 넉넉한 체한다. 그러니 마음이 한결같은 사람 만나기가 참으로 어렵다."

공자의 바람은 완전한 인간 또는 참된 인간인 성인군자가 되는 것이었다. 하지만 현실은 그렇지 않았다. 그 당시는 알맹이는 없이 겉만 번지르르한 인간들이 난무하는 시대였다. 여기서 우리는 윤리 질서가 점점 무너져 가던 춘추전국의 시대상을 엿볼 수 있다. 그래도 공자는 선한 사람이나 언행일치를 통해 변함없이 자신의 뜻을 지킬 수 있는 사람을 기대하고 있는 듯하다.

26

공자는 낚시질은 해도 그물질은 하지 않았다. 주살질은 해도 잠자고 있는 새를 잡지는 않았다.

공자는 어렸을 때 매우 가난하게 살았다. 아버지 제사와 어머니 봉양, 그리고 생계를 위해 낚시와 주살로 물고기나 새를 잡는 사냥을 하였다고 전한다. 하지만 낚시와 주살질하는 방법에서 착한 마음을 드러냈다.

낚시질을 하면 필요한 만큼만 물고기를 잡지만 그물질을 하면 모조리 잡는 꼴이 된다. 또한 공중에 날아다니는 새가 아니라 둥지에서 잠자고 있는 새를 주살질하면 불의의 수단으로 사냥하는 꼴이 된다. 사냥에서도 이런 마음을 드러냈는데, 사람을 대할 때 어떤 마음을 드러냈을지는 쉽게 짐작할 수 있다.

27

공자가 말하였다.

"세상 이치를 제대로 알지도 못하면서 함부로 말하고 행동하는 사람이 있다. 하지만 나는 그렇게 하지 않는다. 많이 듣고서 나은 것을 가려서 따르고, 많이 보고서 마음에 새겨 둔다. 그러면 아는 것에 가까워진다."

공자의 말을 거꾸로 이해하면 더 간단해진다. '뭔가 좀 제대로 알고서 말하고 행동하라!' 그렇다면 안다는 것은 어떤 상황과 유사한 것인가? 많이 듣고 많이 보는 일과 연관된다. 그리고 모범적인 행동을 따라서 실천하고 마음에 간직할 필요가 있다. 일종의 예비지식이 지식의 보조 역할을 한다. 그래야만 어떤 상황이 발생했을 때 그에 맞게 대비할 수 있다.

28

호향 사람들은 착하지 않은 데 길들여져 있고 무엇이건 반대를 하기 때문에 더불어 말하기 어려웠다. 그런데 그곳의 아이들이 공자를 만나러 오자 제자들이 당황하면서 웅성거렸다.

그러자 공자가 말하였다.

"그곳 사람들이 나를 만나러 오는 것을 내가 이해해 준 것이지, 그 동네에서 착하지 않은 짓을 하는 것을 용인한 것이 아니다. 그런데 왜 이렇게 야단법석이냐? 사람이 자신을 깨끗이 하고 나오면 그 깨끗함을 알아주어야지, 지난 일을 마음에 두어서는 안 된다."

호향은 조그만 마을 이름인데, 당시 그 동네 사람들의 질이 좋지 않았던 모양이다. 그래서 제자들은 공자가 그 동네 사람들 만나는 일을 못마땅하게 여겼다. 하지만 공자는 그 동네 사람들이 자신을 만나 대화하면서 착한 사람이 될 수 있다고 판단하고 열린 마음으로 맞이하였다. 즉, 과거에 얽매이지 않고 착하게 살아가려는 의지를 높이 평가한 것이다.

29

공자가 말하였다.

"열린 마음, 사람을 사랑하는 마음이 멀리 있는가? 아니다. 내가 마음을 열면 사랑하는 마음이 당장 나타난다."

'모든 일은 마음먹기에 달렸다.'라는 말이 있듯이, 사람을 사랑하는 마음은 지금 당장 마음을 여느냐 닫느냐의 여부에 달려 있다. 어떤 일을 실천할 때, 나와 상관없다고 보면 그 일은 저 멀리 달아나고, 나의 일이라고 생각하면 그 일은 나와 가장 가까운 곳에 존재한다. 이처럼 관심과 무관심의 차이는 얼마나 배려하느냐에 달려 있다.

30

진나라의 사패가 물었다.

"노나라의 임금 소공은 예법을 알던 사람인가요?"

공자가 말하였다.

"예법을 알던 분이었습니다."

공자가 물러간 후, 사패가 공자의 제자 무마기에게 앞으로 나오기를 요청하면서 말하였다.

"참된 사람은 특별히 어떤 사람을 편들지 않는다고 들었습니다. 그런데 참된 사람도 편을 드는지요? 소공은 오나라에 장가를 가서 부인을 얻었어요. 그런데 노나라와 오나라의 성이 같으므로 부인을 오희라 하지 않고 오맹자라 하였습니다. 그런 소공이 예법을 안다면 누가 예법을 모르겠습니까?"

이런 사실을 무마기가 스승 공자에게 전하자 공자가 말하였다.

"나는 참으로 복이 많은 사람이다. 내게 조금이라도 잘못이 있으면 남들이 반드시 그것을 나에게 알려 주니 말이다."

동양의 고대 사회에서 예법을 아느냐 모르느냐의 문제는 임금의 자격 가운데 중요한 문제였다. 공자 당대의 예법은 같은 성(姓)에게 장가들지 않는 것이었는데, 노나라와 오나라는 같은 희성(姬姓)이었다. 그런데 소공은 부인을 오맹자라고 하여 그런 사실을 숨겼다. 사패는 법을 관장하는 관리로 오늘날 법무부 장관에 해당한다. 공자의 위대함은 솔직함이다. 사패의 지적에 대해 자기 임금의 잘못은 말하지 않으면서 자신의 잘못을 가감 없이 인정하는 태도이다.

31

공자가 다른 사람과 함께 노래 부를 때, 그가 노래를 잘하면 반드시 그 노래를 다시 부르게 하고 그 다음에 함께 노래를 불렀다.

동서고금을 막론하고 노래는 사람을 즐겁게 만드는 삶의 활력소이다. 공자가 다른 사람의 노래를 듣고 그 노래를 반복하여 부르게 한 것은, 그 노래에 대해 자세하게 알고 좋은 점을 익히려고 했기 때문이다. 나중에 함께 부른 것은 좋은 점을 익혀서 터득하여 기뻤기 때문이라고 한다. 여기에서도 다른 사람에게 배우려는 공자의 마음이 드러난다.

32

공자가 말하였다.

"학문에서는 나도 다른 사람 못지않다. 하지만 참된 사람 노릇을 하는 데는 아직 이르지 못했다."

학문은 시서예악과 같은 지식적 측면에 비유할 수 있고, 참된 사람은 사회 윤리를 실천하는 도덕적 인간에 비유할 수 있다. 이런 점에서 공자는 학문을 탐구하는 자세에서 남들을 따라갈 수 있다고 자신감을 표했으나 도덕적 실천의 측면에서는 부족함을 고백하였다. 이를 두고 대부분의 유학자들은 공자가 겸손해서 한 말이라고 하지만, 어떤 점에서는 공부의 과정에서 사람다움의 실천이 그만큼 어렵다는 점을 알린 대목으로 볼 수도 있다.

33

공자가 말하였다.

"완전한 사람이나 열린 마음으로 사람을 사랑하는 사람, 이런 경지를 내가 어찌 감히 바라겠는가? 기껏해야 그것을 추구하는 데 싫증내지 않고 사람을 가르치는 데 게으르지 않으리라고 말할 뿐이다."

제자인 공서화가 말하였다.

"바로 그것이 저희들이 본받고 따르지 못한 것입니다."

여기에도 공자의 겸손이 드러날 뿐만 아니라 그의 학문적 의지나 사명감이 잘 표현되었다. 공자는 늘 사람다움과 사람 사는 세상의 아름다움을 추구하는 데 혼신의 힘을 쏟았다. 그것은 열린 마음과 가르침으로 압축되는데, 그것을 향한 그의 열정은 다른 어떤 것보다 강하다.

34

공자가 심하게 병을 앓자 제자 자로가 천지신명께 병을 낫게 해달라고 기도라도 해 보자고 하였다.

그러자 가느다란 목소리로 공자가 말하였다.

"병이 났을 때 그렇게 한 사례가 있는가?"

재빨리 자로가 대답하였다.

"있습니다. 있고말고요. 죽은 사람의 생전 공덕을 칭송하고 명복을 비는 글인 뇌문에 '위로는 하늘 신에게 아래로는 땅 신에게 빈다.'라고 하였습니다."

이에 공자가 말하였다.

"그러한 기도는 나도 오랫동안 해 왔다."

엄밀하게 말하면, 공자는 종교적이거나 미신적인 기도를 잘 하지 않았다. 굳이 기도를 할 일이 있으면 일상에서 자신의 잘못을 뉘우치고 착실하게 살겠다고 맹세하면서 하늘의 도움을 비는 정도였다. 더구나 생사 문제는 하늘에 달린 일이기에 병을 낫게 하기 위해 기도하지는 않았다. 기도를 한다고 병이 낫고 죽음을 면할 수 있는 것이 아니기 때문이다. 중요한 것은 평상시 도의와 신명에 맞게 행동하면 별도의 기도가 필요하지 않다는 것이다.

35

공자가 말하였다.

"지나치게 사치스러우면 공손하지 않게 되고, 지나치게 검약하면 고리타분해져서 예의를 벗어날 수 있다. 공손하지 못한 것보다는 차라리 고리타분한 것이 낫다."

지나친 사치나 지나친 검약은 모두 일상생활에서 적당하지 못한 것이다. 특히, 사치는 폐해가 더욱 크다. 따라서 평소에 자신의 분수를 잘 살피고 그에 맞는 삶의 균형을 이루기 위해 절도 있는 자세가 요구된다.

36

공자가 말하였다.

"참된 사람은 마음이 차분하고 너그러우며, 조무래기 소인배는 늘

초조하고 불안해한다."

참된 사람은 세상일에 떳떳하고 이치에 맞게 행동하므로 항상 몸과 마음이 활짝 열리고 태연하고 점잖다. 그러므로 얼굴빛은 늘 온화한 미소로 가득하다. 반대로 소인배들은 물질적 이익에 얽매여 자기 욕심만을 채우려고 하므로 항상 근심과 걱정이 많다. 낯빛은 늘 찡그린 인상이다.

37
공자는 온화하면서도 엄숙하고, 위엄 있으면서도 무섭지 않고, 공손하면서도 안도감을 준다.

공자의 평소 용모와 태도에 관한 기록이다. 온화함과 엄숙함, 위엄과 무섭지 않음, 공손과 안도감은 상반되는 특성이 있어 공존하기가 쉽지 않다. 하지만 공자는 자기 수양을 통해 세상의 이치와 현실을 잘 파악하고 시대정신을 읽으면서 상황에 따라 적절한 대처를 한 것으로 보인다.

제 8 편

태백

「태백」은 예의를 지키면서 사양하는 일이나 사람을 사랑하고 효도하는 일과 같이 덕행을 실천하는 장면이 많이 나온다. 또한 배움을 권장하고 몸가짐을 바르게 하여 인간의 길이 무엇인지 권고하는 글도 많다. 모두 21개의 장으로 되어 있다.

1

공자가 말하였다.

"주나라 문왕의 큰 아버지인 태백은 정말로 숭고한 마음씨를 지닌 분이었다. 세 번이나 임금 자리를 사양하면서도 은밀하게 하였다. 백성들이 그의 덕을 칭송할 자취조차 남기지 않았다."

이 대목을 이해하기 위해서는 주나라 문왕의 계보를 살펴볼 필요가 있다. 문왕의 할아버지인 태왕은 고공단보이다. 태왕에게 세 아들이 있었는데, 첫째가 태백, 둘째가 중옹, 셋째가 계력이다. 태왕은 계력의 아들인 손자 창이 어질고 현명하므로 임금 자리를 셋째인 계력에게 물려주려고 하였다. 이를 알아차린 태백과 중옹은 왕위 계승에 지장이 없도록 아무에게도 알리지 않고 남쪽의 형만으로 가서 은둔하며 살았다. 그후, 왕위 계승은 순조롭게 이루어졌고 창은 훗날 문왕이 되어 세상을 잘 다스렸다고 한다. 공자는 태백이 아버지를 난처하게 하지 않고 효성을 다했다고 인정하여 그를 찬미한 것으로 보인다.

2

공자가 말하였다.

"공손하되 예절을 모르면 헛수고만 하게 되고, 신중하되 예절을 모르면 두려워하게 되며, 용감하되 예절을 모르면 난폭해지고, 강직하되 예절을 모르면 각박해진다. 높은 지위와 권력을 가진 사람이 가까운 친인척을 잘 대접하면 다른 사람들도 이를 본받아 사람 구실을 하게 되고, 옛 친구들을 버리지 않으면 사람들도 이를 본받아 야박하게 굴지 않을 것이다."

예의범절을 행할 때 상황에 적합해야 함을 강조한 대목이다. 공손하고 신중하고 용감하고 강직한 것은 매우 훌륭한 덕목이다. 하지만 그것이 맹목적일 때는 그와 반대 현상이 생겨서 헛수고나 두려움, 난폭함, 각박함 등 인간답지 못한 행동을 낳을 수 있다.

3

공자의 수제자인 증자가 병을 앓았다. 그러자 제자들을 불러 말하였다.

"이불을 걷어 나의 발을 보고 나의 손도 보아라.『시경』「소아」'소민' 편에 '부들부들 조심조심, 깊은 연못가에 서 있듯, 얇은 얼음을 밟고 걷듯'이라고 노래하였다. 부모로부터 받은 몸을 잘 보존해야 하기에 그간 몸조심을 하였는데 이제야 겨우 그 중책에서 벗어났음을 알겠다, 제자들아!"

증자는 평소에 신체는 부모로부터 받았으므로 상처를 내거나 훼손해서는 안 된다고 강조하였다. 그러므로 자신이 병들어 누웠을 때도 제자들에게 그것을 확인시켜 주었다. 죽음을 눈앞에 두고도 몸을 보전하려는 극진한 효도의 자세가 담겨 있다.

4

증자가 병을 앓아눕자 노나라의 대부인 맹경자가 문병을 왔다. 그러자 증자가 말하였다.

"'새가 죽으려고 할 때는 그 울음이 애처롭고, 사람이 죽으려 할 때는 그 말이 착합니다.' 그래서 나도 죽음을 앞두고 당신에게 착한 말 한마디 하겠습니다. 지도자가 귀하게 여겨야 할 일에 세 가지가 있습니다. 몸짓을 할 때는 사납고 거만하지 말아야 하고, 낯빛은 바르고 믿음직스러워야 하며, 말씨는 억지를 부리지 않고 깔끔해야 합니다. 그 대신, 제사 때 제기 다루는 일과 같이 상대적으로 중요하지 않는 일은 그것을 전담하는 관리에게 맡기십시오."

병석에서도 직언을 하는 증자의 모습이 감동적이다. 지도자는 리더십을 갖춘 행동을 보여야 한다. 엄중하고 객관적이고 합리적이면서 열린 마음으로 구성원을 포용할 수 있어야 한다. 이때 어떤 일이 중요하고 부차적인지 그 우선순위를 판단하는 것도 지도자의 몫이다. 그러므로 지도자는 정치에 필요한 마음의 근본을 함양하는 데 힘을 쏟고 기물을 다루는 것과 같은 사소한 일처리는 별도의 담당자에게 위임해야 한다.

5

공자의 수제자 증자가 말하였다.

"유능하면서도 유능하지 않는 사람에게 묻고, 높은 학식을 지니고 있으면서도 학식이 낮은 사람에게 물으며, 도덕적이면서도 그렇지 않은 척하고, 덕망이 꽉 차 있으면서도 텅 빈 듯이 하며, 다른 사람이 팔을 걷으며 덤벼들어도 그와 맞서지 않는다. 옛날에 나의 벗 가운데 이런 태도로 살았던 사람이 있었다."

여기에서 증자의 벗은 함께 공부했던 안연을 말한다. 안연은 이것과 저것 사이의 이치가 무궁함을 깨달은 사람이다. 그러므로 그 사이에 특별한 간격이 있다고 생각하지 않을 정도로 너그러운 성격을 지니고 있었다. 자신은 탁월하고 다른 사람은 멍청하다고 생각하지 않는 용기, 그것은 무아의 경지에서 겸허함과 관용을 베풀 수 있을 때 가능하다.

6

공자의 수제자 증자가 말하였다.

"어린 임금을 보필하여 국정을 수행할 수 있고, 사방 백 리쯤 되는 나라를 맡아 다스릴 수 있으며, 나라의 운명이 풍전등화 같은데도 절개를 굽히지 않는 사람, 그런 정도의 사람이라야 지도자의 자질을 갖추었다고 할 수 있다."

지도자의 양대 덕목은 재능과 절개이다. 첫째, 누군가로부터 중요한 임무를 부탁받았을 때 재주와 덕망을 발휘하여 임무 수행 능력을 발휘할 수 있어야 하고, 긴급한 재난을 당했을 때 절개를 지킬 수 있어야 한다. 이는 공동체의 지속과 보존에 기여할 수 있는 강력한 책무성으로 연결된다.

7

공자의 수제자 증자가 말하였다.
"공직에 종사하는 실무자는 반드시 뜻이 넓고 굳세어야 한다. 왜냐하면 그 임무가 무겁고 갈 길이 멀기 때문이다. 열린 마음으로 사람을 사랑하는 것이 자신의 임무이니 어찌 무겁지 않겠는가. 죽은 후에야 멈출 것이니 그 길 또한 멀지 않겠는가."

본분과 책임, 그리고 임무 수행의 문제는 건전한 상식이 있는 사람이라면 누구나 고려해야 할 사안이다. 내가 맡은 임무가 어떤 무게를 지니는지, 나의 존재감은 어느 정도인지, 얼마나 지속적으로 끌고 나가야 하는지 명확하게 판단하고 자부심을 갖고 일을 할 필요가 있다.

8

공자가 말하였다.
"시를 읽으며 감흥을 돋우고, 예의를 익혀 행동을 바르게 하며, 사람들과 더불어 즐기며 삶을 알차게 한다."

누차 강조하지만, 유학은 시서예악으로 덕성을 함양하도록 권장한다. 시는 사람을 감화시키고 의지를 고무하여 착한 마음을 불러일으킨다. 예는 사람의 행위를 단속하며 듣고 말하고 행동하는 여러 측면을 법도에 맞게 하여 자립할 수 있게 한다. 악은 사람의 성정을 함양하여 고상하고 완전한 사람을 만드는 데 기여한다. 이는 인격을 살찌우는 삶의 구조를 상징적으로 보여 준다.

9

공자가 말하였다.

"사람들은 그 사회가 보편적으로 인정하는 올바른 도리를 따라 잘 살면 된다. 삶의 깊은 도리를 알지 못해도 괜찮다."

보통 사람은 각 분야의 전문가에 비해 지식수준이 높지 않다. 그런 사람들에게 심오한 형이상학적 이론이나 특정한 전문성을 요구하는 것 자체가 무리다. 그렇다고 해서 그들에게 능력이 없는 것은 아니다. 따라서 삶의 도리를 알지 못해도 된다는 말로 오해해서는 안 된다. 삶의 도리라는 이론적 배경이 중요한 것이 아니라 그들이 잘 살아갈 수 있는 사회 제도적 장치와 실행이 중요하다.

10

공자가 말하였다.

"똑똑하고 용맹스러운데 가난한 경우 그것이 싫어서 난을 일으킬 수 있다. 사람이 지혜롭지 않은데 그를 지나치게 미워했을 경우에도 난을 일으킬 수 있다."

어떤 사건이건 반드시 그 사건이 발생하는 계기가 있다. 특히 세상을 어지럽힐 만한 난리가 발생한 경우에는 분명 이유가 있다. 그것은 사회적 상황과 관련이 많지만, 사람의 성격이나 특성과도 밀접한 관련이 있다. 지혜롭고 현명한데 가난하게 살고 싶어 할 사람은 적으며, 약간 부족한 사람일지라도 지나치게 무시하거나 간섭할 경우 자기표현을 할 수 있다.

11

공자가 말하였다.

"주나라의 문물제도의 기초를 다진 주공처럼 지혜롭고 능력 있고 솜씨가 뛰어나면서도 사람이 교만하고 인색하다면, 그 사람 됨됨이를 고려할 때 다른 측면은 볼 것도 없다."

유학에서 사람다움의 기준은 윤리 도덕이다. 따라서 교만하고 인색한 태도나 나태한 생활을 항상 경계한다. 교만함은 기운이 넘쳐 차오를 때 나타나고 인색함은 기운이 쇠약하여 부족할 때 나타난다. 이 둘은 상호 보완적 특성을 지니면서 사람을 부도덕한 방향으로 인도하기 쉽다.

12

공자가 말하였다.

"3년을 배운 사람 가운데 떳떳한 직장을 구하려는 의지가 없는 사람을 본 경우는 드물었다."

동서고금을 막론하고 인간에게 먹고 사는 문제는 원초적 욕망에 가까운 것이다. 그러나 지금 당장 직장을 구하는 것은 중요한 문제가 아니다. 어떻게, 그리고 무엇으로 살 것인지를 탐구하는 삶에 관한 공부가 더 중요하다. 한마디로 왜 사느냐의 문제를 심각하게 고려해야 한다. 공자의 한탄은 그런 고민이 너무나 적은 현실로 인한 것이다.

13
공자는 자신의 처세술을 다음과 같이 요약하였다.
"독한 신념으로 배우기를 좋아하고, 죽음을 각오하고 삶의 길에 생명력을 불어넣는다. 위태롭게 기울어 가는 나라에는 들어가지 않고 어지러운 나라에서 살지 않는다. 세상이 제대로 질서가 잡히고 잘 다스려지면 나타나고, 세상이 혼탁하고 질서가 어지러우면 조용히 숨어 지낸다. 나라가 제대로 다스려지고 있는데 물질적으로 가난하고 미천한 자리에 있다면, 이는 한심하고 부끄러운 노릇이다. 세상이 혼탁하고 혼란스러운데 물질적으로 부유하고 높은 자리에서 권력을 휘두르고 있다면, 이 또한 부끄러운 짓이다."

자신에 대한 자긍심, 이른바 프라이드가 서지 않으면 어떤 일을 시도하더라도 재미가 적다. 철저한 자기 신뢰만이 자신의 수호신이다. 세상의 질서가 안정되어 있는지 혼란한지에 따라 세상에 참여하여 사람들과 함께 즐길 것인가 은둔할 것인가가 결정된다. 질서 잡힌 곳에서 안락하지 못하고 혼란한 곳에서 부귀를 누린다면, 무언가 어긋난 상황이다. 어떤 경우에도 삶을 추동하는 핵심은 자기 신뢰와 자기 결정이다.

14

공자가 말하였다.

"어떤 자리에서 일을 맡지 않은 사람이라면 그 정사에 대해 이러쿵저러쿵 논의해서는 안 된다."

세상에는 자기 일도 아닌데 참견하는 사람이 참으로 많다. 자기가 맡은 일을 충실하게 수행하는 것이 원칙이다. 자기 일을 온전하게 수행하기도 힘든데, 어찌 다른 사람의 일까지 걱정하고 고민하고 충고하랴! 전문성을 갖추지 않고 다른 일에 개입할 경우 실패할 확률이 높다.

15

공자가 말하였다.

"노나라의 악사인 지라는 사람이 악사로서 처음 관직에 나아갔을 때, 『시경』의 「관저」를 연주하였다. 그때 연주했던 「관저」의 마지막 장이 아주 감미롭게 귓가를 맴도는구나."

당시 공자는 위나라 여행을 끝내고 막 노나라로 돌아와 음악을 바로잡고 있었다. 이때 악사 '지'가 『시경』 「관저」를 연주하였는데 관저의 마지막 장이 「국풍」의 시작을 알리는 내용이었다. 「국풍」은 여러 나라의 아름다운 풍속을 노래한 시인데 공자가 이를 매우 아름답게 여겼다. 그래서 그것의 징검다리가 되는 「관저」의 마지막 장 연주를 인상 깊게 새긴 것이다.

16

공자가 말하였다.
"함부로 날뛰면서 솔직하지 않고, 무식하면서 착실하지 않으며, 무능하면서 신의마저 없는 사람을 어찌해야 할지 모르겠다."

전통적인 유학자들은 흔히 말한다. 중급 이하의 재질을 타고난 사람은 장점과 단점이 있기 마련이라고. 이런 점에서 조물주는 공평하다. 문제는 결점이나 단점만 있고 그것을 고치려고 하지 않는 사람이다. 그런 존재는 세상에서 버림받을 가능성이 높다. 공자의 걱정은 이런 사람들을 어떻게 처리할지 고민이라는 것이다.

17

공자가 배움의 자세는 어떠해야 하는지 말하였다.
"무엇에 대해 배울 때는 그것을 따라잡지 못할까 두려워해야 하고 이미 배웠다면 배운 것을 놓칠까 두려워해야 한다."

배움은 끝이 없다. 배웠다고 하더라도 모든 내용을 체득하기 어렵다. 또한 인간은 망각의 동물이기에 배운 내용을 수시로 잊어버리기도 한다. 그러므로 일상에서 늘 마음의 경계를 늦추지 말고 오늘 배운 것을 내일 배우려고 미루지 않는 자세를 가져야 한다.

18

공자가 말하였다.

"참으로 높고 위대하도다! 순임금과 우임금은 세상을 소유하여 다스리면서도 그것을 자신의 것이라고 함부로 하지 않았으니."

순임금과 우임금은 왕위를 선양 받은 최고지도자이다. 왕정 사회의 최고지도자는 온 세상이 자신의 것이었다. 그럼에도 불구하고 순임금과 우임금은 세상을 자신의 것이라고 주장하면서 적극적으로 관여하거나 임금 자리를 즐겁게 여기지 않았다. 오로지 자신에게 주어진 임무에 충실하여 세상 사람들의 존경을 받았다.

19

공자가 말하였다.

"아, 참으로 대단하다! 요임금이 다스리던 시절이여! 참으로 높고 위대하도다! 자연의 섭리만이 진정으로 믿을 수 있거늘, 요임금만이 자연의 질서를 본받았구나! 그 덕이 넓고 넓어 백성들이 이루 말로 칭송하지 못하는구나. 참으로 높고 위대하도다! 그분이 이룬 공적이여. 정말로 찬란하도다! 그분이 만든 문화 제도여!"

요임금은 정교의 전설로 통하는 인물이다. 최고의 태평성세를 구가한 임금이자 성인으로 인간으로서 도달할 수 있는 완결판이다. 그의 행위는 흔히 말해 다스리지 않아도 저절로 다스려지는 무위자연의 세계와 통한다.

20

순임금은 훌륭한 신하 다섯 명을 거느리고 세상을 다스렸다.

무왕이 말하였다.

"나에게는 잘 다스리는 신하 열 명이 있다."

공자가 말하였다.

"인재를 얻기가 어렵다. 그렇지 않은가? 요임금이나 순임금 시대 이후로 주나라 때 훌륭한 인재가 가장 많았다. 그런데 순임금 때보다 무왕 때의 신하가 두 배나 많았지만 열 명 중에 여자 한 사람 끼어 있었으니 결국 아홉 명뿐이었다.

문왕은 세상의 3분의 2를 차지하여 권력을 잡을 수 있었지만 여전히 은나라에 복종하고 은나라 주임금을 섬겼다. 그러니 이후에 세워지는 주나라의 덕이 참으로 지극하도다."

인사가 만사라는 말이 있다. 이 구절은 세상을 다스리면서 덕망 있는 인재를 얻기가 어려움을 비유한 것이다. 요임금이나 순임금 때는 인재가 많아 나라를 잘 다스릴 수 있었다. 주나라 때도 인재가 많았다고 하지만, 문화 제도가 복잡해진 만큼 그 규모에 맞는 인재를 찾기는 쉽지 않았다. 그 대신, 공자는 문왕과 무왕의 덕망이 그것을 상당 부분 보완하는 차원에서 칭송하였다.

21

공자가 말하였다.

"나는 우임금에 대해 흠잡을 수 없다. 자신이 먹는 음식은 소박했지만 선조들 제사는 정성껏 모셨다. 자신이 입는 옷은 검소했지만 제사 때 입는 예복은 아름답게 꾸몄다. 자기가 거처하는 궁전은 조촐하게 꾸몄지만 전답의 수리 시설을 만드는 데는 힘을 다하였다. 이런 우임금에 대해 나는 흠잡을 수 없다."

우임금은 개인의 부귀영달을 위하는 일에는 소극적이었으나 백성을 섬기는 일에는 매우 부지런하였다. 이는 사적 영역과 공적 영역의 차원에서 볼 때 공적 영역을 중시한 태도이다. 이는 이른바 개인적 영역보다 사회적 영역에 대한 지도자의 관심을 극명하게 보여 주는 사례이다.

제 9 편

자한

「자한」에는 공자의 덕행을 기술한 문장이 많이 담겨 있다. 따라서 요·순·우나 문왕, 무왕과 같은 공자 이전의 성현의 덕을 기술한 「태백」편의 다음에 자리매 김하였다. 모두 30개의 장으로 되어 있다.

1

공자는 평생에 걸쳐 많은 얘기를 하였으나 말을 적게 한 부분이 있다. 그것은 '이익'이나 '목숨', '사람다움'에 관한 언급이었다.

이익을 따지면 정의를 해치게 되고, 목숨의 이치는 제대로 파악하기 힘들기 때문에 함부로 논할 수 없다. 그리고 사람다움의 길은 너무나 넓고 크기 때문에 한마디로 단언하기 어렵다.

공자가 이익과 목숨, 사람다움에 대해 말을 아낀 것은, 이 세 가지가 인간의 삶에서 중요한 문제에 속하므로 더 신중하게 생각하고 가볍게 말하지 않으려는 마음을 지녔기 때문인 것으로 생각된다.

2

500가구쯤 되는 달항이라는 마을에 사는 어떤 사람이 말하였다.

"공자는 참으로 위대한 분이다. 하지만 그렇게 박학다식하면서도 한 가지 특출한 분야에서 명성을 날리지 못하고 있으니 참으로 안타깝다."

공자가 이런 소식을 듣고 제자들에게 말하였다.

"내가 한번 한 가지 일을 전문으로 해 볼까? 말고삐를 잡고 수레 모는 일을 할까? 활을 잡고 쏘는 일을 할까? 남의 머슴처럼 가장 천한 일에 속하는 말고삐를 잡고 수레 모는 일을 하여 한번 명성을 날려 보지 뭐!"

공부의 목적이 무엇일까? 박학다식인가? 특별한 전문성을 기르는 일인가? 공자는 덕을 골고루 갖추되 한쪽으로 치우치지 않을 것을 권한다. 한 가지 전문성을 가지고 세상에 명성을 떨치면 많은 사람의 칭찬을 받을 수는 있을 것이다. 하지만 그보다 중요한 것은 세상에 이름이 나지 않더라도 인간으로서 기본적인 덕성을 갖추는 일이다.

3

공자가 말하였다.

"삼으로 짠 검은색 면류관을 쓰는 것이 전통적인 예법이다. 하지만 요즘 사람들은 명주실로 만든 면류관을 쓰는데 그것은 간편하기 때문이란다. 그렇다면 나도 요즘 방식을 따라야겠다.

신하가 임금을 뵐 때는 당 아래에서 절을 하는 것이 전통적인 예법이다. 그런데 요즘 신하들은 당 위에서 절을 한다. 이는 교만한 태도이다. 여러 신하들이 당 위에서 절한다고 하더라도 나는 당 아래에서 절하며 전통 예법을 따르겠다."

교육받은 사람의 주체적 행동을 엿볼 수 있는 대목이다. 여기에서 주체적 행위의 기준은 정의이다. 세상을 살아갈 때, 많은 사람들이 호응하는 일이 사회 정의를 해치지 않는다면 그것이 전통 예법일지라도 취하지 않을 수 있다. 하지만 사회 정의에 어긋난다면 따라서는 곤란하다. 이 지점에서 전통과 현대 사이의 연속과 단절을 체험할 수 있다.

4

공자는 평소에 다음 네 가지 행동을 절대로 즐겨 하지 않았다.
첫째, 자기 뜻만을 세우지 않았다.
둘째, 꼭 그렇다고 함부로 단정하지 않았다.
셋째, 완강하게 고집부리지 않았다.
넷째, 자기만이 옳다고 여기지 않았다.

공자가 경계한 '공공의 적'은 욕망에서 발생하는 개인적 이익이었다. 사사로운 생각으로 가득하면 반드시 그것을 달성하기 위해 고집불통이 되고 자기중심적 사고에 빠지고 만다. 멋대로 생각하고 함부로 속단하여 자기 입장만 내세울 수 있고, 다른 사람의 생각이 아무리 옳다 하더라도 따르지 않고 자기 생각만을 주장하기 쉽다.

5

공자가 위나라의 광이라는 지역에서 그 지역 사람들에게 위협 당하자 바짝 경계하고 긴장하면서 다음과 같이 말하였다.

"주나라의 찬란한 문화를 건설하였던 문왕은 이미 돌아가신 지 오래되었다. 하지만 그 문화는 여기 우리 앞에 이렇게 남아 있지 않은가? 하늘이 이 문화를 없애려고 했다면 우리 같은 후세 사람들이 이 문화를 누리고 계승할 필요를 느끼지 못했으리라. 하지만 하늘이 이 찬란한 문화를 없애려 하지 않는 한, 광 지역의 사람들이 문화를 계승할 자격이 있는 나에게 함부로 해코지할 수 있겠는가?"

공자는 천하주유를 하면서 별의별 사건을 겪었다. 이 대목도 그런 사건 중 하나이다. 광 지역의 사람들에게 자신들을 학대하던 원수 같은 존재가 있었다. 그 원수는 양호라는 사람인데, 예전에 광 지역에서 포악한 짓을 많이 했다. 그런데 우연하게도 공자의 모습이 양호와 닮았다. 이에 광 지역의 사람들이 공자를 양호로 오인하고 공자를 포위하여 위협을 가했던 것이다. 공자는 이 대목에서 고대 문화 전통의 계승을 자신의 임무이며 그것이 외압에 의해 무너질 수 없음을 스스로 독려하였다.

6

오나라의 재상인 비가 공자의 제자인 자공에게 물었다.

"그대의 스승인 공자는 훌륭한 사람인가? 어찌 그렇게 다재다능하신가?"

자공이 말하였다.

"정말이지, 하늘이 낸 훌륭한 분이십니다. 또 본래 잘하는 것이 많으십니다.

이를 듣고 공자가 말하였다.

"태재 벼슬을 하는 비가 나를 아는 것 같구나! 나는 어렸을 때 보잘것없는 미천한 존재였다. 그래서 자질구레하고 남들이 잘 하지 않는 천박한 일들을 많이 했다. 그래서 다재다능한 것처럼 보일 수 있다. 훌륭한 사람이라고 해서 모두가 다재다능해야 하는가? 반드시 그럴 필요는 없다."

제자 자장이 덧붙여 말하였다.

"언젠가 선생님께서는 이렇게 말씀하신 적이 있다. '나는 관직에 등용되지 못하였다. 그래서 생활을 위해 여러 가지 재주와 기예를 많이 배우고 익혔다. 그런 경험이 재능을 있게 만들었다.'라고."

공자는 어려서 매우 가난하였다. 출신 자체가 천박하기 짝이 없었고 모든 문제를 혼자서 처리해야 할 정도로 고독했던 일상은, 먹고살기 위해 물불을 가리지 않는 일꾼으로 성장하게 만들었다. 일꾼으로서의 경험은 삶의 원동력이자 다재다능한 인간 존재의 원천이 되었다. 개천에서 용 난다는 말이 있듯이, 젊은 날의 가난과 밑바닥 인생은 삶의 거대한 뿌리가 되기도 한다.

7

공자가 말하였다.

"내가 아는 것이 있는가? 아는 것이 별로 없다. 그러나 이러한 나에게 천박하고 무식한 사람이 진정성을 가지고 물어 오면, 나는 내가 아는 것을 모두 털어서 알려 주리라."

다른 사람에게 어떤 지식을 성실하게 알려 준다는 것은 일종의 용기이다. 그것은 자신을 낮추는 겸허함이라는 진정성이 담보될 때만 가능하다. 유학의 전통에서 볼 때, 공자와 같이 훌륭한 사람은 남을 가르치는 경우 상대방의 시선을 고려하여 반드시 자신을 낮추는 태도로 임한다.

8

공자가 흐느끼며 탄식하였다.
"봉황도 내려오지 않고 황하에서 용마 그림도 나오지 않네. 아! 나의 이상도 여기서 끝나는가!"

봉황은 신비로운 새로 좋은 징조를 상징하고 용마 그림의 출현도 경사스런 일이 있음을 상징한다. 하지만 공자는 삶의 추락을 절감한다. 수십 년에 걸친 자신의 계몽에도 불구하고 훌륭한 지도자나 질서 있는 아름다운 사회가 나타날 징조가 보이지 않았던 것이다. 이른바 '이 풍진 세상을 만났으니 너의 희망은 무엇이냐.'라는 가사처럼, 공자는 절망의 노래를 불렀다.

9

공자는 초상을 당하여 상복을 입은 사람이나 공직에 복무하는 관복을 입은 사람, 앞을 보지 못하는 맹인을 만나면, 상대가 나이가 어릴지라도 반드시 일어나 예를 갖추었다. 그리고 그 앞을 지나갈 때는 경의를 표하고 그들에게 방해가 되지 않도록 재빠르게 행동하였다.

사람다운 사람은 상을 당한 사람을 보면 애통해 하고, 공공의 이익을 위해 봉사하는 공무원을 보면 존경하며, 신체적으로 약자인 사람을 가엽게 여긴다. 이런 마음이야말로 진실하고 사랑이 가득한, 최고의 인간학적 배려이다.

10

안연이 한숨을 길게 내쉬고 감탄하며 말하였다.

"우리 선생님은 우러러볼수록 더욱 높으시고, 속으로 깊이 들어갈수록 더욱 굳으시다. 바라볼 때는 앞에 계시더니 어느덧 뒤에 계신 듯하다. 선생님은 조리 있게 차근차근 사람을 잘 깨우쳐 주신다. 학문으로 나의 식견을 넓혀 주고 예의로 나의 언행을 단속해 주신다. 그러하기에 공부를 그만두려 해도 그만둘 수가 없다. 나의 재능을 다하여 공부하려 해도 선생님은 더욱 우뚝 서 계신다. 아무리 선생님을 쫓아가려 해도 그 경지에 이를 수 없도다."

안연은 공자가 가장 아끼던 제자이다. 이 대목은 수제자 격에 해당하던 안연이 공자의 학문과 사람다움의 높이와 깊이가 무궁무진하기에 따라잡기 어려움을 토로한 글이다. 학문은 격물치지로 연구하고 탐색하여 앎을 체득하는 일이고, 예의는 극기복례로 개인의 사사로움을 이기고 사회적 공공성에 부합하는 언행을 말한다. 공자는 사람을 가르칠 때 널리 학문을 익히고 예의로 간략하게 정돈하는 '박문약례'의 방법을 그 핵심으로 삼았다고 한다.

11

공자의 병환이 위중하자 제자 자로가 혹시나 하는 마음에 초상에 대비하여 문인들을 공자의 가신인 것처럼 꾸몄다. 다행히 병이 어느 정도 회복되자 공자가 말하였다.

"오래도록 자로가 사기를 치며 사람을 속여 왔구나! 나에게 가신이 없는데 가신이 있는 것처럼 꾸몄으니. 내 누구를 속이랴. 하늘을 속이랴! 나는 가짜로 꾸민 가신들 앞에서 죽어 거두어지기보다는 차라리 자네들 몇 사람 앞에서 죽어 거두어지는 것이 좋다. 또 내가 죽어 성대하게 장례를 치르지 못할지라도 자네들이 있는데 내가 길바닥에서 죽도록 버려지기야 하겠는가?"

이때 공자는 벼슬자리에서 물러난 상황이라 가신을 둘 수 없었다. 그것을 안타깝게 여긴 제자 자로가 선생님을 높이고 부끄럽지 않게 하기 위해 가신을 두고 혹시 모를 공자의 장례를 대비하였다. 하지만 자로는 스승을 높일 줄만 알았지 예의를 몰랐다. 공자에게서 예의는 사회를 지탱하는 생명력과도 같은 것이었다. 이에 자로를 꾸짖으며 다시 깨우침을 주었다.

12

자공이 말하였다.

"선생님, 여기에 아름다운 구슬이 있다고 가정해 보십시오. 선생님이라면 이 구슬을 함 속에 넣어 보물처럼 보관하시겠습니까? 좋은 값을 쳐주는 사람을 찾아 파시겠습니까?"

공자가 말하였다.

"팔아야지, 팔고말고! 나는 좋은 값으로 그것을 사 갈 사람을 기다린다."

훌륭한 인물임에도 불구하고 공자는 당시 벼슬에 나가지 않았다. 이에 제자 자공이 구슬에 빗대어 공자의 심중을 살펴본 것이다. 아름다운 구슬은 공자에, 좋은 값을 쳐서 사 가는 사람은 인재를 제대로 알아보는 지도자에 비유한 것이다. 아름다운 구슬이 그에 합당한 값을 받을 수 있도록 그것을 살 사람이 나타나기를 기다리는 것처럼, 공자는 재덕을 갖춘 후 그에 합당한 예우를 기대하였다. 어떤 일이건 부당하게 구하지 않고 마땅함을 기다린다는 의미이다.

13

공자는 아홉 개의 오랑캐 나라가 있는 동쪽에 가서 살려고 하였다. 그러자 어떤 사람이 말하였다.

"그곳은 문화 수준이 뒤떨어져 누추한 곳인데 어떻게 사시겠습니까?"

공자가 말하였다.

"사람답고 교양 있는 사람이 함께 살 텐데 어찌 누추함이 있겠는가?"

동방의 아홉 개 오랑캐인 구이에 대해서는 학자마다 조금씩 견해가 다르다. 황간의 『논어』 소에서는 동방의 구이를 '현토, 낙랑, 고려, 만식, 부갱, 삭가, 동도, 왜인, 천비'라고 하였다. 공자가 구이에 가서 살고 싶어 한 이유는 당시 중원이 사람답게 살 수 있는 사회문화적 질서가 잡히지 않았기 때문이다. 이에 공자는 문화 수준이 좀 뒤떨어지긴 해도 순수한 면을 간직한 구이에 가서 오랑캐들을 교화하고 예의 있고 질서 있는 사회에서 살기를 꿈꾸었던 것이다.

14

공자가 말하였다.

"내가 위나라에서 노나라로 돌아온 후에 노나라의 음악을 정리하여 바로잡아 왕실이나 귀족들의 향연에서 연주하던 악곡인 아와 종묘에서 제사 지낼 때의 무악인 송이 저마다 제자리를 찾았다."

기원전 484년 노나라 애공 11년, 나이 68세 때 공자는 위나라에서 노나라로 돌아왔다. 이때 노나라에는 주나라의 예악이 남아 있었는데 그 본래 모습이 훼손되어 엉망진창이었다. 공자는 수십 년에 걸친 천하주유 덕분에 주나라의 예악을 익혀 음악에 대해 잘 알고 있었다. 공자는 노나라의 사회질서의 문란함이 시와 음악이 제대로 자리 잡지 못했기 때문이라고 판단하고, 고국인 노나라에 돌아오자 음악을 바로잡는 데 심혈을 기울였다.

15

공자가 말하였다.

"관직에 나가 벼슬을 하면 직속상관을 섬기고, 집안에서는 부모와 형을 모시며, 상을 당했을 때는 정성을 다해 장례를 치르고, 잔치에서 지나치게 술을 마셔 고생하지 않는 것, 나는 이런 일을 처리하는 데 어려움을 느끼지 않는다."

이 대목은 삶에 대한 태도와 경계를 간략하게 보여 준다. 공직자의 자세, 가족으로서의 역할, 장례식과 연회에서의 술 문화 등 일상에서 신중하라는 당부처럼 느껴진다. 현대적으로 말하면, 직장과 가정, 경조사에서의 기본 예절을 알려 주는 듯하다.

16

공자가 냇가에 서서 말하였다.
"가는 것이 이 물과 같구나! 밤낮으로 쉬지 않고 흘러가는구나!"

아주 짧은 노래지만 자연의 진리를 그대로 보여 주는 명언이다. 강둑에 서서 흘러가는 강물을 보고 삶의 변주를 고민한다. 만물의 변화가 끊임없이 무궁무진하기에 삶을 고민하는 모든 사람도 흘러가는 강물처럼 쉬지 않고 '삶 공부'를 하라는 교훈을 던진다.

17

공자가 말하였다.
"나는 아직 만나 보지 못했다네. 이성 친구를 좋아하는 만큼 올바른 마음으로 똘똘 뭉쳐진 도덕을 좋아하는 사람을."

사람은 개인적인 기호가 있기 마련이다. 이성 친구를 좋아하거나 맛있는 음식을 좋아하며, 재력과 권력을 갖고 싶어 하기도 한다. 하지만 사회적 공공성을 띤 사람으로서 덕망을 존중하고 좋아하는 일은, 개인적 취향이나 기호에 따라 행동하는 사람에 비추어 볼 때 무척 달성하기 어렵다. 그러므로 공자가 사회적 공공성과 개인적 취향 사이에서 사회적 공공성의 중요성을 강조하였다.

18

공자가 말하였다.

"다음과 같은 비유를 들어 보겠다. 어떤 사람이 산을 만들려고 한다. 흙을 쌓고 쌓아 완성 직전에 이르렀다. 이제 한 자루의 흙만 쏟아 부으면 산이 만들어진다. 이 지점에서 산 만들기를 그만두면 내가 그만두는 것이다. 또 이런 비유를 들어 보겠다. 어떤 사람이 땅을 평평하게 만들려고 한다. 이제 한 자루의 흙만 덮고 고르면 땅이 평평해진다. 이때 그 한 자루의 흙을 덮는 것도 내가 나서서 하는 것이다."

한 자루의 흙을 쌓지 않아 산을 만들지 못하고, 한 자루의 흙을 붓지 않아 평지를 만들지 못하는 일, 이 모두는 자신의 문제이다. 어떤 일을 중지하거나 나아가거나 두 가지 모두 나에게 달린 일이며 남의 탓으로 돌릴 수 없는 일이다. 일하는 도중에 멈추어 버리면 이전에 노력한 공이 수포로 돌아가 못쓰게 된다. 스스로 힘써 몸과 마음을 가다듬기를 쉬지 않는다는 자강불식의 정신을 고취하는 대목이다.

19

공자가 말하였다.

"자기가 말한 것에 대해 게으름 피우지 않고 실행한 사람은 나의 제자 안회일 것이다."

안회를 칭찬하는 말이다. 안회는 스승 공자의 말을 들으면 마음 깊이 이해하고 진정으로 힘써 행하였다. 식물이 때에 맞춰 내리는 단비를 맞고 줄기와 잎사귀, 꽃을 피우듯이. 안회의 언행은 공자가 감탄할 정도로 다른 제자들이 대충대충 알아듣고 설렁설렁 행동하는 것과는 다른 차원이었다.

20

공자가 먼저 죽은 수제자 안연(안회)을 회상하며 이렇게 말하였다.
"아, 너무나도 아깝게 일찍 죽었다! 나는 안회가 나아가는 것만 보았지 한 번이라도 멈추는 것은 보지 못했어!"

안연은 학문이나 덕행에서 늘 앞으로 나아가기만 하고 중지하거나 멈추지 않았다고 한다. 진보주의자라고나 할까? 그만큼 부지런하고 성실했으며 세상에 큰 기여를 할 가능성이 있는 존재였다. 공자가 제자 안회의 죽음을 누구보다도 안타까워하고 슬퍼하는 이유도 여기에 있다고 판단된다.

21

공자가 말하였다.
"싹은 돋아났으나 꽃을 피우지 못하는 것도 있고, 꽃은 피었으나 열매를 맺지 못하는 것도 있다."

　학문이나 공부를 식물에 비유한 글이다. 간략히 말해, 식물은 싹을 틔워 그것이 잘 자라나서 꽃을 피우고 열매를 맺는 과정을 통해 식물 본연의 역할을 수행한다. 사람은 학문을 통해 덕행을 이루고 사람 구실을 해야 한다. 아무리 배웠다고 한들 배우는 과정에서 덕행을 닦아 그에 이르지 못하면, 싹은 돋았으나 꽃을 피울 수 없고 꽃은 피었으나 열매를 맺지 못하는 식물과 다름없는 쓸모없는 인간이 된다.

22
　공자가 말하였다.
　"나중에 태어난 사람, 현재의 젊은이들이나 미래 세대를 두려워해야 한다. 내일을 살아갈 그들이 오늘의 우리보다 못할 것이라고 어찌 함부로 말할 수 있겠는가? 우리보다 잘할 수도 있다! 하지만 이들이 40, 50세가 되어서도 학문과 덕행으로 세상에 이름을 내지 못한다면, 이 또한 두려워할 존재가 되지 못한다."

　젊은 후배들은 살아갈 날이 많고 힘이 강하여 전도가 무한하다. 끊임없이 학식을 쌓아 노력해 나가면 현재의 기성세대를 충분히 능가할 수 있다. 하지만 그들이 기성세대가 되었을 때 그에 맞는 명성을 드날리지 못한다면, 그들도 별 볼일 없는 존재에 그치고 말 것이다.

23

공자가 말하였다.

"바르게 깨우쳐 주는 말을 따르지 않을 수 있겠는가? 그보다 중요한 것은 그 말에 따라 잘못을 고치는 일이다. 부드럽게 타이르는 말을 기꺼이 듣지 않을 수 있겠는가? 그보다 중요한 것은 그 말의 참뜻을 살펴보는 일이다. 기꺼이 듣기만 하고 참뜻을 알지 못하거나 따르기만 하고 고치지 않는다면, 그런 사람에 대해 내가 어찌할 도리가 없다."

충고에 관한 자극과 반응을 일러 준다. '바르게 깨우쳐 주는 말'은 정치가에게 왕도 정치를 하라는 조언과 같은 유형이고, '타이르는 말'은 지나치게 돈을 좋아하거나 색을 밝히는 태도에 대해 조언하는 것과 같은 유형이다. 대부분의 사람들은 바르게 꾸짖어 말하면 그 자리에서는 겁을 내고 두려워하며 따르는 척한다. 하지만 진정으로 자신의 잘못을 고치지 않으면 눈앞에서만 따르는 격이 된다. 부드럽게 타이르면 기분을 상하게 하지 않으므로 사람들은 반드시 기쁘게 듣는 척한다. 하지만 그 말이 의미하는 바가 무엇인지 제대로 헤아려 찾지 않으면 말의 참뜻을 이해하지 못할 수도 있다.

24

공자가 말하였다.

"충실과 신의를 삶의 무게 중심으로 삼고, 학문과 덕성이 나보다 못한 사람을 벗으로 사귀지 말며, 잘못이 발견되면 주저하지 말고 바로 고쳐야 한다."

「학이」 8장에 나온 말인데, 내용의 절반이 생략되어 있다. 핵심은 자신의 본분에 충실하고 누구나 인정하는 사람의 길을 고민하고 그에 맞는 말과 실천을 행하며 신뢰를 주는 것이다.

25

정신적 자주성과 지조에 대해 공자는 다음과 같이 말하였다.

"제후 나라의 대군에 해당하는 삼군의 총사령관도 뺏어 올 수 있다. 그러나 보통 사람일지라도 그 사람의 뜻은 뺏을 수 없다."

주나라의 제도에 따르면, 일군은 1만 2,500명의 군사로 구성된 군대이다. 따라서 삼군은 3만 7,500명 규모의 대군을 가리킨다. 천자는 육군을 거느릴 수 있다고 한다. 군사력은 사람에 의해 구성된 것이고 평범한 사나이의 뜻은 스스로 굳게 다져져 마음속에 있다. 군대가 아무리 크고 병사가 많더라도 사기가 떨어지면 하루아침에 무너질 수 있다. 이때 그 군대의 장수를 빼앗아 오는 것은 어렵지 않다. 그러나 힘이 없는 보통 사람일지라도 올바른 길을 따라 굳게 다진 그의 의지는 강압적으로 쉽게 빼앗을 수 있는 것이 아니다. 이 대목에서는 내부에서 스스로 쌓은 의지와 외부에서 억지로 구성한 권력이 어떻게 다른지 깨달을 수 있다.

26

공자가 말하였다.

"누더기 삼베옷을 걸치고 있으면서 여우나 담비의 털옷을 입은 자와 함께 서 있어도 부끄러워하지 않을 사람은 나의 제자 자로일 것이다.

『시경』「위풍」의 '해치지도 않고 탐내지도 않으니, 어찌 착하지 않으리!'라는 시구를 자로가 늘 외우고 다녔다.
이것도 사람다움을 추구하는 길이겠지만 이에 그쳐서 되겠는가?"

싸구려 옷을 입은 사람이 명품 옷을 입은 사람과 함께 서 있어도 부끄럽지 않은 것은 빈부의 차이로 인해 마음이 흐트러지지 않으며 올바른 길을 모색할 수 있는 용기이다. 가난한 사람이 부자와 인간관계를 맺게 되면 성격이 강한 자는 반드시 부자를 해치고 약한 자는 반드시 그를 탐하기 마련이다. 유학자들은 싸구려 옷이나 음식을 부끄럽게 여기는 일을 학자의 병폐로 여겼다. 그들은 겉치레보다는 실질을 숭상하고 올바른 인간의 길을 따라 정진하여 날마다 쇄신하는 실천력을 중시하였다.

27

공자가 말하였다.
"날씨가 추워진 뒤에야 소나무와 잣나무가 나중에 시드는 것을 알게 된다."

'세한'이라는 말을 통해 선비의 지조와 자세를 알려 주는 명구이다. 날씨가 추워지면 대부분의 초목들은 잎사귀가 시들어 떨어진다. 하지만 소나무와 잣나무는 여전히 잎사귀가 푸르다. 그제야 사람들은 소나무와 잣나무가 다른 초목에 비해 가장 늦게 시듦을 알게 된다. 그것들의 시들지 않고 푸름을 지속하는 속성을 알아채는 것이다. 이런 속성 때문에 전통적으로 소나무와 잣나무는 선비의 지조와 굳은 절개를 상징하는 것으로 자리매김했다.

28

공자가 말하였다.

"지혜로운 사람은 미혹되지 않고, 열린 마음을 지닌 사람은 근심하지 않으며, 용기 있는 사람은 두려워하지 않는다."

유명한 '지인용(知仁勇)'의 정의이다. 삶의 길을 제대로 터득한 지혜로운 사람은 세상일에 함부로 흔들리거나 쉽게 사기를 당하지 않는다. 열린 마음으로 덕망을 갖춘 사람은 걱정하지 않는다. 정의를 용감하게 실천하는 사람은 두려울 것이 없다. 이렇게 '지→인→용'의 순서로 인격의 성숙을 고민하는 것은 배움의 과정과 연관된다.

29

공자가 말하였다.

"함께 배울 수는 있어도 똑같이 길을 갈 수는 없다. 함께 길을 갈 수는 있어도 똑같이 설 수는 없다. 함께 설 수는 있을지라도 똑같이 법도에 맞게 실천할 수는 없다."

배움과 실천의 문제를 단계적으로 연계하는 대목이다. 함께 학문을 연구할 만한 사람이라 할지라도 반드시 함께 올바른 길을 간다고 장담하기 어렵다. 함께 올바른 길에 나갈 만한 사람이라 할지라도 반드시 함께 사람의 도리를 굳게 지킨다고 장담하기 어렵다. 함께 사람의 도리를 굳게 지킬 만한 사람이라 할지라도 함께 세상에서 벌어지는 모든 일의 경중을 저울질하여 도의에 합당하게 만들 수 있다고 장담하기 어렵다.

배움에는 단계가 있다. 먼저, 자기를 위해 배우고, 그 배움이 충분해져서 선을 밝히며, 그런 다음에 다른 사람과 함께 길을 나서야 한다. 인간의 길에 대한 신뢰가 쌓였을 때 그 길에서 발생하는 일이 가벼운지 무거운지를 헤아려 도의에 합당함을 따져야 한다. 그것은 어렵지만 중요한 사안이다.

30

'자두 꽃이 나부껴 펄럭이는데 어찌 그대를 생각하지 않으리오! 그대 계신 곳 멀기도 하여라!'

이 시 구절을 보고 공자가 말하였다.

"진정으로 생각한 게 아니다. 진정으로 생각했다면 어찌 멀다고 하겠는가?"

현재 전하는 『시경』에는 이 구절이 보이지 않는다. 얼핏 보기에 위의 시구는 서로를 그리워하는 남녀의 사랑 노래처럼 느껴진다. 두 사람이 멀리 떨어져 있는 상황을 자두 꽃에 비유한 것은 자두 꽃이 처음 필 때 두 꽃잎이 서로 등지고 있기 때문이다. 서로 사랑하며 그리워하는데 어찌 멀리 있다고 핑계를 대는가! 그것은 정성이 부족한 탓이다! 이는 도덕 윤리의 차원에서도 마찬가지이다.

제 10 편

향당

이 편에는 공자의 문인들이 스승 공자의 일상생활을 여러 측면에서 기술한 글이 많다. 「향당」은 예전에는 전체가 1장으로 이루어져 있었으나 여기에서는 내용에 따라 17개의 장으로 나누어 정리하였다.

1

공자의 평소 행동이나 태도는 자리에 따라 분명했다.

고향 마을인 향당에 있을 때는 누구에게나 공손하고 성실하게 대하며 말도 잘 못하는 것처럼 처신했다. 그러나 정사를 논의하는 자리인 종묘나 조정에 있을 때는 말을 명백하게 하고 신중한 태도로 일관하였다.

고향 마을인 향당은 사적인 자리이고 정사를 논의하는 종묘나 조정은 공적인 자리이다. 이 둘은 성격이 분명히 다르다. 공자는 공과 사의 구분을 명확히 했다. 사적인 자리에서는 자기가 아무리 현명하고 지혜롭다고 해서 함부로 사람들 앞에 나서지 않았다. 왜냐하면 고향 마을에는 부모형제와 친인척 등 종친이 함께 살기 때문이다. 공적인 자리에서는 분명하게 정사를 따지고 올바른 길을 제시해야 한다. 그렇기 때문에 조심스러우면서도 분명히 의견을 개진했다. 이것이 공과 사를 대하는 기본 예의이다.

2

공자는 지위와 직책에 따라 언어와 용모를 달리하였다.

최고지도자인 임금이 조회하기 전, 조정에서 지위가 조금 낮은 하대부와 이야기할 때는 강직하게 하고 지위가 조금 높은 상대부와 이야기할 때는 온화하면서도 시비를 분명하게 따졌다. 임금 앞에서는 지극히 공경하며 함부로 결단하지 못하는 태도로 어려워하였다.

이 대목을 이해하기 위해서는 국가의 최고위급 회의를 하기 전후의 모습을 연상하면 좋다. 공자는 조정에서 정사를 논의할 때 윗사람을 대하는 자세와 아랫사람을 대하는 태도를 달리하였다. 아랫사람에게는 언사와 용모를 온화하고 재미있게 하였고 윗사람에게는 말과 태도를 정중하게 하였다. 임금 앞에서는 최고의 예우를 갖추어 보필하였다.

3

공자는 최고지도자가 외국에서 온 손님을 국빈으로 접대하라고 하면 엄숙한 자세로 재빠르게 발걸음을 옮겼다. 함께 서 있던 내빈들과 인사할 때는 왼쪽과 오른쪽에 있는 사람들 모두에게 예의를 갖추어 번갈아 인사했다. 빠른 걸음으로 그들에게 나아갈 때도 자세가 단정하였다. 내빈들이 물러가면 반드시 최고지도자에게 '외국에서 온 손님들이 뒤돌아보지 않고 잘 갔습니다.'라고 보고하였다.

다른 나라에서 온 손님 접대에 관한 예의이다. 공자가 살았던 시대는 봉건제가 국가를 구성하는 제도적 역할을 하였다. 천자는 제후들에게 다양한 방식으로 봉토를 나누어 주었고, 그 결과 수많은 나라가 존재하였다. 따라서 이들 사이의 외교 관계는 중요한 국가 행사였다. 공자는 예를 아는 사람으로 인정받았기 때문에, 관직에 있으면서 최고지도자의 지시에 따라 외국 손님을 모실 수 있는 기회가 많았다. 이때마다 공자는 국빈 대접에 대한 긍지를 가지고 예우를 다하였다.

4

대궐 문에 들어갈 때는 몸을 굽히고 대궐 문이 그를 막아서는 것처럼 했다. 설 때는 문의 가운데 서지 않고 들어갈 때는 문지방을 밟지 않았다. 최고지도자인 임금이 서는 자리를 지날 때는 표정과 안색을 엄숙하게 하고 총총걸음으로 지나갔으며 말을 잘 못하는 듯이 과묵하였다. 옷자락을 잡고 층계를 오르고 마루에 오를 때도 절하듯이 몸을 굽히며 기를 낮추어 숨을 쉬지 않는 듯하였다. 마루에서 나와 층계에 내려서서는 안색을 펴고 온화한 얼굴로 즐거운 낯빛을 지었고, 층계를 다 내려와서는 총총걸음으로 걷되 단정하게 하며, 제자리로 돌아와서는 신중하고 경건하였다.

대궐에 들어가서 업무를 보고 나올 때까지의 예의에 대한 기록이다. 대궐 문에서 대궐 안에 들어가기까지의 예절은 물론 대궐에서 업무를 보고 제자리에 설 때까지 최고지도자를 대하는 예의를 자세히 알려 주고 있다.

5

공자가 외교관 자격으로 다른 나라에 갔다. 규(圭)를 손에 들고 다른 나라 최고지도자에게 바칠 때는 그 무게를 감당하기 어려운 듯 몸을 굽혔다. 규를 위로 들어 올릴 때는 가슴보다 약간 높게 읍하듯이 하였고 아래로 내릴 때는 물건을 넘겨주는 것처럼 행동했다. 신중하고 두려워하는 듯한 낯빛을 지었으며, 걸음은 땅에 대고 뒤꿈치를 끄는 듯이 총총히 옮겼다. 예물을 드릴 때는 부드럽고 온화한 낯빛을 지었다. 개인적으로 회견할 때는 더욱 화기애애한 표정을 지었다.

규는 옥으로 만든 것인데, 중국 고대 사회에서 사신이 이웃나라를 방문할 때 최고지도자인 임금이 파견하는 외교관에게 주어 상대국의 지도자에게 신임을 받는 징표였다. 현대적으로 이해하면, 외교 사절을 파견하려고 할 때 정식으로 임명되기 전 상대국으로부터 받는 동의, 즉 '아그레망'에 비유할 수도 있을 것이다. 여기에서는 외교관의 예의에 대해 간략하게 정돈하였다.

6

교양을 갖춘 사람은 보라색과 붉은 색으로 옷깃을 장식하지 않는다. 또한 다홍색과 자주색으로 속옷을 만들어 입지 않는다. 여름에 더울 때는 고운 베나 거친 베옷을 겉에 걸치고 외출을 한다. 검정 옷을 입을 때는 검은 양가죽 옷을 받쳐 입고 흰옷을 입을 때는 어린 사슴의 가죽 옷을 받쳐 입으며 누런 옷을 입을 때는 여우 가죽 옷을 받쳐 입는다. 평상시에 입는 가죽 옷은 길게 하되 오른쪽 소매를 짧게 한다.

반드시 잠옷을 마련하되 그 길이가 키의 한 배 반 정도 되게 한다. 집안에 편히 있을 때는 여우나 담비의 두꺼운 털을 바닥에 깔고 앉는다. 탈상을 한 다음에는 다시 패옥을 찬다. 예복인 유상이 아니면 천을 좁게 대어 입는다. 염소 가죽으로 만든 옷과 검은 관을 쓰고 조문하지 않는다. 매월 초하루에는 관복 차림으로 조정에 간다.

 옷을 입는 예의에 관한 설명이다. 오늘날에는 여러 가지 여건상 잘 맞지 않는 복식 예의가 많다. 요즘은 조문을 할 때 검은 옷을 입지만 예전에는 흰 옷을 입었다. 이처럼 옷의 형식이나 질감도 그렇고 예의의 내용 차원에서도 요즘과 많이 다르다. 현재도 마찬가지지만, 경조사가 있을 때의 의복과 평상시의 의복에 차이가 있듯이 일상의 상황에 따라 합리적이고 편안함을 추구하는 모습이 엿보인다.

7

 제사를 지내기 전에는 반드시 목욕을 하고 몸을 깨끗하게 유지하기 위하여 삼베로 만든 명의를 입었다. 음식도 평소와 다르게 하였는데, 특히 술과 마늘을 먹지 않았다. 거처하던 자리도 평소와 다르게 하였는데 평상시에는 아내와 같이 거처하다가 재계 때는 바깥으로 나와 거처하였다.

 제사 지내기 전에 하는 재계는 신령과 교감을 하는 소중한 행위이다. 따라서 평상시와 다르게 정결하고 공경을 다해야 한다. 깨끗하게 목욕을 하고 술이나 맵고 냄새나는 음식은 먹지 않으며 거처를 옮겨 엄숙함을 더한다. 정신적·육체적으로 삼가고 공경하는 자세를 갖추는 것이다.

8

밥은 곱게 찧은 쌀로 지은 것을 싫어하지 않았고 회는 가늘게 썬 것을 싫어하지 않았다. 밥이 쉬어서 맛이 변한 것과 상한 생선이나 썩은 고기로 요리한 것은 먹지 않았다. 썩지는 않았더라도 음식의 빛깔과 냄새가 변한 것은 먹지 않았다. 삶지 않거나 익히지 않은 음식, 제철이 아닌 음식도 먹지 않았다.

바르게 썰지 않은 고기는 먹지 않았고, 재료에 맞게 간을 제대로 맞추지 않아 조리를 잘못한 음식도 먹지 않았다. 고기반찬이 많이 있어도 주식인 밥보다 많이 먹지 않았고, 술을 마실 때 양을 정해 놓지는 않았으나 술주정을 하며 몸가짐을 흐트러뜨리는 일 없이 알맞게 마셨다. 시장에서 아무렇게나 파는 술과 육포는 사 먹지 않았고, 악취를 제거하고 비타민과 같은 역할을 하는 생강은 물리지 않고 먹었으나 많이 먹지는 않았다.

나라에서 제사를 지내고 나누어진 고기를 얻어 왔을 때는 신령의 은혜를 받기 위해 그날 밤을 넘기지 않았다. 집에서 제사 지내고 남은 고기는 사흘을 넘기지 않고 다 나누어 주었다. 왜냐하면 사흘이 지나면 상하여 먹지 못할 수 있기 때문이다.

음식을 먹을 때는 먹는 데 집중하여 말하거나 대답하는 데 신경을 쓰거나 마음을 흩트리지 않았고, 잠자리에 들어서는 잠자는 일에 몰입하고 숨을 고르지 못할 정도로 말을 하여 취침을 방해하지 않았다.

잡곡밥이나 나물국을 먹더라도 반드시 그것을 있게 한 모든 존재들에게 감사의 뜻을 잊지 않고 공경하는 마음을 지녔다.

음식에 대한 예의를 기록한 대목이다. 내용의 핵심은 음식을 통해 단순히 욕구를 채우기보다는 기력과 신체를 보양하고 생명력을 해치지 않게 하려는 의도가 강하다. 음식을 대하는 모습에서 정도(正道)를 가리는 자세, 근본에 대한 성찰, 공경과 존중, 정성스런 삶의 태도를 느낄 수 있다.

9

자리가 바르지 않으면 앉지 않았다.

'자리가 바르지 않다'는 말은 '예의에 어긋난다'는 뜻이다. 인간은 올바른 도리를 실천하는 존재인데, 도리에 어긋나거나 바르지 않은 곳이라면 함께 있지 않겠다는 처세의 길을 일러 준다.

10

동네 사람들과 어울려 술을 마실 때는 동네 어른들이 술자리를 마치고 나간 다음에 나중에 술자리를 마쳤다.

동네 사람들이 연말에 나쁜 귀신을 쫓아내려고 굿을 할 때는 예복을 입고 묘당의 층계 위에 서 있었다.

공자가 어떤 시골 동네에 살 때의 일을 기록한 것 같다. 동네에서 잔치를 하거나 마을 제사를 지낼 때, 예의를 보여 주는 대목이다. 여기에서도 정성과 공경이 잘 드러난다. 오늘날도 이와 유사한 문화가 꽤 존재한다. 동네 잔치가 아닐지라도 어떤 조직에서 술을 마실 때 예의상 조직의 윗사람이 그 자리를 정돈하고 나서야 아랫사람들이 그에 맞추어 술자리를 정리하는 경우가 있다. 또 동네 굿은 아니더라도 어떤 행사를 할 때 행사 의식을 잘 아는 사람이 사회를 보거나 행사를 주관하는 경우가 많다.

11

다른 나라에 사람을 보내어 친구의 안부를 묻게 할 때는 가는 사람의 등을 보고 두 번 절을 하였다.
노나라의 세도가인 계강자가 약을 보내오자 공자가 정중하게 절을 하고 받으면서 말하였다.
"이 약이 어떤 성질을 지니고 있는지 잘 모르므로 당장 먹을 수는 없습니다."

공자가 사람을 사귈 때의 성의를 기록한 글이다. 자기를 대신하여 다른 나라에 심부름 가는 사람에 대한 기본 예의로 절을 두 번이나 하며 전송하는 것은, 자기가 직접 가는 것처럼 상대방에 대한 공경을 나타낸다. 보내온 물건을 정중하게 받고 그것을 먹어 보는 것은 기본 예의이다. 하지만 보내온 물건이 약이므로 신중을 기하려는 강직함이 담겨 있다.

12

마구간에 불이 나서 모조리 다 타 버린 일이 있었다.

공자가 조정에서 퇴근하자마자 집안사람들에게 말하였다.
"다친 사람은 없는가?"
그리고 마구간에 있던 말에 대해서는 특별히 묻지 않았다.

공자는 인간을 중심에 놓고 삶을 중시한 사상가이다. 사람과 가축이 있을 때 사람을 귀하게 생각하고 가축은 천하게 여겼다. 그렇다고 해서 마구간에 있던 말을 무시하고 아끼지 않은 것이 아니다. 사람이 다쳤을까 염려하는 마음이 말이 상한 것에 대한 안타까움보다 더 컸기에 말에 대해서는 미처 물을 여유가 없었던 것이다.

13

최고지도자인 임금이 음식을 보내 주면 똑바로 앉아서 먼저 맛을 보았다. 임금이 날고기를 보내 주면 익혀서 조상의 제사상에 올렸다. 임금이 살아 있는 짐승을 보내 주면 그것을 집에서 길렀다. 임금을 모시고 식사를 할 때 임금이 고수레를 하면 임금을 위해 먼저 음식 맛을 보았다.

병이 들었을 때 임금이 문병을 오면, 동쪽으로 머리를 두고 예복으로 몸을 덮으며 그 위에 띠를 걸쳤다.

임금이 부르면, 수레가 준비되기를 기다리지 않고 급하게 달려갔다.

태묘에 들어가서 의식을 진행할 때, 모든 사안에 대해 하나하나 물었다.

최고지도자를 모시는 예의에 관한 기록이다. 임금이 요리가 된 음식을 보내 주면 임금 앞에서 먹는 것처럼 하고, 날고기를 하사했을 때는 그것을 삶아 조상에게 올린다. 이는 임금이 하사한 것을 영광스럽게 여기기 때문이다. 살아 있는 짐승을 하사했을 때 그것을 사육하는 일은 임금의 은혜에 감사를 표하는 행동이다. 임금과 함께 밥을 먹을 때도 임금이 먼저 고수레하면 그 이후에 먹고, 임금이 문병을 오면, 동쪽으로 누워 조금이라도 태양의 생기를 받으려고 노력하며 궁궐에서 평상시 조회를 할 때처럼 예복을 갖추어 맞이한다. 임금이 호출하는 경우에는, 그만큼 긴급한 사안이 있다는 뜻이므로 시간을 지체하지 않고 즉시 달려가 찾아뵙고 일을 처리해야 한다. 국가적 행사를 진행하는 사당에서는 예법에 따라 일을 처리해야 하므로, 행사의 성격과 상황에 따라 일일이 확인한 후 의식을 진행한다.

14

친구가 죽었는데 뒤를 봐줄 상주나 빈소가 없을 경우 공자는 "내 집에 빈소를 마련하라."고 말하였다.

친구가 보내온 물건이 수레나 말과 같은 귀중한 것일지라도 제사 지낸 고기가 아니면 절하지 않았다.

이 대목은 친구 사이에 사귀는 도리를 보여 준다. 친구는 도의로 맺은 존재이기에 죽어서 빈소가 없다면 자신의 집에라도 빈소를 차리게 하는 것이 도리다. 또 단순히 고가품을 준다고 해서 예의를 차리기보다는 친구의 조상을 자신의 조상처럼 높이는 차원에서 제사 지낸 고기를 보내오면 절하고 받는 것이다.

15

　잘 때는 죽은 사람처럼 뻗은 자세로 자지 않았고, 집에서 한가롭게 있을 때는 차림새를 꾸미지 않았다.

　상복 입은 사람을 보면 아무리 친한 사이라도 엄숙하게 얼굴빛을 고쳤고, 관복을 입은 공무원이나 맹인을 보면 아무리 친한 사이라도 반드시 예의를 갖추었다.

　상복을 입은 사람에게는 조문하는 예의를 갖추었고, 나랏일을 맡은 공무원에게는 공직자에 대한 예의를 지켰다.

　성찬을 차려 정성을 다하는 사람에게는 정색을 하고 예의를 표하였고, 천둥 번개나 우레, 폭풍과 같은 기상 이변에도 고심하였다.

　평소의 생활과 인간에 대한 예의를 보여 준다. 시체처럼 눕지 않는 것은 죽은 것을 혐오해서가 아니라 나태한 기운이 몸에 번져 뻣뻣해지지 않기를 바라는 마음에서 그러한 것이다. 상복이나 관복을 입은 사람, 시각장애인은 사회가 배려해야 하는 존재이다. 성찬을 바치는 사람이나 자연의 변모와 같은 것은 인간과 자연에 대한 기본 예의를 일러 준다.

16

　수레를 탔을 때는 반드시 바로 서서 손잡이를 잡았다. 수레 안에서는 이리저리 둘러보지 않고 말을 빨리 하지 않으며 여기저기 가리키며 손가락질하지 않았다.

　바르게 서서 끈을 잡는 것은 몸과 마음을 성실하고 엄숙하게 하려는 의도이다. 수레나 차 안에서 온갖 참견을 하며 이리저리 둘러보거나 말을 빨리 하거나 여기저기 가리키는 것은, 스스로 체면을 잃을 뿐만 아니라 다른 사람도 헷갈리게 한다.

17

까투리가 사람의 눈치를 보다 하늘로 날아올라 빙빙 돌다가 다시 내려와 앉았다.
이를 보고 공자가 말하였다.
"산 계곡 다리에 있는 까투리가 때를 만났구나, 때를 만났구나!"
그러자 제자 자로가 그 꿩을 잡아 요리하여 공자에게 바쳤다. 이에 공자가 세 번 냄새를 맡아 보고 일어났다.

주자도 이 대목을 해설하면서 무슨 말인지 언뜻 이해가 가지 않는 구절이라고 하였다. 추측하건대, 새와 같은 날짐승도 사람의 기미를 살피고 자신이 앉을 자리를 정하는데 사람의 경우에도 때나 사정을 살피고 나가서 자기 자리를 정해야 한다는 의미이다. 다산 정약용에 따르면, 까투리가 사람의 시선을 피해 안전하다고 생각한 곳에 내려앉았으나 사냥꾼은 까투리가 눈치 채지 못하게 살금살금 다가갔다. 그러자 까투리가 사냥꾼에게 잡힐까봐, 공자가 "다리 위에 있는 까투리가 날아갈 때다, 날아갈 때다"라고 했는데, 까투리는 날아가지 못하고 잡혀 죽고 말았다. 제자 자로는 공자가 '날아갈 때다'라고 한 말을 '까투리가 먹고 싶다'는 말로 오해하여 꿩 요리를 해 드렸는데 공자가 냄새만 맡고 일어난 것이라고 한다.

제11편
선진

「선진」은 공자가 제자들의 슬기로운 언행에 대해 평가한 말이 대부분이며, 특히 민자건의 언행을 기술한 곳이 4장이나 되고 민자건을 민자라고 존칭한 것으로 보아, 민자건의 문인이 기록한 것으로 이해하기도 한다. 모두 25개의 장으로 되어 있다.

1

예와 악에 대해 공자는 선배들의 정신을 따르겠다고 하며 다음과 같이 말하였다.

"주나라 초기의 선비들은 예와 악을 시골 사람처럼 소박하게 지켰다. 주나라 후기의 선비들은 예와 악을 세련되고 교양 있는 사람처럼 화려하게 하였다. 지금 내가 예와 악을 쓴다면 주나라 초기의 선비들이 쓰던 것처럼 소박하게 하겠다."

예와 악은 인간 삶의 문화제도적 차원이다. 그러므로 시대정신에 의거하여 형식과 내용을 적절하게 따라야 한다. 하지만 당시 사람들은 허례허식에 빠져 형식을 내용, 즉 본질보다 더 중요시했다. 이에 공자가 지나친 형식을 줄이고 본질을 돌아보기 위해 선배들의 소박함에 점수를 더 준 것으로 보인다.

2

공자가 말하였다.

"나와 함께 진나라와 채나라에서 고생한 제자들이 지금은 내 문하에 없구나! 덕행이 훌륭한 제자는 안연, 민자건, 염백우, 중궁이고, 언변이 뛰어난 제자는 재아와 자공이었다. 그리고 정치가로는 염유와 자로를 꼽을 수 있고, 문학에는 자유와 자하가 뛰어났다."

공자는 천하주유를 하면서 제자들과 더불어 많은 고생을 하였다. 위험한 고비를 넘기며 함께 고생하던 제자들을 순서대로 기술하였다. 특히 10명의 제자를 들고 그들이 지닌 장점을 네 가지로 나누어 특징을 기술하였는데, 이들을 공자 문하의 10대 제자, 이른바 '공문십철(孔門十哲)'이라고 한다. 십철은 당나라 현종 때에 붙여진 말이다.

3

공자가 말하였다.

"안회는 내게 도움이 되는 제자가 아니다! 내 말이라면 그저 좋아하고 기뻐하기만 한다."

제자 안연에 대한 평가이다. 안연은 스승 공자의 가르침을 묵묵히 받아들이고 마음으로 통하였다. 그러고는 아무런 질문도 하지 않았다. 공자는 그것에 유감이 있었다. 후대 사람들은 안연의 그런 태도에 대해 오히려 공자가 내심으로는 기뻐했을 것이라고 풀이하기도 한다.

4

공자가 말하였다.

"민자건은 정말 효성이 지극하구나! 그의 부모형제들이 민자건의 효도와 우애를 칭찬하는 말에 대해 누구도 군소리를 하지 않는다."

일반적으로 부모는 자식의 언행을 지나치게 칭찬하는 경향이 있다. 그렇기 때문에 주변 사람들은 지나친 칭찬에 대해 잔소리를 하기 마련이다. 그러나 민자건의 경우, 어떤 사람도 이의를 제기하지 않으니 진짜 효도를 잘하는 효자의 모범으로 평가한 듯하다.

5

남용이 백규의 시를 세 번이나 되풀이하고 외웠다. 이를 보고 공자가 형의 딸을 남용에게 시집보냈다.

남용에 대한 이야기는 앞의 「공야장」 2에도 등장한다. 남용은 공자의 제자 남궁괄로, 자는 자용이다. 백규는 『시경』 「대아」 '억편'에 나오는 시, "백옥으로 만든 홀(백규)의 홈은 갈아서 지울 수 있으나, 사람이 말을 잘못한 것은 지울 수가 없다네!"를 가리킨다. 핵심은 '말을 삼가야 한다.'는 것이다. 말을 삼가면 행동도 조심하여 화를 면할 수 있다. 공자가 남용을 조카사위로 삼은 것도 바로 이런 장점 때문인 것으로 추측된다.

6

임금을 무시하고 전횡을 일삼았던 노나라의 세도가인 계강자가 공자에게 그의 제자들에 대해 물었다.

"당신 제자 중에 누가 배우기를 좋아합니까?"

공자가 대답하였다.

"안회라는 제자가 배우기를 좋아했는데 불행하게도 명이 짧아 죽었습니다. 지금은 안회만큼 배우기를 좋아하는 제자가 없습니다."

앞에서 나온 안연에 대한 평가이다. 안연은 공자보다 30세가량 나이가 적고 40대 초반에 죽은 것으로 전해진다. 그는 공자가 "내게 도움이 되는 제자가 아니다!"라고 말할 정도로 공자의 가르침을 묵묵히 받아들이며 스스로 배우기에 충실했던 제자였다.

7

안연이 죽자 아버지 안로가 공자에게 요청하였다.

"타고 다니는 수레를 주면 그것을 팔아서 아들의 관을 감싸는 덧관을 만들겠습니다."

그러자 공자가 말하였다.

"재주가 있건 없건, 자식에 대한 부모의 정은 마찬가지입니다. 내 아들 '리'는 내가 가장 아끼는 제자 안연의 재주에 미치지 못해요. 하지만 그 아이가 죽었을 때도 관만 있었지 덧관은 하지 않았습니다. 나는 수레를 팔아 걸어 다니면서까지 아들의 덧관을 마련해 줄 수가 없었어요. 왜냐하면 당시 나는 대부를 지냈기 때문에 수레를 타지 않고 걸어 다닐 수 없었어요."

공자는 가장 아끼는 제자가 죽었으니 그 아버지 안로의 마음을 충분히 이해했을 것으로 생각된다. 하지만 안로의 요청을 거절하였다. 그 이유는 세 가지 측면에서 추측해 볼 수 있다. 첫째, 당시 장례에서 덧관을 쓰지 않아도 예의에 어긋나지 않았다. 둘째, 자신의 신분상 수레를 타지 않고 걸어 다닐 수 없었다. 셋째, 당시 수레는 임금이 내려 주는 것인데 이것을 함부로 남에게 주어 시장에 팔게 하는 것은 예의가 아니었다.

8

안연이 죽자 공자는 다음과 같이 흐느꼈다.
"아! 하늘이 나를 버리는구나! 하늘이 나를 버리는구나!"

안연은 공자의 수제자였다. 그만큼 공자는 자신의 학문이 안연에게 전해지기를 기대하며 안연을 자기의 분신처럼 여겼다. 하지만 안연이 너무 일찍 죽는 바람에 자신의 도가 세상에 전해질 수 없음을 슬퍼하며, 하늘이 자기를 버린 것처럼 안연을 애도하였다.

9

안연이 죽자 공자가 몸부림치며 소리 내어 울었다.
따라간 제자가 말하였다.
"선생님, 너무 애통해 하십니다."
그러자 공자가 말하였다.
"애통한 것이 지나쳤느냐? 이런 제자를 위해 애통해 하지 않고 누구를 위해 애통해 하겠는가?"

안연이 죽었을 때 공자의 나이가 71세였다고 한다. 서른 살 아래인 안연은 공자의 수제자이자 분신이나 마찬가지였으니 어찌 슬프지 않았겠는가! 이 대목은 최고로 애통하는 심정을 토로한 장면으로 공자가 얼마나 인정이 넘치는 인간인지를 엿볼 수 있다.

10

안연이 죽자 안연의 동료인 공자의 제자들이 장례를 성대하게 치르려고 하였다.
이 소식을 듣고 공자가 말하였다.
"이래서는 안 된다."
그러나 제자들이 성대하게 장사를 지냈다.
이에 공자가 말하였다.
"잘 알다시피, 안회는 나를 친아버지처럼 생각하였다. 하지만 나는 그를 친자식처럼 장례를 치러 주지 못했구나! 그것은 나의 뜻이 아니라 너희들 몇 명이 그렇게 만들었다!"

장례식을 비롯하여 삶의 기본 예의는 처한 상황과 형편에 맞게 해야 한다. 앞에서 본 것처럼, 안로의 요청에 공자는 수레 팔기를 거절하여 예의를 지켰다. 안연의 집안 형편이 그리 넉넉하지 않은데 제자들이 성대하게 장례를 치르는 것은 도리에 맞지 않았다. 이에 공자가 '옳지 않다'고 충고하였으나 제자들은 이를 무시하고 성대하게 장례를 치렀다. 가난한 집안 형편에 맞게 친자식 보내듯이 장례를 치러야 하는데, 제자들의 행위는 오히려 안연을 욕되게 하는 일이기에 공자가 제자들을 원망하는 동시에 안연에게 미안한 마음을 드러낸 것이다.

11

자로가 물었다.

"귀신을 어떻게 섬기면 좋습니까?"

공자가 말하였다.

"사람도 제대로 모시지 못하면서 어찌 귀신을 섬길 수 있겠는가?"

자로가 다시 물었다.

"그러면 죽음이란 무엇입니까?"

공자가 말하였다.

"삶에 대해서도 제대로 알지 못하면서 어찌 죽음에 대해 알겠는가?"

인간과 귀신, 삶과 죽음의 문제에 대한 유교의 입장이 분명한 대목이다. 귀신은 오므리고 펴는 자연의 질서처럼 천지 우주를 상징한다. 인간은 자연의 질서를 통해 사람의 법칙을 깨닫고 삶에 충실하게 임한다. 삶의 충실은 죽음의 도리도 알게 하는 바탕이 되고 이는 자연의 질서를 통해 재확인된다. 이때 우선 관심을 갖고 고려할 문제는 귀신보다는 사람이요, 죽음보다는 삶이다. 한마디로 '사람살이'가 그 중심이다.

12

제자들이 공자를 모시고 있을 때의 모습은 제각기 달랐다.

민자건은 공손하고 즐거운 모양을 하였고, 자로는 고지식하고 강직한 모습이었으며, 염유와 자공은 부드럽고 화락한 모양을 보여 주었다. 이런 제자를 두고 공자는 대체로 즐거워하였다.

하지만 자로에 대해서만은 다음과 같이 말하였다.

"자로와 같은 강직한 사람은 지나친 용기 때문에 화를 당하여 정상적으로 죽지 못할 수도 있다."

이런 언급을 한 이유는 간단하다. 공자는 즐거운 마음으로 제자들을 보면서도 유독 자로를 걱정하였다. 왜냐하면 자로의 성격이 굳세고 강하기 때문이었다. 자로와 같은 강직한 성격은 불의를 참지 못하여 사람들과 부딪치기 쉽고, 그렇기 때문에 편하게 죽기 어려운 운명을 지녔다. 『춘추좌전』「애공 15년」에 따르면, 자로는 63세 때 위나라 괴외와 그의 아들 출공 첩의 왕위 다툼에 휘말려 죽임을 당했다. 적의 칼에 맞아 죽으면서도 공자의 제자답게 관을 바르게 고쳐 쓰고 죽었다고 전한다.

13

노나라 사람이 재물을 보관하는 '장부'라는 창고를 만들었다.

그러자 민자건이 말하였다.

"이전부터 있던 창고를 그냥 쓰면 어떤가? 반드시 고쳐 지을 이유가 있는가?"

이에 공자가 말하였다.

"저 사람은 평소에 말이 없는 사람이다. 말을 하면 반드시 이치에 맞게 한다."

공자가 민자건을 칭찬한 구절이다. 민자건의 우려는 이런 것이다. 창고를 고쳐 지으면 사람을 동원하여 힘들게 하고 공공의 재물도 축낼 수 있다. 따라서 가능하다면 예전에 쓰던 그대로 유지하는 것이 낫다는 의미이다.

14

공자가 말하였다.

"자로, 자네가 어찌 그런 거문고 곡조를 우리의 배움의 전당에서 치고 있는가?"

그러자 동문들이 자로를 존경하지 않게 되었다.

자신의 말을 잘못 알아듣고 제자들이 자로에 대해 뭔가를 오해하고 있는 듯하여 공자가 다시 말하였다.

"그 정도의 실력이면 자로의 학문은 당에 올라섰다. 아직 실에 들지 못했을 뿐이다."

자로가 거문고 타는 것을 듣고 화음이 잘 이루어지지 않음을 발견하고 공자가 이를 지적한 것인데, 제자들은 그가 형편없는 실력을 지닌 것으로 오해하였다. 이에 공자가 다시 자로의 장점을 들어 격려하였다. 집에 비유하면, 당은 대청마루이고 실은 내실, 즉 안방이다. 안방은 대청에 오른 다음 들어갈 수 있다. 대청마루에 오른 것만 해도 상당히 높은 수준의 학문에 이른 것이다. 대청마루에 오르면 안방에 들어가는 것은 시간문제이다. 공자는 자로가 당에 오른 정도의 실력을 지녔고 조만간 안방에 들어갈 수 있다고 평가한 듯하다.

15

자공이 물었다.

"자장과 자하 가운데 누가 더 현명합니까?"

공자가 말하였다.

"자장은 지나치고 자하는 미치지 못한다."

자공이 말하였다.

"그러면 자장이 더 현명합니까?"

공자가 말하였다.

"지나친 것은 미치지 못함과 같다."

중용의 철학을 강조하는 대목이다. 중용은 지나치지도 않고 모자라지도 않는 상황을 가리킨다. 이는 삶의 행위에서 적절함이나 균형으로 표현할 수도 있다. 어떤 일을 하건 항상 그 일이 순리대로 진행될 수 있도록 도에 따르는 것이다. 공자는 자장과 자하라는 두 제자의 평가를 통해 이를 다시 강조하였다.

16

임금을 무시하며 세도를 부렸던 노나라 대부 계강자는 그 당시 임금이나 어떤 귀족보다도 부자였다. 그런데 그 밑에서 일하던 공자의 제자 염유가 많은 세금을 거둬들여 계강자의 재물을 더욱 불려 주었다.

이에 화가 끝까지 치민 공자가 말하였다.

"도리에 어긋난 짓을 한 염유는 더 이상 나의 제자가 아니다! 제자들아, 북을 둥둥 울리고 가서 그의 잘못을 성토하는 것이 옳다!"

앞에서 언급했듯이, 염유는 정치에 밝은 인간이었다. 그러므로 인간의 도리나 덕을 구하는 데 소홀히 하면서 종종 정치가로서 수완을 발휘하였다. 공자는 제자들과 친근하게 지내며 그들을 사랑하였기에 엇길로 가는 제자라고 해서 함부로 버릴 수는 없었다. 이에 먼저 사람의 도리를 깨닫지 못한 제자 염유와 관계를 단절하는 극단의 조치를 취한 후, 다른 제자들이 염유의 행동을 바로잡아 주기를 기대하였다.

17

자고는 슬기롭지 못하여 어리석고, 증삼은 소박하고 털털하며, 자장은 치우쳐 외향적이고, 자로는 거칠고 속되다.

제자들에 대해 간단명료하게 한마디로 평하였다. 문자 그대로의 평가보다는 그 행간과 이면을 읽는 것이 중요하다. 자고는 지혜는 부족하나 매우 후덕한 사람이었다. 증삼은 늙어서 아주 늦게 도를 터득했는데 그만큼 돈독하고 성실하였다. 배움은 성실과 지속을 미덕으로 한다는 말이 여기에서 유래하였다. 자장은 언어 용모에 익숙하였고, 자로는 그만큼 강직하고 현실적이었다. 네 제자의 단점을 지적한 것처럼 보이지만 역설적으로 그들의 숨겨진 특성을 암시하는 대목이기도 하다.

18

공자가 말하였다.
"안회의 학문이 거의 도에 가까워졌다. 그런데 가난하여 자주 쌀통에 쌀이 없는 것이 애석하구나! 자공은 도를 굳게 지키고 살지 않으면서 재물을 불리고 축적하는데도 추측한 것이 자주 도리에 맞는구나!"

안회는 가난하였다. 하지만 관직을 탐하거나 재산을 모으기 위해 발버둥치지 않고 안빈낙도를 추구하였다. 자공은 안회와 달리 탁월한 지식과 재능으로 재화를 늘리는 것을 비롯하여 여러 가지 일을 잘 헤아려 많은 것을 취할 수 있었다. 공자의 제자로서 공통적인 부분은, 올바른 도리를 따르려는 마음을 잊지 않았다는 점이다.

19
제자 자장이 물었다.
"착한 사람의 길은 무엇입니까?"
공자가 말하였다.
"옛 성인의 발자취를 밟고 따르지 않으면 성인이 추구한 깊은 방에 들어가지 못한다."

여기서 '착한 사람'은 좋은 자질을 지니고 있으나 아직 배우지 못한 사람을 말한다. 그러니까 보통 사람으로 생각해도 무방하다. 성인의 발자취를 밟고 따르는 일은, 훌륭한 전통이나 지도자들의 언행을 배우는 작업이다. 현대적으로 이해한다면 인류의 위대한 문화유산을 성찰하는 일과도 통한다. 이는 인간이 배워야 할 내용이나 과정과 연관된다.

20
공자가 말하였다.

"어떤 사람이 있어 많은 사람들이 변론을 잘한다고 그를 추켜세운다고 해서, 과연 그가 훌륭한 사람일까? 내가 볼 때, 그는 말이나 잘하고 외모나 꾸미는 사람일 뿐이다."

이 장도 여러 가지 해석이 존재한다. 옛날에는 변론을 잘하고 교양이 있으며 외모를 꾸미는 일이 위의 장에 나오는 착한 사람의 조건이었다고 풀이한 경우도 있다. 그러나 그보다는 말을 잘하고 외모를 중시하는 사람, 즉 말솜씨 좋고 볼품 있는 사람이 진정으로 훌륭한 사람인지 고민해 볼 필요가 있다는 경계의 언표로 받아들이는 것이 좋다.

21

제자 자로가 물었다.
"좋은 말을 들으면 즉시 행해야 합니까?"
공자가 대답하였다.
"부모형제가 있는데 어찌 좋은 말을 들었다고 즉시 행할 수 있겠는가?"
제자 염유가 물었다.
"좋은 말을 들으면 즉시 행해야 합니까?"
공자가 대답하였다.
"들은 즉시 행해야 한다."
이런 대화를 지켜보던 제자 공서화가 물었다.
"자로가 '좋은 말을 들으면 즉시 행해야 합니까?'라고 물었을 때는 '부모형제가 있다.'라고 하고, 염유가 '좋은 말을 들으면 즉시 행해야 합니까?'라고 물었을 때는 '들은 즉시 행해야 한다.'라고 하니, 아주 헷갈립니다. 왜 그렇게 대답하셨는지요?"

그러자 공자가 말하였다.

"염유는 성품이 소극적이므로 적극적으로 나서라고 한 것이고, 자로는 다른 사람보다 훨씬 적극적이니까 한 발짝 뒤로 물러서게 한 것이다."

공자의 교육 방법이 잘 드러나는 대목이다. 공자는 때와 장소, 사람의 성향에 따라 적절하게 가르쳤다. 성품이 적극적인 사람은 행동을 자제하게 하고 소극적인 사람은 적극적으로 행동하도록 유도하였다.

22

공자가 위나라의 광 지역에서 포위되어 곤란을 당한 적이 있었는데, 안연이 뒤늦게 도착하였다.

이때 공자가 말하였다.

"나는 자네가 죽은 줄 알았다."

안연이 말하였다.

"선생님이 계신데 제가 어찌 함부로 죽겠습니까?"

앞의 제9편 「자한」 5에 광 지역의 사건이 자세히 나온다. 공자와 수제자 안연의 대화를 통해 사제 간의 정이 어떠해야 하는지 느낄 수 있다. 공자의 언표에는 사랑하는 제자에 대한 염려의 정이 넘쳐나고, 안연의 대답에는 죽음으로 스승의 은혜에 보답하려는 정성이 넘친다. 공자와 안연의 대화에는 짝을 잃고 헤어졌다가 만난 사람 사이의 걱정, 의리, 은혜, 반가움이 함께 녹아 있다.

23

임금을 무시하고 전횡을 일삼았던 계강자의 친척인 계자연이 물었다.
"당신의 제자인 자로나 염구는 장관급에 속하는 대신이라 할 수 있을까요?"
공자가 말하였다.
"나는 당신이 좀 색다른 질문을 할 줄 알았는데 고작 자로와 염구에 대해 묻는군요. 장관급에 속하는 대신은 바른 도리로 임금을 섬기고 그렇지 못하면 물러나는 사람을 말합니다. 지금 자로나 염구는 당신의 가신으로 볼 수 있겠지요? 가신의 숫자나 채우는."
계자연이 또 물었다.
"그렇다면, 주인이나 윗사람에게 순종하는 사람들입니까?"
공자가 말하였다.
"아비나 임금을 죽이려고 한다면, 하자는 대로 하지는 않을 것입니다."

계자연은 노나라의 무도한 실권자인 계씨의 친인척이다. 앞에서 자주 등장한 계장자의 집안사람이다. 일설에는 계환자의 동생이자 계강자의 삼촌이라고도 한다. 자로와 염유는 정치에 관심이 많았으므로 계씨 밑에서 일을 하였다. 공자의 대답에는 당시 임금을 무시하고 실권을 잡은 계씨 집안의 무도함을 꾸짖는 동시에 제자들도 더욱 굳은 깨달음을 얻기를 바라는 마음이 담겨 있다.

24

계씨의 가신이 된 자로가 자고를 비 지방의 지도자로 추천하였다. 그러자 공자가 말하였다.

"남의 집 자식을 망치게 하는구나."

자로가 말하였다.

"세상에는 국민을 다스리는 일을 하는 사람도 있고 나랏일을 하는 사람도 있습니다. 어찌 글을 읽어야만 학문하는 것이라고 하겠습니까?"

공자가 말하였다.

"자네가 이와 같은 말주변으로 변명을 하므로 내가 궤변만 늘어놓는 자를 미워하는 것이다."

자고는 자질은 좋은 사람이었지만 조그마한 지방 단체일지라도 정치 지도자가 되기에는 아직 학문이 부족하였다. 이에 공자가 지도자로서의 자질을 갖추지 못한 사람이 너무 일찍 지도자로 나서면 사람을 망치거나 해칠 수 있다고 충고하였다. 이에 자로가 할 말이 없어 이리저리 말을 돌려 가며 변명하자 공자가 그런 태도를 꾸짖은 대목이다.

25

제자인 자로와 증석, 염유와 공서화가 공자를 모시고 앉아 있을 때였다.

공자가 말하였다.

"내가 자네들보다 나이가 많다고 하여 어려워하지 마라. 자네들은 평소에 '나를 알아주는 사람이 없다.'라고 말하는데, 남들이 자네들을 알아주고 등용하면 어떻게 하겠는가?"

그러자 자로가 불쑥 나서며 말하였다.

"전차 1,000대 정도를 동원할 수 있는, 즉 제후가 다스리는 나라가 큰 나라 사이에 끼어 무력 침략을 당하고 거기에 흉년까지 겹쳤다고 생각해 보십시오. 이런 나라를 제가 나서서 다스리면 3년 안에 나라를 강성하게 만들고 국민들이 도덕 윤리를 갖추게 할 수 있습니다."

이 말을 듣자마자 공자가 빙그레 웃었다. 그리고 염유를 돌아보며 물었다.

"염유, 자네는 어떻게 하겠는가?"

염유가 대답하였다.

"사방 60, 70리 혹은 50, 60리쯤 되는 작은 나라를 제가 맡아 다스린다면, 3년 정도면 민생을 풍족하게 할 수 있습니다. 하지만 예악을 통해 사람을 교화하는 부분에서는 제가 모자라는 점이 많기 때문에 그에 익숙한 훌륭한 사람을 모실 것입니다."

특별한 반응 없이 공자는 공서적에게 똑같이 물었다.

"공서적, 자네는 어떻게 하겠는가?"

공서적이 대답하였다.

"제가 잘할 수 있는 것이 아니라 배우고 싶은 부분을 말씀드리겠습니다. 저는 예악에 뜻을 두고 있습니다. 그래서 종묘의 제사나 제후들이 회동할 때 예복을 입고 의식을 행하는 보좌관이 되고 싶습니다."

마찬가지로 별 반응 없이 공자가 증석에게도 똑같이 물었다.

"증석, 자네는 어떻게 하겠는가?"

곁에서 조용히 거문고를 타고 있던 증석은 텅하고 소리를 내며 연주를 멈춘 후, 거문고를 놓고 일어나서 대답하였다.

"저는 세 사람의 생각과 조금 다릅니다."

공자가 말하였다.

"무슨 상관이 있는가. 각자 자기의 뜻을 말한 것뿐이네."

그러자 증석이 말하였다.

"늦은 봄날에 봄옷이 마련되면 어른 대여섯 사람과 어린아이 예닐곱을 데리고 기수에서 목욕한 뒤, 기우제를 올리는 봉우리에 올라 바람을 쐬고 노래하며 돌아오겠습니다."

이 말을 듣고 공자가 크게 감탄하며 말하였다.

"나도 자네와 같은 생각이네."

자로와 염유, 공서화, 세 사람이 나가고 증석만이 남았다. 그리고 공자와 증석, 두 사람은 마주 앉아 다음과 같이 말을 주고받았다.

먼저, 증석이 물었다.

"세 사람의 말이 어떻습니까?"

공자가 대답하였다.

"각자의 뜻을 말했을 뿐이다."

증석이 물었다.

"그런데 선생님은 자로의 말을 듣고 왜 웃으셨습니까?"

공자가 대답하였다.

"나라를 다스리는 일은 예의를 갖추어서 신중하게 해야 하는데 불쑥 대답을 하기에 웃었지."

증석이 또 물었다.

"염유가 말한 것도 나라를 다스리겠다는 뜻 아닙니까?"

공자가 대답하였다.

"사방 60, 70리건 50, 60리건, 그 정도 규모라면 나라라고 보아야 하지 않겠는가."

증석이 물었다.

"그렇다면 공서화가 말한 것은 나라를 다스리는 일이 아닙니까?"

공자가 대답하였다.

"종묘의 제사나 회동하는 일이 어찌 제후의 일이 아니겠는가. 나라의 의식을 보좌하는 일을 공서화가 맡아 보고 싶다고 했는데, 이를 작은 일이라고 하면 누가 그보다 큰일을 보조한단 말인가?"

이 장은 『논어』에서 가장 긴 구절로 제자와의 대화를 통해 공자의 정신을 잘 드러내고 있다. 공자는 네 명의 제자들이 추구하는 뜻을 들은 후, 경솔하게 발언을 한 자로에 대해서는 그 잘못을 고쳐주고, 염유와 공서화 등 겸손미를 더한 제자들은 격려하며, 뜻이 높은 증석은 칭찬해 주었다.

당시 대부분의 지식인들은 정치인으로 등용되기를 꿈꾸었다. 이에 공자도 제자들의 의향을 넌지시 물어보았던 것 같다. 그러자 자로는 직설적으로 "3년이면 나라를 부강하게 만들 수 있다."고 큰소리를 쳤고 이에 공자가 웃었다. 왜냐하면 자로가 예악을 통한 덕치를 말하지 않고 부국강병만을 말했기 때문이다. 염유와 공서화도 정치를 하겠다고 했지만 그 태도가 자로에 비해 상대적으로 겸손하였다. 그러나 증석은 앞의 세 사람과 뜻이 달랐다. 즉, 현재는 정치를 할 때가 아니니 현실 정치에서 빗어나 덕을 쌓는 일에 매진하겠다는 의지를 밝혔다. 이에 공자가 감탄하고 증석의 생각에 힘을 실어 준 것이다.

제 12 편

안연

「안연」에는 올바른 정치의 방법, 지도자와 구성원 사이에 지켜야 할 예의, 부모와 자식 사이의 도리 등에 대한 학문과 덕행이 언급되어 있다. 공자는 제자들의 인품이 어떠한지 그 정도에 따라 자신의 평가를 달리한다. 모두 24개의 장으로 되어 있다.

1

제자 안연이 열린 마음을 지니고 사람 구실을 하는 방식에 대해 물었다.

그러자 공자가 다음과 같이 말하였다.

"개인의 이기적 탐욕을 극복하고 사회적 공공성을 회복하면 된다. 어느 날 개인의 사사로운 욕심을 극복하고 사회적 공공심을 회복하면 세상 자체가 아름다워진다. 이런 열린 마음의 실천은 자신에게 달려 있다. 절대 다른 사람에게 달린 문제가 아니다."

안연이 다시 물었다.

"더 자세하고 구체적으로 일러 주십시오."

공자가 말하였다.

"예가 아니면 보지도 마라. 예가 아니면 듣지도 마라. 예가 아니면 말하지도 마라. 예가 아니면 실천하지도 마라."

안연이 말하였다.

"제가 재빠르지는 않습니다만, 말씀대로 실천하겠습니다."

주자에 따르면, 이 장의 문답은 유학의 심법(心法)을 전수해 주는 주요한 대화이다. 열린 마음이나 사람 구실을 상징하는 '인'과 사회적 공공성을 중시하는 '예'가 인간의 삶에서 얼마나 중요한지 잘 보여 준다. '자기의 개인적 욕심을 조절하고 사회적 도덕을 회복한다'는 '극기복례'라는 말의 출처이기도 하다.

2

제자 중궁이 열린 마음이 어떠한 것인지 물었다.

공자가 말하였다.

"문밖에 나서서 사람을 만나면 귀한 손님을 뵙는 듯이 하고, 사람에게 어떤 일을 시킬 때는 큰 제사를 모시듯이 해야 한다. 내가 하고 싶지 않은 것을 남에게 강요하지 마라. 그래야 국가적 차원에서도 원망을 듣지 않고 집안의 차원에서도 원망을 듣지 않게 될 것이다."

중궁이 말하였다.

"제가 재빠르지는 않습니다만, 말씀대로 실천하겠습니다."

제6편 「옹야」 1에 나오듯이, 중궁은 염옹이다. 공자는 열린 마음의 기준을 '존경'과 '용서'에 두었다. 즉 내가 존경하는 마음을 간직하고 상대에게 용서하는 마음을 미치면, 이기적인 욕심이 자리할 곳이 없다. 그것은 자기 충실과 타자 배려에서 나온다. 사사로운 욕심이 무장해제 될

때 마음이 열리고 포용력이 생긴다.

3

제자 사마우가 열린 마음에 대해 물었다.
공자가 말하였다.
"열린 마음을 지닌 사람은 말을 함부로 하지 않고 신중하게 한다."
사마우가 다시 물었다.
"말을 신중하게 하는 것, 그것이 바로 열린 마음입니까?"
공자가 말하였다.
"열린 마음을 지니기는 정말 어렵다. 그러니까 말을 신중하게 할 수밖에 없다!"

사마우는 송나라 상퇴(환퇴)의 동생이다. 사마우는 말이 많고 조급한 성격을 지녔다. 이에 공자가 말을 할 때 가볍게 함부로 하지 말고 깊이 생각하도록 충고한 것이다. 말을 가볍게 하지 않는 것은 그만큼 참아서 신중히 한다는 뜻이다. '참을 인'자 세 개면 살인도 면한다는 속담도 있듯이, 열린 마음을 지니려면 다른 것에 대한 관심과 이해, 배려가 최고조에 달해야 한다.

4

사마우가 학행과 덕행을 겸비한 훌륭한 사람은 어떤 특징을 지니고 있는지 물었다.
공자가 말하였다.

"훌륭한 사람은 근심하지도 않고 두려워하지도 않는다."

사마우가 다시 물었다.

"근심하지도 않고 두려워하지도 않음, 그것이 바로 훌륭한 사람입니까?"

공자가 말하였다.

"속으로 살펴서 잘못이 없는데 무엇을 근심하며 무엇이 두렵겠는가?"

사마우는 형인 상퇴가 반란을 일으켰기 때문에 항상 근심하고 두려워하였다. 이에 공자가 제자 사마우를 수시로 위로해 주었다. 환퇴는 송나라 사람으로 사마 벼슬을 지냈고, 당시 임금인 경공에게 반란을 일으켰다. 하지만 경공이 그의 형 상소를 보내 반란을 무마했고, 결국 환퇴는 국외로 도망갔다. 제7편 「술이」 22에도 나오듯이, 환퇴는 공자를 죽이려고도 했던 인물이다.

5

사마우가 근심 가득한 얼굴로 말하였다.

"남들은 모두 형제가 있어 서로 사랑하고 도우며 잘사는데, 저만 형제가 없이 외롭게 살고 있는 것 같습니다!"

동문인 자하가 말하였다.

"저도 선생님께 들어서 잘 알고 있습니다. '생사 문제는 목숨에 달려 있고 부귀 문제는 하늘에 달려 있다.'라고 했습니다. 참다운 사람은 자신을 존중하며 도리를 잃지 않고, 남에게 공손하며 예의를 지킵니다. 이렇게 하면, 온 세상 사람이 모두 형제와 같습니다. 참다운 사람이 어찌 형제가 없음을 근심합니까?"

사마우에게는 5명의 형제가 있었다고 한다. 그러나 형제들이 악하여 서로 싸우기 일쑤였고, 그 때문에 나라 안이 떠들썩할 정도였다. 앞에서도 언급했지만, 형 환퇴는 반란을 일으켜 국외로 도망갔고 공자를 죽이려고까지 했다. 그러니 사마우는 일상에서도 걱정, 근심, 두려움이 늘 앞섰고 형제애가 그리웠을 것이다. 그래도 공자의 제자로서 예의와 도리를 잘 지켰기 때문에 스승과 동료들과 수시로 대화하면서 여러 차례 위로를 받았던 것 같다.

6

제자 자장이 총명함에 대해 물었다.
공자가 말하였다.
"물이 스며들 듯이 은근히 파고드는 모략이나 피부로 느껴질 듯이 간절한 하소연에 넘어가지 않아야 총명하다고 말할 수 있다. 또한 물이 스며들 듯이 은근히 파고드는 모략이나 피부로 느껴질 듯이 간절한 하소연에 넘어가지 않아야 멀리 내다본다고 말할 수 있다."

이 대목에서는 어떤 사람이 총명한지 그렇지 않은지를 판단하는 일종의 기준을 제시하고 있다. 총명한 사람은 남을 헐뜯고 욕하는 행위를 하거나 억울함을 호소하는 사람의 간절한 말을 듣고도 한 번 더 생각하는 냉정함을 잃지 않는다. 어떤 사람이 심하게 남을 비방하거나 억울함을 구구절절이 호소하는 경우, 일반적인 사람들은 그 내용을 자세히 들어 보지도 않고 동조하여 감정을 폭발하기 십상이다. 총명하다는 것은 눈앞의 현실보다는 멀리 내다보는 원시안으로 인간의 윤리 도덕과 시대정신을 파악하는 자세이다.

7

제자 자공이 정치에 대하여 물었다.

공자가 말하였다.

"식량을 풍족하게 마련하고, 국방을 튼튼하게 하며, 국민이 정부를 믿고 따를 수 있도록 하는 것이다."

자공이 더 구체적으로 물었다.

"부득이하게 이 셋 가운데 한 가지를 포기해야 할 상황이 발생한다면, 어느 것을 먼저 버려야 합니까?"

공자가 말하였다.

"군비를 감축해야 한다."

자공이 다시 캐물었다.

"부득이하게 나머지 둘 가운데 한 가지를 포기해야 할 상황이 발생한다면, 어느 것을 버려야 합니까?"

공자가 말하였다.

"식량을 충족하는 정책을 재고해야 한다. 자고로 사람은 예외없이 죽게 되어 있다. 하지만, 국민들에게 믿음을 주지 못하면 정부는 지탱할 수 없다."

정치를 할 때 민생과 국방, 국민의 신뢰 중에서 신뢰가 가장 중요함을 역설한 대목이다. 경제가 활력을 찾고 국민들이 서로 믿고 존중하면 군대가 없어도 나라를 굳게 지킬 수 있다는 의미이다. 사람은 양식이 없으면 궁극적으로는 죽게 된다. 양식이 풍족하건 그렇지 않건, 모든 사람은 죽음을 피할 수 없다. 하지만 신뢰가 없으면 산다고 하더라도 자립할 수 없기 때문에, 죽어 편하게 지내는 것만 못하다. 죽을지언정 국민들의 신뢰를 잃지 않아야 진정한 정치가라고 할 수 있다.

8

위나라 대부인 극자성이 말하였다.

"참된 사람은 바탕이 되는 본질을 중시하면 그만이다. 형식적으로 외형을 꾸며서 무엇하겠는가?"

이를 듣고 있던 자공이 말하였다.

"안타깝습니다. 사람에 대한 당신의 평가 기준은 문제가 있는 것 같습니다. 아무리 빨리 달리는 사두마차도 한 번 내뱉은 실언을 뒤쫓아 갈 수 없습니다."

다시 자공이 강조하며 말하였다.

"세련미를 더하는 무늬가 소박한 바탕이고 바탕이 무늬입니다. 그렇다고 해서 그 차이를 인정하지 않는다면, 털을 제거한 호랑이나 표범의 가죽이 털을 제거한 개나 양의 가죽과 마찬가지라고 하는 격입니다."

당시의 사람들은 바탕이나 본질을 중시하고 잘 다듬어 꾸민 것을 싫어하였다. 극자성은 나름대로 당시의 풍조에 대해 합리적인 차원을 고민했으나 자공이 이를 비판하였다. 그렇다고 해서 자공의 말이 전적으로 옳은 것도 아니다. 극자성은 극단적으로 표현하였고, 자공은 바탕과 무늬 중 어느 것이 소중한지 경중의 차이를 두지 못하였다.

9

노나라 애공이 유약에게 물었다.
"흉년이 들어 국가 재정이 부족한데 어떻게 하면 좋겠습니까?"
유약이 대답하였다.
"왜 10분의 1을 받는 세법을 쓰지 않으십니까?"
이에 애공이 말하였다.
"10분의 2를 받는 세법으로도 모자라는데 어떻게 1/10을 받는 세법을 쓰겠습니까?"
그러자 유약이 말하였다.
"백성들이 넉넉하게 잘사는데 어떻게 임금이 쪼들리는 생활을 할 수 있겠습니까? 백성이 쪼들리는 생활을 하는데 어떻게 임금이 넉넉할 수 있겠습니까?"

유약은 공자의 제자로, 제1편 「학이」 2에 등장하는 유자이다. 애공은 세금을 더 거두어 국가 재정을 풍족하게 만들려고 하고, 유약은 세금을 덜 거두라고 충고하는 듯하다. 논의의 핵심은 유약이 서민 생활의 안정과 활성화를 고려하여 임금의 사치와 낭비를 염려한 것이다.

10

자장이 도덕성을 높이고 의혹을 분별하는 방법에 대하여 물었다.

공자가 말하였다.

"충실과 신뢰를 소중하게 생각하고 도의를 실천하는 일이 도덕성을 높이는 것이다. 내가 사랑하고 좋아하면 그가 살기를 바라고, 내가 미워하고 싫어하면 그가 죽기를 바란다. 살기를 바랐다가 또 죽기를 바라는 것처럼 오락가락하는 것이 의혹이다. 옛 시에서도 '진정으로 부유해지지도 못하면서, 다른 사람에게 의혹만 받을 뿐.'이라고 하였다."

도덕성은 본분에 대한 충실과 타자와의 신뢰를 통해 확립될 수 있다. 그것은 윤리적으로 공생, 공존, 공영의 미덕으로 발전한다. 반면에 의혹은 이랬다저랬다 오락가락하는 심리 상태의 반영이다. 특히, 정치지도자가 서민 생활의 안정을 위해 세금을 줄였다가 자신의 필요에 의해 세금을 무겁게 매기는 경우 국민들은 헷갈리게 된다. 그렇다고 해서 지도자 자신이 잘살게 되는 것도 아니고 의혹의 눈총만 받을 수 있다.

11

제나라 경공이 공자에게 정치에 대하여 물었다.

공자가 다음과 같이 대답하였다.

"임금은 임금다워야 하고, 신하는 신하다워야 하며, 부모는 부모다워야 하고, 자식은 자식다워야 합니다."

그러자 경공이 말하였다.

"좋은 말씀입니다. 정말이지, 임금이 임금답지 않고, 신하가 신하답지 않으며, 부모가 부모답지 않고, 자식이 자식답지 않으면, 창고에 곡식이 가득한들 내가 어찌 먹을 수 있겠습니까?"

사마천의 『사기』에 따르면, 제나라는 태공망 여상이 봉해진 나라이다. 경공은 그 제나라 8대 임금이다. 경공은 어리석고 무능하였지만 현명한 재상이었던 안녕의 도움을 받아 임금 자리를 유지할 수 있었다. 공자는 경공을 두 번 만나 조언을 했으나, 아무리 좋은 말을 해 주어도 실제로 응용하여 실천하지 못했다고 한다.

12

공자가 말하였다.

"한 마디 짧은 말로써 재판에서 판결을 내릴 수 있는 사람은 자로밖에 없을 것이다. 자로는 승낙한 것을 미루는 일이 없었다."

자로의 결단력과 현명한 판단력을 기록한 구절이다. 자로는 빈천했으나 기질이 용맹하고 성급하였으며, 남달리 강직하고 의리를 지킨 사람이었다. 그런 자로가 한 마디 말로 송사를 결단하는 것은 그만큼 말보다 신뢰가 있었기 때문이다. 한 번 승낙한 것을 미루지 않는 것도 자로의 성격과 연관된다. '한 마디 짧은 말'은 두 가지 해석이 있다. 하나는 말 그대로 '한 마디'이고, 다른 하나는 '원고나 피고 어느 한쪽의 말만 듣는다'는 의미이다. 어떤 의미로 쓰건 짧은 한 마디에 진실이 담겨 있고, 그것을 자로가 현명하게 적용하였다.

13

공자가 말하였다.

"송사를 듣고 재판하는 것은 나도 남들과 마찬가지다. 하지만 나는 반드시 송사 자체를 없게 하려고 한다."

위의 장에서 자로는 짧은 말 한 마디로 재판을 처리하였다. 문제는 모든 사안을 법으로만 처리할 수는 없다는 점이다. 예의와 도덕을 바로 세워 사람살이의 근본을 바르게 하고 서로 배려하면 송사는 없어질 것이다. 공자는 송사를 통해 문제를 해결하기보다는 송사를 하지 않고 문제를 해결하는 것이 더 아름답고 소중하다는 견해를 가지고 있었다.

14

자장이 정치에 대하여 물었다.
공자가 말하였다.
"공무원으로 관직에 있으면 절대 게을러서는 안 된다. 모든 일을 할 때 충실하게 진심으로 일해야 한다."

자장은 진나라의 천민 출신으로 공자보다 마흔여덟이나 어렸다. 하지만 외모가 당당하고 기상이 넘쳐흘렀다고 한다. 그만큼 활동력이 왕성하다 보니 자칫하면 성실하지 못하고 근엄하지 못한 모습을 보여 주기 쉬웠다. 그러므로 제11편 「선지」 16에서, "자장은 지나치다."라고 공자가 평가한 바 있다. 이런 자장에게 정치가나 공직자로서의 자세를 일러 준 것이다.

15

공자가 말하였다.

"널리 글을 배우되 예법으로 몸단속을 한다. 그러므로 사람이 살아가는 도리에 어긋나는 일이 좀처럼 없다."

제6편 「옹야」 25와 제9편 「자한」 10에 같은 내용의 구절이 있다. 학문을 하는 이유는 예의를 실천하기 위함이다. 예의를 몸에 갖추어야 비로소 사람 구실을 할 수 있고 인간의 도리를 행할 수 있다. 그런 점에서 학문은 예의의 전제 조건이다.

16

공자가 말하였다.
"훌륭한 사람은 다른 사람의 장점을 살리고 키워 주며 다른 사람의 단점을 고쳐 준다. 반면에 속 좁은 조무래기들은 이와 반대되는 짓을 저지른다."

훌륭한 사람은 착하고 열린 마음으로 다른 사람을 아끼고 사랑하며 더불어 살아가려고 노력한다. 그러나 조무래기 소인배들은 이기심과 탐욕으로 가득하여 다른 사람을 누르고 혼자만 잘살려고 발버둥 친다. 그렇기 때문에 남이 잘되는 꼴을 보지 못하고 끌어내리는 데 혈안이 되어 있다. 장점은 짓밟아 뭉개고 단점은 끄집어내어 여기저기 소문을 낸다.

17

노나라의 무도한 대부인 계강자가 공자에게 정치에 대해 물었다.
공자가 대답하였다.

"정치란 '바르게 한다'는 뜻입니다. 당신이 앞장서서 바르게 하면 누가 감히 바르게 하지 않을 수 있겠습니까?"

앞에서도 여러 번 나왔지만, 계강자는 임금을 무시하고 권세를 부린 계손씨 집안의 주인이다. 계강자 자신이 이미 무도한 인간이므로, 공자가 다른 말 할 것 없이 당신 자신부터 똑바로 하라고 일침을 가하였다. 이러한 충고에도 불구하고 계강자는 개인적 이익과 탐욕에 빠져 바르게 되지 못하였다.

18

계강자가 도둑이 많은 것을 근심하여 공자에게 그 대책을 물었다. 공자가 대답하였다
"우선, 당신 스스로 탐욕을 부리지 마십시오. 그러면 상을 준다고 해도 도둑질할 사람이 없을 것입니다."

『춘추좌전』 애공 3년에 계강자가 적자의 자리를 도둑질한 기사가 보인다. 당시 계손씨 집안의 주군은 계환자였다. 계환자는 병을 앓고 있었고 총애하는 신하인 정상에게 자신의 후계자를 부탁하였다. 계환자의 처인 남유자가 아들을 낳거든 자신의 뒤를 잇게 하고, 딸을 낳으면 할 수 없이 계강자에게 자리를 물려주라고 하였다. 그러나 계강자는 계환자가 죽자 즉시 주군의 자리에 올랐다. 나중에 남유자가 아들을 낳았는데도 자리를 내주지 않고 자객을 시켜 계환자의 아들을 살해하였다. 명색이 주군인 계강자가 이런 끔찍한 짓을 저질렀는데, 일반 사람들이 도

둑질을 안 하겠는가? 이에 공자가 본인 스스로 똑바로 하라고 충고한 것이다.

19

계강자가 정치에 대해 물으면서 공자에게 말하였다.

"무도한 자를 사형에 처하고 백성들이 올바른 도리에 나아가게 한다면 어떻습니까?"

이에 공자가 대답하였다.

"당신은 정치를 한다고 하면서 어찌 살인을 하려고 합니까? 당신이 착하고자 하면 백성들도 착하게 됩니다. 훌륭한 사람의 도덕성은 바람과 같고 보통 사람들의 도덕성은 풀과 같습니다. 풀은 바람이 불면 반드시 바람이 부는 대로 쏠리기 마련입니다."

일반 서민들은 정치지도자를 보고 배운다. 반드시 그렇지는 않을지라도 윗사람이 착하면 아랫사람도 그것을 본받아 착해질 가능성이 높다. 그런데 악덕한 정치지도자인 계강자가 '무도한 사람을 사형시키면서 적절하게 변해 가는 모습을 보여 주면 백성이 따를 것 아니냐.'라고 당당하게 말하자 공자가 바람과 풀을 비유로 핀잔을 준 대목이다.

20

자장이 물었다.

"하급 관리인 공직자들이 어떻게 해야 통달한다고 말할 수 있을는지요?"

공자가 말하였다.

"자네가 말하는 통달이 무슨 뜻인가?"

자장이 대답하였다.

"제후가 다스리는 나라에서도 명성을 떨치고, 경·대부가 다스리는 가문에서도 명성을 드날리는 것입니다."

이에 공자가 말하였다.

"그것은 명성을 드날린 것이지 통달이 아니다. 통달이라는 것은 성품이 소박하고 강직하고 정의를 사랑하며, 남의 말을 깊이 살피고 얼굴빛을 관찰하여, 신중한 태도로 항상 자신을 낮추는 일이다. 그래야 나라에서도 통달하고 가문에서도 통달할 수 있다. 명성을 드날린다는 것은 겉으로는 열린 마음을 지닌 것처럼 하되 실제 행실은 그것에 어긋나는 짓을 하며, 그렇게 처신하면서도 의아하게 여기지 않는 것을 말한다. 이런 사람들이 나라에서도 명성을 떨치고 가문에서도 명성을 드날린다."

자장은 여러 측면에서 장점을 지니고 있었지만 실천에 힘쓰지 않는 것이 그의 최대 결점이었다. 특히 정치지도자와 서민들의 연결 고리 역할을 하던 하급 관리에 대해 잘못 이해하고 있는 듯하다. 자장은 통달을 겉으로 이름나고 이득을 얻는 것, 다시 말해 명성을 떨치는 것이 성취라고 착각하고 있었다. 이에 공자가 통달과 명성의 차이를 적시하여, 통달은 도덕성이 세상에 미치는 것임을 분명하게 일러 주었다.

21

번지가 공자를 따라 기우제를 지내는 제단 아래에서 바람을 쐬며 노닐다가 말하였다.

"선생님, 도덕성을 높이고, 나쁘게 마음먹은 것을 바로잡으며, 의혹을 분별하고 바르게 판단하는 방법이 있는지요?"

공자가 말하였다.

"좋은 질문이다. 나에게 맡겨진 일을 먼저 하고 그 대가는 나중에 바라는 것이 도덕성을 높이는 일이 아니겠는가? 자신의 나쁜 점을 스스로 다스리고 다른 사람의 나쁜 점을 탓하지 않는 것이 나쁘게 마음먹은 것을 바로잡는 길이 아니겠는가? 순간적인 분노를 참지 못해 자기 몸을 돌보지 않고 남과 싸우고 그 화가 부모에게 미치게 하는 것이 의혹이 아니겠는가?"

번지는 공자의 제자 가운데 학문과 수양의 측면에서 부족한 부분이 많은 사람으로 묘사된다. 노나라 애공 11년에 제나라가 노나라를 침공했는데, 이때 염유의 명령에 따라 어린 번지가 전차를 몰고 참가하여 승리를 거두었다고 전한다. 그 후 공자가 노나라로 돌아오자 공자의 제자가 되었고 공자의 수레를 몰기도 했다. 공자는 번지의 지식수준을 알기에 늘 그 수준에 맞게 쉽고 간단하게 대답해 주었다.

22

번지가 열린 마음이 무엇인지에 대해 물었다.

공자가 간단하게 말해 주었다.

"사람을 아끼고 사랑하는 일이다."

번지가 다시 앎이 무엇인지에 대해 물었다.

공자가 또 간단하게 말해 주었다.

"사람을 알아보는 일이다."

이렇게 쉽고 간단하게 설명해 주었건만, 번지는 무슨 말인지 그 뜻을 깨닫지 못하였다.

공자가 다시 말하였다.

"정직한 사람을 등용하여 부정을 저지르는 사람들 위에 앉히면, 부정을 저지르는 사람들도 정직한 사람으로 바뀔 수 있다."

번지가 물러나 자하에게 말하였다.

"지난번에 제가 선생님을 뵙고 앎에 대해 물었는데, 선생님께서 '정직한 사람을 등용하여 부정을 저지르는 사람들 위에 앉히면, 부정을 저지르는 사람들도 정직한 사람으로 바뀔 수 있다.'라고 하셨습니다. 이것이 무슨 뜻입니까?"

자하가 말하였다.

"그 말씀은 참으로 풍부한 뜻을 지니고 있습니다. 순임금이 세상을 다스리게 되자 여러 사람들 중에서 현명한 신하인 고요를 등용했습니다. 그러자 무도하고 악한 무리들이 자취를 감추었습니다. 은나라를 세운 탕 임금이 세상을 다스리게 되자 여러 사람 중에서 현명한 신하인 이윤을 등용했습니다. 그러자 무도하고 악한 무리들이 자취를 감추었습니다."

스승 공자의 가르침에 대해 번지 스스로 자신의 이해력이 떨어진다는 사실을 인식하고 있었던 것 같다. 그러니까 선생님 앞에서 물러나 다시 동문수학하고 있던 자하에게 물어 깨우치려고 애쓰는 모습을 볼 수 있다. 먼저 스승에게 묻고 다시 동료 학우에게 물어 분명하게 알려는 태도가 돋보인다.

23

자하가 벗을 사귀는 도리에 대해 물었다.
공자가 말하였다.
"충고를 통해 잘 인도해 주되 충고를 듣지 않으면 그만두어라. 지나치게 충고하여 욕을 보는 일은 없어야 한다."

친구 사이의 기본 예의를 일러 주는 대목이다. 벗은 나를 비춰볼 수 있는 거울이다. 벗과 벗 사이의 사귐을 통해 서로의 도덕성과 지혜를 북돋아 줄 수 있기 때문에 성심성의껏 충고하고 설득하며 인도해 주어야 한다. 그러나 아무리 좋은 말일지라도 상대가 듣지 않으면 그만두어야 한다. 충고를 거듭하여 지나치게 해서 오히려 나 자신이 소외되고 욕을 보는 경우가 있다.

24

공자가 말하였다.
"교양 있는 사람은 글로써 벗을 사귀고 친교를 통해 열린 마음으로 서로의 도덕성을 높인다."

여기에서의 벗은 단순하게 희희낙락하면서 어울려 노는 벗이 아니라 학문에 정진하고 도덕 윤리를 갈고 닦으며 서로를 보듬어 줄 수 있는 인격적 존재이다. 벗들과 함께하는 공동체는 학문과 도덕으로 서로를 격려하며 수양을 촉진하는 지성의 요람이다.

제13편

자로

「자로」는 착한 사람이나 정치지도자가 나라를 다스리는 훌륭한 정치와 교화의 바탕이 되는 효도와 공경에 관한 글이 주를 이룬다. 전반부에는 정치적 문답이, 후반부에는 정치에 참여하는 관리들이 지켜야 할 도리에 관한 글이 많다. 모두 30개의 장으로 되어 있다.

1

자로가 정치에 대해 묻자 공자가 말하였다.
"정치지도자 본인이 앞장서서 일하고 몸소 수고해야 한다."
자로가 "더 자세히 말씀해 주십시오."라고 하자, 공자가 말하였다.
"자기가 맡은 직무를 게을리하지 마라!"

여기에서는 정치를 비롯한 모든 일에서 지도자의 솔선수범과 노력을 주문하고 있다. 특히, 자신의 본분과 역할을 충실히 이행하면서 싫증을 내거나 게으름을 피우지 말라는 프로 정신이 담겨 있다.

2

중궁이 계강자의 측근이 되어 공자에게 정치에 대해 물었다.
공자가 말하였다.

"먼저, 일을 담당한 사람에게 일처리를 하게 하라. 조그마한 잘못은 관대하게 용서해 주고 현명한 인재를 등용해야 한다."

중궁이 다시 물었다.

"어떻게 현명한 인재인지를 알고 그를 등용합니까?"

공자가 말하였다.

"자네가 잘 아는 현명한 인재를 먼저 등용하면, 자네가 모르는 현명한 인재를 다른 사람들이 내버려 두겠는가!"

중궁은 공자의 제자 염옹이다. 그는 높은 도덕성은 갖추었으나 말재주가 없었다. 공자가 추천하여 계강자의 가신이 되었고, 모든 가신을 총괄하는 자리에까지 올랐다. 높은 자리에 올라 정치를 해야 하는데, 현명한 인재를 어떻게 발굴해야 하는지 방법을 잘 몰라 공자에게 자문을 구하는 장면이다.

3

자로가 물었다.

"위나라 임금이 선생님을 모셔다가 정치를 맡기면 선생님께서는 제일 먼저 무엇을 하시겠습니까?"

공자가 말하였다.

"반드시 명분을 바로잡을 것이다."

자로가 좀 의아하게 생각하며 말하였다.

"그럴 필요가 있을까요? 선생님께서는 현실을 제대로 파악하지 못하신 것 같습니다. 당장 할 일도 많은데 왜 먼저 명분을 바로잡으려고 하십니까?

공자가 말하였다.

"자로 자네, 참으로 무식하고 무례하구만! 정치지도자는 자기가 모르는 일에 대해서는 입을 다물고 있어야 하네. 명분이 바로 서지 않으면 말이 순리대로 통하지 않고, 말이 순리대로 통하지 않으면 일이 이루어지지 않지. 일이 이루어지지 않으면 예악이 흥성하지 않고, 예악이 흥성하지 않으면 형벌이 알맞지 않으며, 형벌이 알맞지 않으면 백성들이 어떻게 행동해야 할지 모르게 된다네. 그러므로 정치지도자는 명분을 세우고 반드시 그것을 말로 할 수 있게 해야 한다네. 또한 말한 것은 반드시 실천할 수 있게 해야 하지. 정치지도자는 말로 표현하거나 명분을 밝힐 때 조금도 소홀하지 않고 엄정해야 한다네."

앞에서도 언급한 것처럼, 자로는 용감하고 의리를 잘 지키는 강직한 성격의 소유자이다. 자로는 당시 위나라 출공 첩 아래에서 관직 생활을 하고 있었다. 첩은 자기의 아버지 괴외를 배척한 불효자식이었다. 임금이 되어서는 안 되는 존재가 임금이 된 것이다. 따라서 자로가 그런 위나라에서 정치를 한다고 가정했을 때, 공자는 최우선 과제로 명분을 바로잡는 일을 들었다. 한편, 자로는 첩을 섬기는 것이 의리가 아닌 줄은 모르고 난리를 피하지 않는 것이 의리인 줄로만 알다가 난리에 휩싸여 죽게 된다.

4

번지가 공자에게 "농사짓는 법을 배우고 싶습니다."라고 하였다.

그러자 공자가 말하였다.

"나는 늙은 농부만 못하다."

번지가 다시 "채소밭 가꾸는 법을 배우고 싶습니다."라고 하였다.

공자가 말하였다.

"나는 늙은 채소장이만 못합니다."

번지가 나간 다음에 공자가 말하였다.

"번지는 참으로 서민처럼 촌스럽구나! 지도자가 예를 좋아하면 서민들이 그를 공경하지 않을 리 없다. 지도자가 도의를 잘 지키면 서민들이 복종하지 않을 리 없다. 지도자가 신의를 잘 지키면 서민들이 성실하지 않을 리 없다. 이렇게 되면 세상 사람들이 어린 자식을 강보에 싸 업고 몰려들 것인데, 왜 정치지도자가 농사짓는 법을 배우려고 하는가?"

앞에서도 언급했듯이, 번지는 공자 제자 중에서 학문이나 지식이 상대적으로 부족한 사람이었다. 공자의 가르침은 주로 훌륭하고 교양 있는 사람, 이른바 정치지도자를 양성하는 내용인데, 번지가 곡물이나 채소 농사를 짓는 법에 대한 질문을 하자 공자는 좀 당황한 듯하다. 그래서 번지에게 지도자 수업의 본질이 서민을 구제하는 데 있음을 일러 주었다. 주의할 것은 공자는 결코 농사를 경시한 것이 아니라는 사실이다. 단지 지도자의 본분에 맞는, 농사보다 중요한 것을 강조했을 뿐이다.

5

공자가 말하였다.

"『시경』에 실려 있는 시 300편을 모조리 외우더라도, 정치를 맡겼을 때 제대로 처리하지 못하고 다른 나라에 외교관으로 나가서 혼자서 응대하지 못한다면, 아무리 많은 시를 안다 한들 무슨 소용이 있겠는가?"

『시경』은 크게 풍, 아, 송 등 세 가지 내용을 담고 있다. 풍을 통해 서민들의 삶의 애환을 살펴볼 수 있고, 아를 통해 정치적 행사를 알 수 있으며, 송을 통해 나라를 창건한 선조들의 공덕을 알 수 있다. 그러므로 시를 알면 정치의 도리에 통달하고 말을 잘하게 된다고 한다. 그런데 시를 암송하기만 하고 실제 정치에서 제대로 적용하지 못하면 의미가 작아진다. 이른바 이론과 실제의 통일이 중요하다는 의미와 통한다.

6

공자가 말하였다.

"지도자 자신이 바르면 법령이나 명령을 내리지 않아도 모든 일이 행해지고, 지도자 자신이 바르지 못하면 설사 호령을 한다고 해도 서민들이 따르지 않는다."

앞에서 말한 정치는 바르게 하는 일이라는 원리를 더 분명하게 드러내는 대목이다. 정치지도자의 언행과 몸가짐, 역할과 태도가 서민들에게 정치적 행복감을 더해 주는 핵심 요소임을 확인할 수 있다.

7

공자가 말하였다.
"노나라와 위나라의 정치는 형제간처럼 유사하다."

이 구절은 역사적으로 살펴볼 필요가 있다. 노나라의 시조는 주공이고 위나라의 시조는 강숙이다. 주공과 강숙은 모두 문왕의 아들이자 무왕의 동생이다. 그러므로 두 나라는 형제가 세운 나라로 밀접한 혈연관계에 있었다. 하지만 공자가 살던 시대에 이르러 두 나라는 모두 국력이 쇠퇴하였고 정치가 문란하였다. 노나라는 삼환씨가 득세하여 권력을 누렸고, 위나라에서는 괴외와 그 아들 첩이 왕위 다툼을 하였다. 이에 공자가 본래 형제 나라였던 것을 생각하며 현재의 혼란한 정치 상황을 개탄한 것이다.

8

공자가 위나라의 대부인 공자형을 다음과 같이 높이 평가하였다.
"그는 집안의 살림을 잘 챙겼다. 처음 재물이 생기자 '조촐하지만 어느 정도 쓸 수 있겠다.'라고 말하였다. 그 후 재물이 좀 더 늘어나자 '이만하면 어느 정도 갖추어졌다.'라고 말하였다. 재물이 많이 늘어나 넉넉하게 된 후에는 '이제야 집안 살림이 아름답게 되었다.'라고 말하였다."

공자형이 삶을 대하는 태도는 순서에 따라 절도 있게 했다는 데 그 장점이 있다. 한꺼번에 모든 것을 갖추려고 하면 재물에 얽매여 교만해

지거나 인색해지기 쉽다. 공자형은 절약하고 검소하며 만족할 줄 아는 마음을 지녔기에 공자가 칭찬한 것이다.

9

공자가 위나라에 갈 때 염유가 수레를 몰았다.
그러자 공자가 말하였다.
"아, 사람들이 많구나!"
염유가 물었다.
"이렇게 사람들이 많은데 무엇을 해 주어야 합니까?"
공자가 말하였다.
"서민들을 부유하게 만들어야 한다."
염유가 또 물었다.
"서민들이 부유하게 된 다음에는 무엇을 더 해 주어야 합니까?"
공자가 말하였다.
"서민들을 교화해야 한다."

인구 증가와 경제적 부의 창출, 교육의 문제를 구체적으로 지적한 장이다. 유학의 경제 및 교육의 논리는 다음과 같다. 인구수가 아무리 많아도 부유하지 않으면 민생이 이루어지지 않는다. 그러므로 서민을 위한 정책을 바르게 하고 세금을 감면하여 서민을 잘살게 해야 한다. 경제적으로 부유하게 되었더라도 제대로 가르치지 않으면 짐승에 가까워지므로 반드시 서민을 교육하여 예의 있는 사회를 만들어야 한다. 이처럼 경제는 교육의 기초이고 교육은 사회를 지속하는 근원적 힘이다.

10

공자가 말하였다.

"어떤 지도자가 나를 등용해 준다면, 1년이면 나라를 바로잡는 등의 웬만한 성과를 낼 것이고, 3년이면 부강한 나라를 만들 정도의 치적을 이룰 수 있을 것이다."

주자는 『사기』를 인용하여 이 구절을 다음과 같이 이해하였다. 공자는 천하주유를 할 때 항상 위나라를 중심으로 왔다 갔다 하였다. 그런데 위나라 영공이 공자를 등용하지 못하자 공자가 약간 화난 심경으로 이렇게 말한 것으로 보았다.

11

공자가 말하였다.

"'착한 사람이 100년 동안 나라를 다스리면 잔인하고 포악한 자들을 억누르고 살인을 막아 형벌을 쓰지 않아도 된다.'라고 했는데, 참으로 옳은 말이다."

역사적으로 볼 때, 선과 악은 시간이 지나면 반드시 나타난다. 국가의 흥망성쇠도 선한 정치를 행하느냐 악한 정치를 행하느냐에 따라 좌우된다. 그 기간은 최소한 3대, 100년이 지속적으로 이어질 때 징조를 보인다고 한다. 이런 배경과 연관되는 표현이 다음과 같은 것들이다. 『주역』의 곤괘 문언전에 '선을 쌓은 가문은 반드시 경사가 따르고 악을 쌓은 가문에는 반드시 재앙이 따른다.'라고 했고, 『순자』「유좌」에 '선을 행한 사람에게는 하늘이 복으로 보답하고 악을 행한 사람은 하늘이 화로 갚아 준다.'라는 말이 있다.

12

공자가 말하였다.
"천명을 받은 왕자가 다스리면, 반드시 30년 후에는 공평무사한 아름다운 나라가 된다."

천명을 받은 왕자는 덕망을 갖춘 최고지도자의 등장을 뜻한다. 그런 훌륭한 지도자가 30년 동안 국가를 통치했을 때, 경제적으로 부유해지고 교육적으로 예악이 갖춰지며 사회문화적 차원의 도덕 질서가 잡힌 나라가 될 수 있다는 의미이다. 그러므로 유학에서는 최고지도자의 정통성과 도덕성이 늘 논쟁거리였다.

13

공자가 말하였다.
"지도자가 몸가짐을 바르게 하면 정치에 무슨 어려움이 있겠는가? 지도자가 몸가짐을 바르게 하지 못하면 어찌 다른 사람의 언행을 바르게 할 수 있겠는가?"

나라를 다스리는 지도자에게 무엇보다도 자신의 몸가짐을 바르게 할 것을 요구하고 있다. 지도자가 갖추어야 할 자질을 지도성, 혹은 리더십이라고 한다. 유학에서 요구하는 지도자는 기본적으로 자신의 수양을 전제로 서민을 다스려야 한다. 몸가짐을 바르게 하는 것은 지도자로서의 덕, 윤리, 지식 등을 두루 갖추는, 일종의 지도자 수업이다.

14

염유가 조정에서 조금 늦게 퇴근하였다.
그러자 공자가 물었다.
"자네, 오늘은 어찌하여 이렇게 늦었는가?"
염유가 대답하였다.
"정치적인 문제가 있어 논의하느라 그랬습니다."
공자가 말하였다.
"정치적인 문제라고 하는 것이 계씨의 개인적인 일 아닌가? 나라의 정치적인 일이라면 내가 등용되지는 않았지만 나도 참여하여 들었을 것이다."

염유가 조정에 근무할 때 그는 노나라의 권세를 전횡하고 있던 계씨의 가신이었다. 그러므로 염유가 늦게까지 공적인 일을 보았다고는 하지만, 공자가 볼 때, 이는 분명 계씨의 개인적인 일을 논의한 것으로 추측되었으리라. 당시의 관례는 독특하였는데, 대부 이상이 되면 직책을 맡고 있지 않아도 나라의 정치에 참여할 수 있었다. 공자도 일찍이 대부가 되었기 때문에 참여할 수 있었다. 그런데 염유가 사사로이 계씨의 일을 봐주자 명분을 바르게 하고 계씨의 전횡을 억제하기 위해 염유를 꾸짖었다고 판단된다.

15

노나라의 정공이 물었다.

"한마디로 나라를 번영하게 할 수 있는 그런 말이 있습니까?"

공자가 대답하였다.

"말이란 것이 원래 그렇게 기약할 수 있는 것이 아닙니다. 사람들이 전하는 말 가운데 '임금 노릇하기도 어렵고 신하 노릇하기도 쉽지 않다.'라는 말이 있습니다. 임금 노릇하기가 얼마나 어려운지를 안다면 이 한마디 말로 나라의 번영을 기대할 수 있지 않겠습니까?

노나라의 정공이 또 물었다.

"한마디로 나라를 잃게 할 수 있는 그런 말이 있습니까?"

공자가 대답하였다.

"말이란 것이 원래 그렇게 기약할 수 있는 것이 아닙니다. 사람들이 전하는 말 가운데 '나는 임금된 것을 즐거워하지 않지만, 말을 하면 어느 누구도 나의 말을 어기지 못하는 것이 즐거울 뿐이다.'라는 말이 있습니다. 임금의 말이 좋은 것이어서 아무도 어기지 못한다면, 좋은 것이 아니겠습니까? 그러나 임금의 말이 좋지 못한데 아무도 어기지 못한다면, 이 한마디 말로 나라를 잃을 것이라고 기대할 수 있지 않겠습니까?

국가의 흥망성쇠를 한마디 말로 예측하거나 기대하거나 재단하기는 어렵다. 하지만 최고지도자가 어떤 자세와 태도를 취하는지, 어떤 마음가짐으로 정치에 임하는지, 그 상황에 따라 어느 정도 추측할 수는 있다.

16

초나라의 대부인 섭공이 정치에 대해 물었다.

공자가 말하였다.

"가까이 있는 사람들이 기뻐하면 따르고, 멀리 있는 사람들이 지도자의 도덕성을 보고 몰려오도록 하는 것입니다."

정치를 제대로 하려면 지도자는 최선의 은덕을 베풀어야 한다. 그리하여 서민들이 마음으로 기뻐하고 성심껏 복종할 수 있는 분위기 조성이 필요하다. 그 원리는 가까이 있는 사람을 챙기는 일에서 그것이 멀리 있는 사람에게까지 퍼져 가도록 하는 것이다.

17

자하가 노나라 거보 지역의 지도자가 된 후에 정치에 대해 물었다.

공자가 말하였다.

"서두르지 말고 조그마한 이익을 탐내지 마라. 서두르면 도달할 수 없고 조그마한 이익을 탐내면 큰일을 이루지 못한다."

어떤 일이건 빨리하려고 서두르다 보면 질서가 무너져 목적 달성에 실패하기 쉽다. 조그마한 이득을 챙기려고 발버둥 치다 보면 성취하는 것은 작고 잃는 것은 크게 될 수 있다. 자하의 최대 결점은 가깝고 조그마한 일에 소홀히 하는 것이었다. 이에 공자가 더욱 조심할 것을 충고하였다.

18

섭공이 공자에게 말하였다.

"우리 동네에 정직하게 행동하는 사람이 있습니다. 자기 아버지가 양을 훔치자, 정직한 행동을 하는 사람인 그 아들이 자기 아버지가 양을 훔쳤다고 죄를 증언하였습니다."

이에 공자가 말하였다.

"우리 동네에서 말하는 정직한 사람은 그와 다릅니다. 아버지는 자식의 죄를 숨겨 주고 자식은 아버지의 죄를 숨깁니다. 정직함은 그 가운데 있습니다."

부모와 자식 사이의 관계를 일러 주는 중요한 단서이다. 현대 법치주의에서는 죄를 지으면 성역 없이 죗값을 치르는 것이 원칙이다. 하지만 유학은 부모자식 간에 서로 사랑하고 서로를 위하는 인륜을 중시하기 때문에, 죄를 증언하거나 죗값을 치르게 하는 것이 능사만은 아니다. 즉, 숨기고 감추어 주면서 그 관계의 친밀성을 확인할 수도 있는 것이다. 물론 이런 윤리적 차원이 혈연주의의 폐단으로 나타날 수도 있다.

19

번지가 열린 마음, 사람 구실이 무엇인지에 대해 물었다.

공자가 말하였다.

"일상의 행동거지를 공손하게 하고, 일을 할 때는 신중하게 하며, 다른 사람과 교류할 때는 충실해야 한다. 이 세 가지 태도는 어디를 가더라도 포기해서는 안 된다."

공손함, 신중함, 충실함, 이 세 가지는 유학이 추구하는 사람 사랑의 기본 원칙이다. 번지는 사람 구실을 어떻게 해야 하는지, 사람다운 사람은 어떤 존재인지에 대해 여러 번 공자에게 묻는다. 그때마다 공자는 일상생활의 사례를 들어 번지에게 일러 주었다.

20

자공이 물었다.

"어떻게 해야 하급 관리로서 실무 행정가 역할을 다한다고 할 수 있습니까?"

공자가 말하였다.

"자신의 언행에 부끄러움을 느낄 줄 알아야 한다. 또 다른 나라에 외교 사절로 가면 지도자로부터 위임받은 사명을 욕되지 않게 해야 한다. 그래야 실무 관료라고 할 수 있다."

자공이 또 물었다.

"감히 묻겠습니다. 그 다음 수준의 하급 관리는 어떻습니까?"

공자가 말하였다.

"친척들이 효성스럽다고 칭찬하고 동네 사람들이 공손하다고 칭찬하는 사람이다."

자공이 또 물었다.

"감히 묻겠습니다. 그 다음 수준의 하급 관리는 어떻습니까?"

공자가 말하였다.

"말을 하면 반드시 신의를 지켜 행하고, 행하면 반드시 성과를 거두는 사람이다. 좀 딱딱하고 융통성이 없는 듯이 보여 속이 좁은 사람

같지만, 그래도 하급 관리로서 행정가 역할을 잘할 수 있다."

자공이 물었다.

"요즘 하급 관리들, 행정가의 수준은 어떻습니까?"

공자가 말하였다.

"아, 비천하고 자질구레한 사람들에 대해 무엇을 논의하겠는가?"

하급 관리를 맡고 있는 실무 행정가를 세 부류로 나누어 말한 것이다. 하급 관리는 사 계급으로 통칭되는데, 위로는 공·경·대부를 모셔야 하고 아래로는 서민들을 보살펴야 하는 중대한 업무를 맡고 있다. 이들은 실무형 관리로 실무 지식은 물론, 정직과 성실, 신의 등 수준 높은 도덕성이 요구되었다.

21

공자가 말하였다.

"중도에 맞게 올바른 도리를 행하는 사람과 함께할 수 없다면, 차라리 지나치게 뜻이 높은 사람이나 무식하지만 고집스러운 사람과 함께 하겠다. 뜻이 높은 사람은 진취적이고 고집스러운 사람은 나쁘다고 판단되면 행하지 않는다."

공자의 꿈은 중도에 맞게 올바른 도리를 행하는 사람을 모아 가르치는 것이었다. 하지만 현실은 그렇지 않았다. 따라서 성실하고 덕망이 있는 사람들을 가르쳤다. 공자가 살았던 춘추 시대에는 패도가 성행하고 하극상이 난무하였다. 세상을 바로잡기 위해서는 여러 인물들과 함께해야 하는데, 올바른 도리를 지키는 사람을 만나지 못할 바에야 그 다음 수준의 인물이라도 만나서 동지적 관계를 유지해야만 했다. 지나치게 뜻이 높은 사람은 자기가 행하는 것에 대해 숨기거나 가려서 덮는 일이 없다. 무식하지만 고집스런 사람은 악한 일이나 불의와 타협하지 않고 절개를 지킬 줄 안다. 공자의 의도는 간사하고 아첨하는 소인배와 짝하면 안 된다는 것이다.

22

공자가 말하였다.

"남쪽 나라 사람들의 말에, '사람으로서 항상 믿고 변하지 않는 마음이 없으면, 무당이나 의원과 같은 사람도 그를 위해 빌거나 약을 처방해 줄 수 없다.'라고 했는데, 참으로 옳은 말이다.『주역』「항괘」에도 '자신의 도덕성을 지키지 않고 이랬다저랬다 하면 수치를 초래하고 창피를 당할 수 있다.'라고 하였다."

그리고 다시 공자가 강조하며 말하였다.

"항상 믿고 변하지 않는 도덕성을 지닌 사람은 점을 쳐서 해결할 필요가 없다."

사람의 지조와 연관된 언표이다. 사람은 변하지 않는 신뢰를 통해 자신을 드러내야 한다. 그것은 일종의 정체성으로 개인을 가꾸어 나가는 동시에 사회를 건전하게 만드는 바탕이 된다. 일정한 도덕성을 지닌 사람의 경우 쉽게 변하지 않으므로, 삶의 성취에서 요행을 바라거나 우연을 기대하지 않는다. 성실히 살면 그만이다.

23

공자가 말하였다.

"참된 사람은 친애하고 화합하려고 하되 부화뇌동하지 않는다. 하찮고 속 좁은 사람은 부화뇌동하며 친애하고 화합하지 않는다."

참된 사람과 자질구레하고 하찮은 인간의 특성을 대비하여 지적한 대목이다. 참된 사람은 자기의 의견을 정확하게 표시하는 동시에, 다른 사람의 잘못된 의견을 바로잡고 좋은 의견을 존중하며 다른 사람의 뜻을 맹종하지 않는다. 조무래기들은 반대로 행동한다. 그들은 이기적인 욕구나 재물을 추구하므로, 이익이 되면 다른 사람의 의견일지라도 무조건 맹종하며 자신의 진짜 의견을 드러내지 않는다. 다시 말해, 참된 사람은 진정으로 화합하지 고개만 끄덕거리지 않으며, 자질구레한 사람은 고개만 끄덕거릴 뿐 진정으로 화합하지 않는다.

24

자공이 물었다.

"어떤 사안에 대해 동네 사람들이 모두 좋아하면 어떻습니까?"

공자가 말하였다.

"그것만으로 그것을 좋다고 할 수 없다."

자공이 또 물었다.

"어떤 사안에 대해 동네 사람들이 모두 싫어하면 어떻습니까?"

이에 공자가 말하였다.

"그것만으로 그것을 싫다고 할 수 없다. 동네 사람 중에 착한 사람은 그것을 좋아하고, 착하지 않은 사람이 그것을 싫어하는 것만 못하다."

이 대목은 동네 사람들의 공론, 즉 사회 여론과 관계되는 문제를 다룬다. 세상일은 어떤 사안이건 간에 그 내용에 따라 좋고 싫음이 다르기 마련이다. 보통 사람들은 자신의 이익과 연관될 때 선악 시비를 바르게 가리거나 판단을 하지 못하는 경우가 있다. 대개 대중의 지지를 얻으면 좋은 사람이라고 착각하기 쉽다. 하지만 핵심은 인간 사회의 올바른 도리를 기준으로 선을 높이고 악을 억제하는 데서 찾아야 한다.

25

공자가 말하였다.
"참된 사람은 모시기는 쉬우나 기쁘게 하기는 어렵다. 올바른 도리가 아닌 것으로 접근하면 결코 기뻐하지 않는다. 사람에게 일을 시킬 때는 능력과 기량에 맞게 부리고 쓴다. 하찮은 사람은 모시기는 어려워도 기쁘게 하기는 쉽다. 올바른 도리가 아닌 것으로 접근해도 기뻐한다. 사람에게 일을 시킬 때도 한 사람에게 모든 재주가 갖춰지기를 바란다."

참된 사람과 하찮은 사람이 보통 사람을 어떻게 대하고 어떻게 일을 시키는지 뚜렷하게 대비됨을 보여 준다. 참된 사람은 공명하고 관대하고 하찮은 사람은 사사롭고 각박하다. 또한 참된 사람은 세상에 필요한 공공성, 이른바 올바른 도리에 관심이 있는 반면, 하찮은 사람은 오직 자신의 탐욕에 눈이 먼 경우가 많다. 그것은 세상일을 대하는 데서 그대로 드러난다.

26

공자가 말하였다.

"훌륭한 사람은 차분하면서 교만하지 않다. 속 좁고 하찮은 인간들은 교만할 뿐 차분하지 못하다."

훌륭한 사람은 세상의 도리를 따르므로 평안하고 조용하여 교만하거나 방자하지 않다. 반대로 하찮은 인간들은 개인적 욕심을 마냥 채우려고 하기 때문에 온갖 폼을 잡고 이리저리 뽐내며 나대고 다녀서 차분하게 행동하지 못한다.

27

공자가 말하였다.

"물욕에 굴하지 않고 의지가 굳고, 기상이나 기개가 높고 크며, 소박하고, 말을 신중하게 하고 입이 무거운 사람이 높은 도덕성을 지닐 가능성이 높다."

이기적이고 관능적이며 동물적인 욕심을 극복할 줄 아는 사람이 도덕성이 높다. 그것은 의지가 강직하여 쉽게 굽히지 않고, 행위가 과감하여 머뭇거림이 적으며, 성품이 질박하고, 말이 느리고 둔하여 신뢰가 가는 인간에게서 찾을 수 있다.

28

자로가 물었다.

"어떻게 해야 하급 관리, 실무 행정가라고 할 수 있습니까?"

공자가 말하였다.

"사람들 사이에 착한 행동을 하도록 간절하게 권하고 잘못을 고치도록 애를 쓰며 함께 화목하게 즐길 수 있으면, 그 역할을 했다고 볼 수 있다. 친구 사이에는 착한 행동을 권장하고 잘못을 고치도록 애를 쓰고 형제자매 간에는 화목하게 즐겨야 한다."

누차 말하였지만, 자로는 성격이 강직하고 용감하며 급하였다. 따라서 간절하게 착한 일을 권하거나 화목한 분위기를 조성하는 일을 할 때 상대적으로 부족한 측면이 있었다. 이런 점을 염두에 두고 공자가 자로에게 하급 관리의 역할과 그들을 부리는 방법에 대해 다시 강조하여 일러 준 듯하다.

29

공자가 말하였다.

"훌륭한 사람이 7년 정도 국민을 교육하면 그 국민을 전쟁터에 나가 싸우게 할 수 있다."

고대 중국 사회에서 국민을 교육하는 내용의 핵심은 윤리 도덕과 농사, 병법을 익히게 하는 것이다. 이런 교육이 어느 정도 이행되면, 나라에 변고가 생겼을 때, 국민은 나라를 위해, 최고지도자인 임금을 위해 목숨을 바칠 각오가 선다고 한다. 그 기간을 7년 정도로 예상했던 것 같다.

30

공자가 말하였다.

"국민을 제대로 가르치지 않고 싸우게 하면 이는 그 국민들을 포기하는 것과 같다."

위의 장과 연결하여 이해하면 좋다. 중국의 춘추전국 시대는 한마디로 전쟁의 시대이다. 따라서 평소에 국방을 강화하고 국민에게 병법을 훈련시켜야 했다. 이런 기본적인 교육도 없이 통치자가 자신의 야욕을 채우기 위해 국민을 전쟁터로 몰아넣는다면 그것은 곧 국민을 포기하는 일이 된다. 우선 해야 할 것은 윤리 도덕 교육을 통해 국민을 정신적으로 무장하는 것이고, 그 다음에 농사짓는 법과 병법을 가르쳐야 한다.

제14편

헌문

「헌문」에는 왕과 제후, 대부들의 역사적 기록과 행적을 논의한 것이 많으며, 특히 지도자의 기본 원칙인 자기 수양을 통해 국민을 편안하게 살게 하려는 도리를 밝혔다. 모두 46개의 장으로 되어 있다.

1

원헌이 물었다.

"어떤 것을 수치스러운 일이라고 할 수 있습니까?

공자가 말하였다.

"나라가 안정되었을 때는 공무원으로 재직하며 봉급을 받는다. 그러나 나라가 안정되지 않고 혼란스러운데 그 틈을 타서 봉급을 받는 것은 수치스러운 일이다."

원헌은 성격이 강직하고 고결하였다. 따라서 나라가 안정되어 있는데도 공직에 봉사하며 유익한 일을 하지 않거나, 반대로 나라가 혼란스러운데 조용히 물러나 착한 일을 하려 노력하지 않고 봉급을 축내는 것은 창피하다고 생각하였다.

2

원헌이 물었다.

"남에게 이기기를 좋아하고, 자기의 공을 내세우며, 남을 원망하고, 탐욕을 부리는 일, 이 네 가지를 하지 않으면 사람답다고 할 수 있습니까?"

공자가 말하였다.

"그렇게 하는 것은 무척이나 어렵다. 그렇게 한다고 해서 사람다운 것인지 어떤지는 잘 모르겠다."

모든 사람은 제각기 감정과 욕망을 지니고 있고 그것은 희로애락의 형태로 나타난다. 경쟁에서 이겼을 때 쾌감을 느끼고, 자기 자랑을 늘어놓으며, 싫어하는 존재에 대해서는 원망과 시기·질투를 하고 그 때문에 관계가 멀어지기도 한다. 그만큼 인간으로 살면서 감정과 욕망을 억제하기가 쉽지 않다. 유학에서 '사람답다'는 의미는 이러한 정감의 세계를 얼마나 조절할 수 있느냐와 연관된다.

3

공자가 말하였다.

"하급 관리가 편안하게 근무하기를 바란다면 참다운 행정가라고 할 수 없다."

공직에서 관리로 봉사하는 사람은 안일한 생활을 기대해서는 곤란하다. 특히, 하급 관리는 사회를 안정시키는 실무를 담당하며 위아래를 연결하는 고리 역할을 하기 때문에 부지런히 일해야 한다.

4

공자가 말하였다.

"나라가 안정되어 잘 다스려질 때는 도리에 따라 말하고 행동하지만, 나라가 혼란스러울 때는 도리에 따라 행동하되 말은 검손해야 한다."

이 대목은 시국의 상황에 따라 어떤 언행이 필요한지, 일종의 처세술을 일러 준다. 사회가 안정되어 질서가 잡혀 있을 때는 정직하게 말하고 행동하면 된다. 그러나 사회가 혼란스럽고 정의가 무너졌을 때, 행동이나 몸가짐은 변함없이 정직하게 하더라도 때로는 화를 피하기 위해 할 말을 다하지 못할 상황이 있을 수 있으므로 말할 때 신중할 필요가 있다.

5

공자가 말하였다.

"높은 도덕성을 지닌 사람은 반드시 좋은 말을 한다. 그러나 좋은 말을 하는 사람이 반드시 높은 도덕성을 지닌 것은 아니다. 훌륭한 사람은 반드시 용감하게 행동한다. 그러나 용감하게 행동한다고 해서 반드시 훌륭한 사람은 아니다."

이 대목은 도덕성과 말, 훌륭함과 용기의 관계를 다룬다. 내면과 외면의 모습이 일치하는 사람이 있고 겉과 속이 다른 사람도 있다. 속으로는 흑심을 품고 있으면서 겉으로는 얼마든지 좋은 말을 늘어놓을 수 있다. 정의감에 불타는 사람은 불의를 보면 용기를 발휘하지만, 간혹 정의와 관계없이 혈기만 왕성하여 용감한 사람처럼 보이는 경우도 있다.

6

노나라 대부 남궁괄이 공자에게 물었다.
"예는 활쏘기를 잘하였고, 오는 육지에서 배를 끌고 다닐 정도로 힘이 셌지만, 둘 다 제명에 죽지 못했습니다. 그러나 우임금과 후직은 몸소 농사를 지으며 일을 했으나 나중에 최고지도자 자리에 올랐습니다."
이에 공자가 특별히 반응을 보이지 않자 남궁괄이 나갔다.
그러자 공자가 말하였다.
"저런 사람이 지도자 자질이 있는 분이다! 정말 저런 사람이 도덕성을 존중하는 분이지!"

이 대목은 훌륭한 정치지도자의 요건을 보여 준다. 예는 유궁 나라의 임금인데, 활을 잘 쏘았고 하나라 임금 상을 치고 임금 자리를 빼앗았다. 하지만 나중에 한착이 예를 죽이고 임금 자리에 올랐는데, 한착의 아들이 오이다. 우임금은 하나라의 시조로 순임금으로부터 임금 자리를 선양받았고, 후직은 주나라의 선조로 농사를 지어 많은 서민에게 도움을 주었다. 예와 오는 특별한 재능이 있었지만 도리에 어긋났고, 우임금과 후직은 몸소 일하며 모범을 보여 주었다. 동서고금을 막론하고 훌륭한 지도자 중에는 서민의 삶을 몸소 경험하며 깨닫는 사람이 많은 듯하다.

7

공자가 말하였다.

"높은 자리에 있는 훌륭한 분이지만 포용력이 없는 경우가 있다. 그러나 속이 좁은 자질구레한 사람이면서 포용력을 지니고 있는 경우는 없다."

아무리 훌륭한 사람일지라도 잠시 소홀한 사이에 긴장을 늦추거나 방심하여 실수를 할 수 있다. 그렇게 되면 순간적으로 사사로운 생각에 사로잡혀 포용력을 잃게 된다. 속 좁은 소인배들은 이기심이 가득하기 때문에 마음을 열거나 포용하려는 생각조차 할 수 없다.

8

공자가 말하였다.

"아끼는 사람이라고 해서 힘든 일을 안 하게 할 수 있겠는가? 정성을 기울여 받드는 사람이라고 해서 윗사람의 잘못을 고치도록 충언을 안 하게 할 수 있겠는가?"

사람 사이의 참된 사랑과 진정한 충성이 무엇인지를 일러 준다. 사랑하고 아껴주는 것은 좋지만, 그 때문에 고생을 시키지 않고 편안하게 살게 하는 것은 참된 사랑이 아니다. 지도자가 잘못을 하고 있는데도 순종만 하고 잘못을 고치도록 충고하지 않는 것은 진정한 충성이 아니다. 여기에서는 사람이 살아가는 역설의 법칙을 읽을 수 있다.

9

공자가 말하였다.

"정나라에서는 외교 문서를 작성할 때, 비심이 초고를 만들고, 세숙이 내용을 검토하고, 외교관인 자우가 문장을 수정하고, 동리에 살던 자산이 글을 아름답게 다듬었다."

외교 문서를 비롯하여 공식 문서를 작성할 때의 자세에 관한 언급이다. 비심과 세숙, 자우, 자산은 모두 정나라의 대부로 당시 최고의 지식인이었다. 외교 문서는 매우 중요한 것이기 때문에 여러 전문가들이 자세히 살피고 깊이 생각하여 만들어야 한다. 그래야 다른 나라와의 관계에서 실수를 하지 않는다.

10

어떤 사람이 정나라 자산에 대해 물었다.

공자가 말하였다.

"자산은 은혜를 베푸는 지혜로운 사람이다."

초나라의 자서에 대해 물었다.

공자가 말하였다.

"그 사람, 그저 그런 사람이다."

관중에 대해 물었다.

공자가 말하였다.

"이 사람, 뛰어난 정치가이다. 제나라 대부 백씨가 소유했던 병읍 지역, 300호나 살던 땅을 몰수하였다. 백씨는 거친 음식을 먹으며 빈궁하게 살다가 죽었으나 관중을 원망하는 말을 하지 못하였다."

공자가 자산, 자서, 관중, 세 사람을 평가하였다. 자산은 은혜로운 사람으로 평하였고, 자서는 평가하기 싫었는지 애써 외면하였다. 관중에 대해서는 정치적 수완이 있는 유능한 정치인으로 평가하였다. 관중은 제나라의 환공을 도와 제나라를 부국강성한 나라로 만든 관자이다. 백씨는 그간 자기의 영토를 넓히며 잘 살아왔으나 관중에게 토지를 몰수당하였다. 하지만 관중은 나라를 부강하게 만든 일등공신이고 자신은 그간 서민들을 착취하면서 부귀영화를 누렸기에, 자기의 죄를 인정하고 죽을 때까지 어떤 원망도 하지 않았다고 한다.

11

공자가 말하였다.

"가난하게 살면서 원망하지 않기는 어렵다. 하지만 부자로 살면서 교만하지 않기는 쉽다."

가난하게 살면 여러 측면에서 부족함을 느끼게 된다. 그래서 '나는 왜 이렇게 사는가.'라고 하며 주변 사람이나 세상을 원망하기 쉽다. 부유하게 살면 여러 가지로 풍족하다. 풍족하면 여유가 있고 떵떵거리며 사는 모습을 표현하지 않는 겸손함을 갖출 수도 있다. 빈궁함과 부유함에서 오는 삶의 환경에 따라 사람의 심리와 행위를 잘 조절할 필요가 있다.

12

공자가 말하였다.

"노나라의 대부 맹공작은 진나라의 조나 위와 같은 세도가가 다스리는 지역의 가신 노릇을 하면 잘할 것이다. 등이나 설과 같은 작은 나라의 지도자가 되어서는 잘 다스릴 수가 없다."

맹공작은 큰 가문의 사람이기 때문에 나름대로의 세력이 있었다. 하지만 제후처럼 나라를 다스릴 권한이 있는 것은 아니었다. 거기에다 욕심이 적고 청렴하였으며 조용한 성격의 소유자였으나, 재능이 부족하였다. 따라서 자신이 직접 나라를 다스리거나 책임 있는 자리를 감당하기에는 모자랐다. 따라서, 공자가 맹공작을 존경하면서도 이 정도로 평가할 수밖에 없었다.

13

자로가 물었다.
"온전한 사람은 어떻습니까?"
공자가 말하였다.
"장무중 같은 지혜, 맹공작 같은 청렴, 변장자 같은 용기, 염구 같은 재주를 갖추고, 예악으로 문화 교양을 가꾸어 가는 사람이다."
또 공자가 말하였다.
"하지만 오늘날의 온전한 사람은 반드시 그렇게 하지 않아도 된다. 이득을 보게 되면 그것이 올바른 것인지를 생각하고, 위태로운 일을 당하면 목숨을 아끼지 않으며, 오래 전에 맺은 약속일지라도 평소 그 말을 잊지 않고 신뢰를 주면, 온전한 사람이라고 할 수 있다."

온전한 사람은 이른바 '된 사람'을 의미한다. 즉 인격이 훌륭하고 내실 있는 사람, 교양이 풍부한 사람으로 볼 수도 있다. 그 네 가지 요건이 바로 지혜, 청렴, 용기, 재주이다. 하지만 이 네 가지는 더불어 살아가는 사회 공동체의 예악, 즉 문화 제도로 모두가 함께 누릴 수 있는 것으로 연결될 때 더 아름다운 빛을 발휘한다. 장무중은 노나라 대부 장손흘의 손자로 슬기롭고 박식하였고, 변장자는 노나라 변읍에 사는 장자라는 사람으로 용감했다고 한다.

14

공자가 위나라 사람 공명가에게 위나라 대부인 공숙문자가 어떤 사람인지 물었다.

"정말로 공문숙자는 말이 없고 웃지도 않으며 재물을 함부로 취하지 않는가?"

공명가가 대답하였다.

"누가 그렇게 말했는지 모르겠으나 말을 전한 사람이 잘못 말한 것 같습니다. 공숙문자는 말이 없었던 것이 아니라 꼭 말해야 할 때 말을 하므로 사람들이 그의 말을 싫어하지 않았습니다. 웃지 않았던 것이 아니라 진정으로 즐거울 때 웃었으므로 사람들이 그의 웃음을 싫어하지 않았습니다. 재물의 경우, 그것을 취해도 정당하다는 것을 안 뒤에 취하였으므로 사람들이 그가 취하는 것을 싫어하지 않았습니다."

공자가 말하였다.

"그랬을까? 진정으로 그랬을까?"

짐작컨대, 공숙문자는 당시 사람들에게 청렴하고 조용한 사람으로 칭송이 자자했던 것 같다. 특히, 말과 낯빛, 재물로 이익을 취하는 일 등은 사람살이에서 중요하므로 때에 맞게 적절하게 해야 한다. 이에 대해 공자가 의심의 눈초리로 경계하며 문의한 대목이다.

15

공자가 말하였다.
"노나라 대부 장무중이 자신의 영지인 방읍을 거점으로 삼아 자기의 후계자를 세우겠다고 노나라 임금에게 요청하였다. 사람들은 이런 사실을 두고 임금에게 강요하거나 협박했다고 하지는 않는다. 하지만 나는 그렇게 믿지 않는다."

앞에서 보았듯이, 장무중은 지혜가 있어 지략에 뛰어난 사람이었다. 그런데 당시 죄를 짓고 도망을 가야 하는 신세가 되었다. 마침 장무중의 영지가 제나라 부근의 방읍이었고, 장무중은 제나라로 도망가면서 방읍에 자신의 후계자를 세우겠다고 노나라 임금에게 요구했다. 자신의 요구대로 방읍에 후계자를 세우게 해 주면 조용히 제나라로 물러나고, 그렇지 않으면 방읍을 점거하고 반란을 일으키겠다고 한 것이다. 공자가 보기에 이는 명백하게 임금을 협박한 짓이다. 장무중이 지혜가 있는지는 몰라도 인간의 길이나 의리가 무엇인지 모르는 존재라고 비판한 것이다.

16

공자가 말하였다.

"진나라 문공은 속임수를 쓰고 올바른 방법을 쓰지 않았다. 제나라 환공은 올바른 방법을 쓰고 속임수를 쓰지 않았다."

제나라와 진나라는 춘추 시대 패자들이다. 이른바, 춘추오패, 춘추 시대의 강력한 다섯 나라 중에서 첫 번째와 두 번째 자리를 차지하던 나라들이다. 하지만 패자로서 행동이 달랐다. 제나라 환공의 경우, 초나라를 칠 때 의리에 따라 약속을 지키고 속임수를 쓰지 않았다. 그러나 진나라 문공의 경우, 위나라를 칠 때 초나라를 끌어들여 권모술수를 써서 승리를 거두었다. 두 임금 모두 무력을 빌려 훌륭한 지도자인 것처럼 행세하였으므로 정도를 지킨 것은 아니다. 하지만 방법상 일처리에서 마음을 쓰는 차이는 있었다.

17

제자 자로가 말하였다.

"환공이 공자 규를 죽이자, 소홀은 규를 따라 죽었고 관중은 규를 따라 죽지 않았습니다. 관중은 형편없는 사람 아닌가요?"

공자가 말하였다.

"환공이 제후들을 규합할 때 무력을 쓰지 않았다. 이는 관중의 힘 때문이었다. 이 정도면 괜찮은 사람 같은데. 괜찮은 사람 같다!"

규와 소백은 제나라 양공의 자식으로, 당시 심각한 왕위 계승 다툼을 벌였다. 이때 소홀과 관중은 형인 규를 보좌하여 노나라로 망명하였다. 양공이 죽자, 규와 소백은 서로 먼저 제나라로 돌아가 임금 자리에 오르려고 혈투를 벌였다. 하지만 형인 규가 이기지 못하고 동생인 소백이 임금이 되었다. 이 소백이 바로 그 유명한 제나라 환공이다. 환공은 노나라에 망명 중이던 규를 죽이게 했고 관중과 소홀을 제나라로 압송할 것을 요청했다. 이때 소홀은 자신이 모시던 주군인 규를 따라 죽었으나, 관중은 죽지 않고 자기를 잡아 가두라고 자청했다. 이후 환공을 모시고 있던 포숙아의 요청에 의해 관중은 제나라 재상으로서 환공의 최고 조력자가 된다. 포숙아는 관포지교의 우정으로 알려져 있는 관중의 친구 포숙이다.

18

제자 자공이 말하였다.

"관중은 착한 사람이 아닙니다. 환공이 공자 규를 죽였는데, 자신이 모시던 지도자를 따라 죽지 않았을 뿐만 아니라 오히려 정치적으로 적대 관계에 있던 환공을 돕기까지 하였습니다."

공자가 말하였다.

"관중은 환공을 도와 제후 중의 패자가 되게 하여 세상을 바로잡는 데 크게 기여하였다. 그리하여 사람들이 오늘날에 이르기까지 그 혜택을 받고 있다. 관중이 아니었다면 우리는 머리를 풀어 헤치고 오랑캐처럼 옷섶을 왼쪽으로 여미었으리라.

관중의 행동이, 어찌 보잘것없는 일반인이 하찮은 신의를 지키기 위해 스스로 개천에서 목을 매어도 아무도 알지 못하는 것과 같겠는가?"

동일한 사안에 대해 자공과 공자의 관점이 다르게 드러나는 대목이다. 자공은 관중이 지도자를 따라 죽지 않은 데 무게 중심을 두었고, 공자는 의리에 따라 죽기보다는 세상을 바르게 다스리는 데 기여한 그의 공을 강조한다. 이는 공자의 현실주의적 측면을 잘 보여 준다.

19

위나라 대부 공숙문자의 가신인 대부 선이 공숙문자의 추천으로 함께 조정의 신하가 되었다.
공자가 그 말을 듣고 말하였다.
"시호를 문이라고 할 만하다."

'문'은 도리에도 맞고 문화적으로 아름다운 빛을 내게 했다는 의미이다. 공숙문자는 자신이 데리고 있던 대부를 자신과 같은 고위 공무원으로 추천하여 나라에 기여하였다. 이런 점에서 공숙은 명실상부한 행위를 하였고 '문자'라는 호칭을 주기에 충분하기에 공자가 이를 칭찬하였다.

20

공자가 위나라 영공이 국정을 소홀히 하고 정치를 그르치는 일에 대해 토로하였다.
그러자 노나라 대부인 계강자가 말하였다.
"그런데도 어찌하여 최고지도자 자리를 잃지 않습니까?"
공자가 말하였다.

"중숙어가 외국에서 오는 사신들을 잘 접대하여 외교를 잘하고, 축타가 종묘를 잘 관리하여 선조들의 보호를 받으며, 왕손가가 군대를 잘 다스리고 통솔하여 국방을 튼튼히 했습니다. 이와 같으니 어찌 최고지도자 자리를 잃겠습니까?"

중숙어는 앞의 「공야장」에서 나온 위나라의 대부 공문자이고, 축타와 왕손가는 위나라의 가신이다. 한 나라를 다스리는 일은 최고지도자가 혼자서 독단적으로 일을 처리하는 것이 아니다. 외교, 군사, 국내의 각종 행사 등 각각의 분야에서 유능한 인재를 등용하여 그 능력을 발휘하게 하는 것이 지도자의 능력이다.

21

공자가 말하였다.
"함부로 큰소리를 치며 말을 하고도 부끄럽게 여기지 않는다면, 그 말을 실천하기 어렵다."

말에 대한 경계이다. 애초부터 어떤 일에 대해 호언장담을 잘하는 사람은 그것을 실제로 이행하려는 마음이 적은 경우가 많다. 현실과 상황을 고려하지 않고 터무니없는 사기성이 농후한 말을 뱉어 놓는 경우, 실제로 그 말을 행하기는 매우 어렵다. 이에 대한 현실적인 충고이다.

22

진성자가 제나라 간공을 시해하였다. 그러자 공자가 목욕재계하고 조정에 나아가 노나라 애공에게 아뢰었다.

"진항이 자기의 군주를 시해하였으니 그를 토벌하십시오."

이에 애공이 말하였다.

"내가 무슨 힘이 있겠소. 저 맹손, 숙손, 계손, 세 가문에 말하시오."

조정에서 퇴근한 후, 공자가 말하였다.

"나도 대부의 자리에 있었기 때문에 감히 말씀드리지 않을 수 없어 아뢰었는데, 임금께서는 저 세 가문에 말하라고 하시는구면!"

그 후, 세 가문에 말하였으나 '안 된다.'라고 하였다.

그러자 공자가 말하였다.

"나도 대부의 자리에 있었기 때문에 감히 말씀드리지 않을 수 없어 말했소이다!"

진성자는 제나라의 대부인 진항이다. 진항은 원래 초나라에 멸망당한 진나라 사람이다. 그러나 제나라로 와서 정치 세력을 얻으면서 성을 '진'으로 고쳤다. 제나라에서 간공을 시해한 후, 간공의 동생인 평공을 임금 자리에 앉히고 전횡을 행하였다. 공자가 볼 때, 자기 임금을 시해한 역적은 반드시 법으로 처벌해야 하고 명분을 바로잡는 것이 관리이자 정치지도자의 도리였다. 하지만, 당시 노나라의 실세들 세 가문이 이에 반대하였다. 어찌 보면 이들도 애공을 허수아비로 두고 자신들이 실권을 쥐고 있었기에 진성자와 유사한 상황이라고 할 수 있다.

23

제자 자로가 물었다.

"최고지도자인 임금을 어떻게 모셔야 합니까? 그 섬기는 도리가 무엇입니까?"

공자가 말하였다.

"속이지 마라. 그리고 얼굴을 맞대고 덤빌 정도로 충실하게 간쟁하라!"

이 대목은 최고지도자를 섬길 때의 기본 도리를 다룬다. 최고지도자라고 해서, 또 자기가 모시는 어른이라고 해서 무조건 수긍하고 따르면 안 된다. 충심을 다하되 진실을 은폐하거나 사실을 속여서는 안 된다. 더욱 중요한 것은 지도자에게 잘못이 있을 때는 가차 없이 직언을 하며 최선을 다해 충고해야 한다.

24

공자가 말하였다.

"참된 사람은 위로 가서 도달하고 조무래기 소인배는 아래로 추락한다."

참된 사람은 자연의 이치, 세상의 법칙을 따르기 때문에 날로 고귀하고 밝은 데로 나아가지만, 조무래기 같은 하찮은 존재들은 개인의 욕망과 욕심에 휘둘리기 때문에 어두운 세계 밑바닥으로 떨어지기 쉽다.

25

공자가 말하였다.

"옛날의 학자들은 자기 수양을 위하여 공부하였으나 요즘의 학자들은 남에게 잘 보이기 위해 공부한다."

유학의 전통에서 공부의 목적은 개인의 인격, 성격 등 인간의 덕망을 쌓는 데 있다. 하지만 상당수의 사람들은 과거 시험을 통해 벼슬에 오르거나 특정한 이득을 얻기 위해 공부하기도 했다. 요즘으로 말하면, 학력을 높이고 자격을 취득하여 세상에서 출세하는 수단을 얻기 위해 공부하는 것이다. 취직을 위한 스펙 쌓기, 어떤 분야에서건 남들에게 우월적 지위를 보여 주어야 하는 경쟁 심리 등 자기의 자존감이나 의지와 상관없이 외부의 유혹이나 분위기에 휩쓸려 공부를 하는 사람도 있다. 유학은 남에게 보여 주기 위해 공부를 하다가 종국적으로 자기를 잃어버리는 공부를 극도로 경계한다. 요컨대, 자기 보존과 자기 성찰, 자기 찾기 공부를 그 중심에 두는 것이다.

26

위나라의 대부 거백옥이 공자에게 사람을 보냈다. 공자가 그 사람에게 자리에 앉기를 권하며 물었다.

"대부 어른께서는 무엇을 하며 어떻게 지내십니까?"

그 사람이 대답하였다.

"어른께서는 잘못을 줄이려고 애를 쓰고 계십니다만 잘되지는 않는 듯합니다."

그 사람이 돌아간 후, 공자가 말하였다.

"참 훌륭한 심부름꾼이다. 훌륭한 일꾼이야!"

거백옥은 공자가 위나라에 갔을 때, 먹여 주고 재워 주면서 큰 도움을 준 사람이다. 많은 신세를 진 후 공자는 노나라로 돌아왔고, 얼마 뒤에 거백옥은 한때 자신의 집에 머무르며 서로 영향을 주고받으며 마음이 통하였던 공자의 안부가 궁금하여 특별히 사람을 보냈다. 너무나 반가운 나머지 거백옥이 어떻게 지내는지 공자가 안부를 물었다. 심부름꾼이 '자신을 반성하고 이기심을 극복하려고 하지만 뜻대로 잘 안 된다.'고 전해 주자, 그 주인에 그 심부름꾼이라고 흡족해 하며 칭찬하였다.

27

공자가 말하였다.

"어떤 자리에서 일을 맡지 않은 사람이라면 그 정사에 대해 이러쿵저러쿵 논의해서는 안 된다."

앞의 「태백」 14에 나온 것과 동일한 내용이다. 세상에는 자기 일도 아닌데 참견하는 사람이 참으로 많다. 자기가 맡은 일을 충실하게 수행하는 것이 원칙이다. 자기 일을 온전하게 수행하기도 힘든데, 어찌 다른 사람의 일까지 걱정하고 고민하고 충고하랴! 전문성을 갖추지 않고 다른 일에 개입할 경우 실패할 확률이 높다.

28

증자가 말하였다.

"훌륭한 사람은 그 생각이 자기 자리나 지위를 벗어나지 않는다."

이 세상의 모든 사물은 제자리에 있어야 이치에 맞게 바르게 된다. 삶의 상황이나 일처리도 마찬가지다. 그렇기 때문에 그 생각도 자기의 자리를 벗어나지 않아야 한다. 그래야만 지도자와 구성원, 위와 아래, 크고 작음, 중요한 것과 부차적인 것 사이의 질서가 잡힌다.

29

공자가 말하였다.

"훌륭한 사람은 자신이 한 말이 행실보다 지나친 것을 부끄럽고 창피하게 여긴다."

덕망이 있고 교육받은 사람들, 이른바 사회 지도층 인사로서 교양 있는 사람은 말과 행동이 일치해야 한다. 온갖 미사여구를 동원하여 그럴 듯하게 말해 놓고 행동으로 실천이 되지 않는다면, 그것은 사람을 속이는 것과 마찬가지다. 말에는 책임이 다르기 때문에 내가 할 수 있는 능력의 한계를 넘어서는 곤란하다.

30

공자가 말하였다.

"사람다운 사람의 길에 세 가지가 있으나 나는 그중 하나도 제대로 하지 못하고 있다. 열린 마음을 지닌 사람은 근심하지 않고, 지혜로운 사람은 미혹되지 않으며, 용기 있는 사람은 두려워하지 않는다."

이를 들은 제자 자공이 말하였다.

"선생님께서 당신 스스로를 가리켜 겸손하게 말씀하신 것이다."

사람의 길을 가기 위해서는 자신을 성찰하는 작업이 중요하다. 어떤 형태이건 스스로를 책망하며 조심할 필요가 있다. 착한 마음과 슬기로운 자세, 그리고 용기 있는 행동으로 자신의 말과 몸을 가다듬어야 한다.

31

제자 자공이 사람을 서로 비교하고 이러쿵저러쿵 평가를 하였다.
그러자 공자가 말하였다.
"자공아, 너는 진정 현명한 것이냐! 저렇게 사람을 비평할 수 있다니. 나는 그렇게 할 겨를이 없다."

사람을 비교 평가하는 것은 쉬운 일이 아니다. 사람의 장점과 단점, 재능과 성격 등 다양한 프리즘을 통해 인간의 특성을 정돈할 능력이 있어야 한다. 자공은 현명한 사람이기 때문에 충분히 사람을 비평할 능력이 있었다. 하지만 그런 일에 매몰되면 자신의 수양을 소홀히 할 수 있다. 공자의 걱정은 거기에 있었다. 사람을 비평하는 데만 골몰하지 마라!

32

공자가 말하였다.
"다른 사람이 자기를 알아주지 않음을 걱정하지 말고, 나에게 능력이 없음을 걱정하라."

내가 누구인지 나에게는 어떤 특성이 있는지 자랑하고 드러내고 싶은 것은 인지상정이다. 특히, 요즘 사회에 회자되는 '개성 시대'라는 말처럼 '자기가 드러나지 않을까봐' 심각하게 고민하는 사람들이 많다. 이는 인생의 가치를 다른 사람의 기준에 맞추어 외부에서 구하는 행위이다. 이 구절의 요점은 궁극적으로 충실한 삶을 통해 재능을 발휘하고 능력을 길러야 한다는 것이다. 실력도 없으면서 괜히 자기 자랑만 늘어놓았다가는 낭패당하기 일쑤이다. 그러므로 자기 확립이 될 때까지 조심하고 차근차근 내면을 채울 필요가 있다.

33

공자가 말하였다.

"다른 사람이 나를 속일까 미리 넘겨짚지 말고, 다른 사람이 나를 믿지 않을까 억측하지 마라. 그 대신 다른 사람보다 그것을 먼저 깨닫는 사람이 현명한 인간이리라."

세상에 횡행하는 것이 사기와 불신이다. 그로 인해 인간의 삶은 늘 긴장의 연속이다. 따라서 우리는 일상에서 사기와 불신의 기미를 알아차리고 현명해지기 위해 지혜를 짜내는 데 심혈을 기울인다. 더 근원적인 처방은 성실한 삶을 통해 다른 사람에게 신뢰를 주고 다른 사람보다 먼저 조심하는 것이다.

34

미생무라는 은자가 공자에게 말하였다.

"공구, 자네는 어찌하여 이렇게 세상에 미련을 두고 오락가락하는가? 말재주나 부리는 것은 아닌가?"

공자가 말하였다.
"감히 말재주나 부리려는 것이 결코 아닙니다. 병들고 구태의연한 세상을 가슴 아프게 여기고 이를 고쳐 보려고 합니다."

미생무는 누구인지 정확하지는 않다. 공자의 이름을 부르며 충고하는 것으로 보아, 공자 생존 당시에 나이가 많고 학식도 있는 은자로 생각된다. 당시 은자들은 도가 계통의 사람들이 많았는데, 공자와 같이 유가 계통의 지식인들이 현실 정치에 참여하는 것에 대해 빈정대기도 하였다.

35

공자가 말하였다.
"기주에서 나는 천리마가 명마인 이유는 그 힘이 세기 때문이 아니다. 조련이 잘되었기 때문이다."

아무리 힘센 말이라 할지라도 조련이 제대로 되지 않아 천방지축으로 날뛰면 그 역할과 기능을 제대로 할 수 없다. 사람의 경우에도 아무리 재주가 많다고 할지라도 학문과 수양으로 인격과 덕성을 쌓지 않으면 사람답게 성숙하기 어렵다.

36

어떤 사람이 말하였다.
"은혜로 원한을 갚으면 어떻습니까?"
공자가 말하였다.

"그러면 은혜를 입은 것은 무엇으로 갚겠는가? 곧음으로 원한을 갚고, 은혜는 은혜로 갚아야 한다."

삶에서 은혜와 원한은 상반된 상황으로 느껴진다. 일반적으로는 은혜는 은혜로, 원한은 원한으로 갚아야 하는 것처럼 생각할 수도 있다. 하지만 그것은 유학의 정도에 어긋난다. 유학은 은혜는 은혜로 갚고 원한은 개인적 감정을 초월하여 공정하고 정직한 도리에 따르는 삶으로 갚을 것을 주문한다.

37

공자가 말하였다.
"세상이 나를 알아주지 않는구나!"
그러자 자공이 되물었다.
"어찌 선생님을 알아주지 않는다고 한탄하십니까?"
이에 공자가 말하였다.
"하늘을 원망하지 않고 사람도 탓하지 않으리라. 아래에서 배워 위로 통달하니, 나를 알아주는 것은 저 자연뿐이다."

여기서는 공자의 달관한 삶을 느낄 수 있다. 누구를 원망하고 탓하랴! 모든 것은 나의 처신에 달려 있다! 세상을 두루 돌아다니며 뜻을 펴려고 하였건만 알아주는 사람 하나 없다. 그러면 택할 수 있는 것은 단 하나. 죽도록 공부하여 세상 이치를 꿰뚫는 것이다! 그것은 지상의 세계인 인간사를 배워 천상의 세계, 즉 자연의 질서와 우주의 섭리를 터득한다는 말이다. 인간의 세계와 자연의 세계를 모두 터득하여 자신을 단련시키는 일이다.

38

노나라의 대부 공백료가 계손씨의 가신으로 있던 자로를 계손씨에게 중상모략 하였다. 이 사실을 노나라 대부이자 맹손씨의 일족인 자복경백이 공자에게 알리면서 말하였다.

"계손씨가 공백료의 말에 마음이 흔들리고 있는 게 분명해 보입니다. 내 힘으로 자로를 모함한 공백료를 죽이고 그 시신을 시장터에 내버릴 수도 있습니다."

이에 공자가 말하였다.

"정상적인 정치가 행해지는 것도 하늘의 뜻이고 정상적인 정치가 행해지지 않는 것도 하늘의 뜻입니다. 공백료가 그런 하늘의 뜻을 어떻게 하겠습니까?"

공백료, 자복경백, 자로와 공자, 이 세 그룹 사이에 벌어지는 삶의 진실 게임이 드러난다. 공백료는 공자와 그 제자 자로를 비방함으로써 곤경에 빠트리려 했고, 공자에게 우호적이었던 자복경백은 공백료를 향해 극단적인 조치를 취하려고 하였다. 하지만 공자는 하늘의 뜻을 빌려 정치에서 공평무사함의 힘이 승리할 것으로 믿는다.

39

공자가 말하였다.

"현명한 사람은 어지러운 세상을 피하고, 그 질서가 무너진 나라를 피하며, 그 다음은 예의가 없는 나쁜 사람을 피하고, 그 다음은 도리에 어긋나는 나쁜 말을 피한다."

그리고 또 덧붙여 말하였다.

"그렇게 실천한 사람이 일곱 있었다."

이 대목은 자신의 몸을 더럽히지 않고 착하게 지키려는 모습을 보여 주는데, 은자나 야인을 가리킬 가능성이 높다. 은자들은 혼탁한 세상을 떠나거나 혼란한 나라를 떠나 안정된 땅에 살려고 한다. 또한 사회 질서가 혼란스럽거나 언동이 거슬리면 차분하고 고요한 곳으로 떠나야 한다. 일곱 사람은 '장저, 걸익, 장인, 석문, 하궤, 의봉인, 초광접여'라고도 하는데, 누구인지 알 수 없다.

40

제자 자로가 노나라 성 밖에 있는 석문이라는 지역에 머무르며 하루를 묵었다. 다음 날 새벽이 되자 성문을 열어 주는 문지기가 말하였다.

"어디에서 오는 거요?"

자로가 말하였다.

"공자 문하에서 왔습니다."

그러자 문지기가 말하였다.

"아, 안 될 줄 알면서 고집을 피우는 사람이구먼!"

당시 성문을 열어 주는 문지기들 중에는 지혜롭고 똑똑한 사람이 꽤 있었다고 한다. 이들은 은퇴하여 관문을 지키는 사람으로, 세상을 바로 잡을 수 없다고 생각하고 그런 일에 애쓰지 않았다. 일종의 은자인데, 공자와 같이 세상을 구제하려는 사람을 조롱하는 경우가 많았다.

41

공자가 위나라에 있을 때 경쇠라는 악기를 치고 있었다. 때마침 삼태기를 메고 공자가 머무르던 집 앞을 지나가던 사람이 말하였다.
"뜻이 담겨 있도다! 치는 경쇠 소리에!"
잠시 후에 또 말하였다.
"천박하구나! 돌멩이 부딪치듯 각박한 소리여! 자기를 알아주지 않으면 그만둘 뿐이지.『시경』「패풍」에 '물이 깊으면 옷을 벗고, 물이 얕으면 옷을 걷어 올리고 건너가라.'고 했거늘."
이에 공자가 말하였다.
"과감하게 세상을 잊었구먼. 그렇게 사는 일은 어렵지 않지."

삼태기를 메고 일하는 사람은 은자에 속한다. 은자는 공자가 경쇠 악기 치는 소리를 듣고, 그에 담긴 인간의 심성을 살펴본 것이다. 여기에서도 공자와 은자 사이에 세상을 대하는 시각 차이가 미묘하게 드러난다.

42

제자 자장이 말하였다.
"『서경』에 '고종이 여막에 사는 것처럼 상제 노릇하는 3년 동안 말을 하지 않았다.'라고 하였는데, 무슨 뜻입니까?"

공자가 말하였다.

"어찌 고종뿐이겠는가? 옛날 사람은 모두 그렇게 하였다. 임금이 돌아가시면, 모든 관리들이 자기가 맡은 일을 총괄하여 총재에게 묻고 허락받기를 3년간 하였다."

유학의 예의를 기록하고 있는 『예기』「단궁」에 보면, 최고지도자를 비롯하여 일반 사람에 이르기까지 부모가 돌아가시면 자식은 삼년상을 치러야 한다. 최고지도자의 경우, 오늘날의 국무총리에 해당하는 총재에게 정사를 위임하여 모든 관리들은 총재에게 재가를 받고 업무를 처리하였다.

43

공자가 말하였다.

"윗사람이 예의를 좋아하면 국민들을 부리기가 쉽다."

예의는 각 계급 계층의 직분을 바르게 하고 안정시키는 기능을 담당한다. 따라서 윗사람이 예의를 좋아하고 솔선수범하여 모범을 보이면 아랫사람도 자연스럽게 자신의 직분을 깨닫게 되어 부리기가 쉬워진다. 현대적으로 이해하면, 국민들이 교육을 잘 받으면 의식이 깨어 자신의 일을 합리적으로 처리할 수 있게 된다.

44

제자 자로가 훌륭한 사람의 요건이 무엇인지 물었다.

공자가 말하였다.

"자기를 수양하여 깨달아야 한다."

그러자 자로가 물었다.

"그렇게만 하면 됩니까?"

이에 공자가 또 말하였다

"자기를 수양하여 다른 사람을 편안하게 해 주어야 한다."

자로가 다시 물었다.

"정말, 그렇게만 하면 됩니까?"

공자가 심각하게 말하였다.

"자기를 수양하여 모든 사람을 편안히 해 주어야 한다. 자기를 수양하여 모든 사람을 편안히 해 주는 일은 최고의 정치지도자라고 하는 요임금이나 순임금도 실현하기 어려워한 것이다."

유학의 기본 정신을 한마디로 표현하면 '수기치인'이다. 수기는 몸을 닦는 자기 수양이자 자기 충실이고, 치인은 다른 사람을 다스리는 타자 배려이자 관심이다. 여기에서 깨달음은 가기 수양인 수기이고, 다른 모든 사람을 편안히 해 주는 것은 치인에 해당한다. 이때 수기는 학문과 정치의 근본 바탕이 되고 치인은 궁극 목적이 된다.

45

어느 날 공자와 고향이 같은 사람인 원양이 쭈그리고 앉아 공자를 기다리고 있었다.

공자가 한심하다는 듯이 말하였다.

"어려서는 겸손하지 못하고, 어른이 되어서는 칭찬받을 만한 일도 없으며, 늙어서도 죽지 않고 그냥 살고 있는 자가 바로 삶의 도적이다."

그러고는 지팡이로 원양의 정강이를 두드렸다.

원양은 공자와 같은 마을의 사람이었다. 그는 자기 어머니가 죽었는데도 슬퍼하며 장례 치를 생각을 하기는커녕 관 위에 올라가 노래를 불렀다. 이에 공자가 도와주어 장례를 치렀다고 한다. 유학의 관점에서 보면 삶에 대한 개념이 없이 보람이나 가치도 모르고 사는 한심한 인간이기에 공자가 한탄한 것이다.

46

궐이라는 마을의 한 소년이 주인이나 손님의 말을 전하는 전갈을 하고 있었다. 그런 와중에 어떤 사람이 물었다.

"공부하고 노력하면 저 아이의 학문에 진전이 있을까요?"

이에 공자가 말하였다.

"나는 저 아이가 어른의 자리에 앉아 있는 것을 보았습니다. 또 어른과 함께 걷는 것도 보았어요. 이렇게 볼 때 저 아이는 학문의 진전을 구하는 게 아니라 빨리 어른이 되려고 하는 아이입니다."

이 대목은 학문을 대하는 예의를 간접적으로 일러 준다. 소년은 주인이나 손님의 말을 전달하는 데 충실하기는 하나 심각한 문제가 있었다.

어려서부터 필요한 예의범절을 익히는 데 소홀하였던 것이다. 그래서 성급하게 빨리 성공하기만을 바라는 모습이 곳곳에서 노출되었다. 이는 올바른 사람으로 가는 지름길이 아니다. 얄팍하고 위험한 겉치레 공부가 되기 쉽기 때문이다. 공자의 대답은 학문 정진을 위해 단계를 건너뛰어 빨리 이루려는 것을 경계하고 차근차근 익혀 가는 기본자세를 일깨우는 것이다.

제15편
위령공

「위령공」은 공자가 겪은 다양한 사건들, 수양과 처세에 관한 글을 수록하였으며, 특히 세상의 윤리 도덕이 무너지고 정치 사회 질서의 혼란이 심해진 것을 탄식한 글이 대부분이다. 내용상 모두 42개의 장으로 구분하였다.

1

위나라의 영공이 전쟁을 할 때 무력을 배치하는 방법에 대해 공자에게 물었다.

공자가 대답하였다.

"제사를 지낼 때 제기 놓는 예법에 대해서는 일찍이 들어서 알고 있습니다만 군사 관련 일에 대해서는 아직 배우지 못했습니다."

그러고는 다음날 위나라를 떠났다.

공자는 위나라에 머물면서 영공이 올바르게 정치를 하도록 다양한 방법으로 설득하였다. 하지만 영공은 공자의 충고를 귀담아 듣지 않았다. 특히, 일상에서 국민이 화합할 수 있는 예악에 힘쓰지 않고 전쟁을 일으키려고 했기에 공자는 대단히 실망하였다. 공자는 60세 무렵에 위나라를 떠났다.

2

공자 일행이 진나라에 머무를 때였다. 먹을 양식이 떨어지고 함께 따라갔던 제자들이 병이 들어 좀처럼 일어나지 못하게 되었다.

이에 자로가 화가 나서 공자를 뵙고 말하였다.

"세상을 구제하기 위해 학문의 길을 걷는 사람이 이렇게 궁핍해야만 합니까?"

그러자 공자가 말하였다.

"세상을 구제하기 위해 학문의 길을 걷는 사람은 궁핍함에 처할 때가 있다. 하지만 담담하게 받아들인다. 세상모르고 자기 욕심만 채우려는 조무래기가 궁핍하면, 그들은 문란해질 뿐만 아니라 별의별 짓을 다하여 궁핍을 면한다."

동서고금을 막론하고 역사적·경험적 사실로 미루어 볼 때, 올바른 길을 가는 사람에게는 다양한 차원의 시련이 닥치는 것 같다. 그런 시련과 역경을 극복하지 않은 위인은 존재하지 않는다. 빈곤과 기아, 정치적 곤란, 질병 등은 물론이고 심한 경우에는 죽음에 처할 위기를 맞기도 한다.

3

공자가 말하였다.

"자공, 자네는 내가 많은 것을 배워서 그것을 모두 기억하고 있는 사람이라고 생각하는가?"

자공이 대답하였다.

"네, 그렇습니다. 그렇지 않습니까?"

그러자 공자가 말하였다.

"그래, 그렇지 않다. 나는 하나의 원리로 모든 것을 꿰뚫고 있다."

자공과 공자의 배움에 대한 관점이 잘 드러나는 대목이다. 자공은 배움을 통해 여러 방면에서 능숙해지고 많이 알게 된다고 이해하였다. 하지만, 공자의 배움은 박학다식한 모습 자체라기보다는, 자연과 인간의 법칙을 정확하게 이해하고 일상의 도리를 바르게 실천하는 데 무게 중심을 두었다.

4

공자가 말하였다.

"자로야, 세상에 덕을 아는 사람이 참으로 드물구나!"

인간에게 생명처럼 부여된 것 중의 하나가 도덕이다. 도는 인간이 마땅히 걸어가야 할 길로, 삶의 바탕 혹은 밑천이다. 따라서 인간은 자신이 가야 할 길을 배워야 한다. 덕은 인간이 가야 할 길인 도를 실천하여 좋은 결과나 성과, 열매를 얻는 작업이다. 따라서 덕을 어느 정도 갖추었느냐에 따라 그 사람의 학문적·인격적 수준을 가늠할 수 있다.

5

공자가 말하였다.

"인위적으로 조작하지 않고 자연스럽게 정치를 행한 사람은 과거 순임금이었으리라. 어떻게 하였기에 그러한가? 간단하다. 몸가짐을 공손히 하고 남쪽을 바라보며 임금 자리에 앉아 있을 뿐이었다."

순임금은 덕이 높아 요임금으로부터 왕위를 선양받은 인물이다. 그에게는 자신을 믿고 옹호하며 따르는 국민이 있었고, 또한 현명한 신하들도 많았다. 그러하기에 각 분야별로 자문을 받아 정치를 할 수 있었다. 이런 공동체 의식으로 나라를 다스리다 보니 정작 순임금 자신이 특별히 나서지 않아도 나라가 잘 다스려졌다. 이를 동양의 고대 사회에서 태평성대의 모범으로 상정한다.

6

제자 자장이 물었다.

"사람이 살아가면서 언제 어디에서나 실천할 수 있는 도리를 든다면 어떤 것이 있습니까?"

공자가 말하였다.

"말은 충실하고 믿음직스러워야 하며 행실은 두텁고 공손해야 한다. 그렇게 하면 예의염치라고는 찾아볼 수 없는 오랑캐 땅에서도 사람의 도리가 행해질 것이다. 반대로 말이 충실하거나 믿음직스럽지 못하고 행실이 두텁거나 공손하지 못하면, 자기가 사는 동네라고 한들 무슨 행세를 하며 도리를 지킬 수 있겠는가? 일어서 있을 때는 말이 충실하고 믿음직스러운지 행실은 두텁고 공손한지 눈앞에 떠올려라. 수레를 타고 있을 때는 그것이 멍에에 걸려 있는 듯이 보아라. 그렇게 하면 사람의 도리는 저절로 행해질 것이다."

그러자 자장이 이 말을 허리띠 자락에다 썼다.

사람의 도리를 말과 행위의 두 가지 차원, 네 가지 영역으로 정돈하였다. 말에서는 충실과 신뢰, 행위에서는 신실과 공손이다. 이는 일상생활에서 앉으나 서나 깨우치고 있어야 하는 배움의 내용이자 수양의 자세이다.

7

공자가 말하였다.
"사어! 참으로 곧은 사람이다. 나라가 질서 있게 다스려져도 화살처럼 곧게 행하고, 나라가 혼란스러워 다스려지지 않아도 화살처럼 곧게 행한다.
거백옥! 참으로 훌륭한 사람이다. 나라가 질서 있게 다스려지면 관직에 나아가고, 나라가 혼란스러워 다스려지지 않으면 관직에서 물러나 자신의 재능을 거두어 간직해 둔다."

사어와 거백옥은 모두 위나라의 대부이다. 여기에서는 두 사람의 정치적 태도를 극단적으로 대비하였다. 『공자가어』 「곤서」에 따르면, 사어는 현명한 사람을 등용하거나 어리석은 사람을 물러나게 하는 역할을 제대로 하지 못하였다. 위나라 영공 때의 일이었다. 우매한 영공이 현명한 거백옥을 등용하지 않고 어리석은 미자하를 등용하였다. 사어가 이에 대해 바로 간하였다. 그러나 영공이 이를 듣지 않았고 사어는 응혈이 져서 죽고 말았다. 죽기 전에 사어는 아들에게 유언하기를 '내가 죽으면

시체를 문간에 두어라.'라고 하여 죽음으로 영공에게 충실히 간하는 모습을 보였다. 이에 영공도 거백옥을 등용할 수밖에 없었다. 사어의 행위가 그만큼 강직하다는 점을 공자가 긍정한 것이다. 거백옥은 이와 달랐다. 난세에는 조용히 물러나 훗날을 기약하였다. 이처럼 사어와 거백목은 처세의 방식에서 차이를 보인다.

8

공자가 말하였다.

"더불어 이야기할 만한데 더불어 말하지 않으면 사람을 잃는다. 더불어 이야기할 만하지 않은데 더불어 말하면 말을 잃는다. 지혜로운 사람은 사람을 잃지 않고 또한 말도 잃지 않는다."

주자의 경우 이 장에 대해 별도의 주석이나 해설을 붙이지 않았지만, 사람과 말의 관계 설정 차원에서 음미해 볼 만한 대목이다. 바른 사람을 만났다면 바른 말을 적극적으로 전달하여 널리 공유할 필요가 있다. 그런데 바른 말임에도 불구하고 타자와 소통하지 않고 자신만이 간직한다면, 말은 그대로 간직할 수 있으나 바른 말이 전파될 수 없고 사람마저 잃은 꼴이 된다. 그릇된 사람이라면 아예 말을 꺼내지 않아야 한다. 그릇된 사람에게 바른 말을 던져 봐야 왜곡될 소지가 다분하기 때문이다. 어떤 사람에게 어떤 말을 던질 수 있는지, 의사소통의 맥락은 어느 수준에서 이루어져야 하는지 돌아보는 성찰의 기회를 가질 필요가 있다.

9

공자가 말하였다.

"뜻있는 선비와 열린 마음을 지닌 사람은 개인적인 삶을 구하기 위해 공동체의 도리를 해치지 않고 자기의 몸을 바쳐서라도 공동체 사회의 도리를 지킨다."

살신성인! 이는 예전부터 지금까지 인간의 도덕성을 이해할 수 있게 하는 중요한 격언이다. 지혜로우면서도 포용력 있는 사람은 결코 자신의 삶을 위하여 공공의 올바른 일을 해치지 않으며 오히려 몸을 희생해서라도 그것을 지킨다. 그것이 이른바 선비 정신이다. 선비들은 올바른 삶을 위해 몸을 바치고 생명을 희생할 줄 아는 사람이다. 구차하게 올바르지 않은 비굴한 삶을 추구하지 않고 몸을 던져서라도 희생하는 정신을 가진다.

10

제자 자공이 포용력을 가질 수 있는 방법에 대해 물었다.

공자가 말하였다.

"기술자가 일을 잘하려고 할 때 반드시 먼저 자신이 쓸 연장을 연마한다. 마찬가지로 어느 나라에 살건 그 나라 대부 가운데 똑똑한 사람을 섬기고 그 나라의 실무 관료 가운데 포용력 있는 사람과 사귀어야 한다."

기술자가 일을 잘하기 위해서는 먼저 일에 필요한 기구나 연장이 마련되어야 한다. 정치를 할 때도 이런 논리는 그대로 적용된다. 현명한 사람을 모시고 열린 마음을 지닌 사람과 벗하며, 어떤 사람이 인재인지 파악해야 한다. 어떤 일이건 사전에 철저히 예비하며 준비하는 실제적 정신을 가져야 한다는 말이다. 현명한 친구의 도움을 받으며 자신을 갈고 닦는 자세, 이른바 스승을 찾아 나서야 한다.

11

제자 안연이 물었다.
"어떻게 하면 나라를 잘 다스릴 수 있습니까?"
공자가 말하였다.
"하나라의 달력을 쓰고, 은나라의 수레를 타며, 주나라의 면류관을 쓰고, 음악은 순임금의 소무를 기준으로 한다.
정나라의 음악은 금지하고 아첨하는 자들을 멀리하라. 정나라의 음악은 음란하고 아첨하는 자들은 위태롭다."

중국 고대의 역법이나 예의, 생활 면모를 구체적으로 파악하기는 쉽지 않다. 이 대목은 정치를 하는 데 필요한 적합한 요건을 들고 있다고 이해하면 좋다. 공자 이전에 융성했던 하·은·주 세 나라의 문물제도의 장점과 사회의 도덕 질서를 아름답게 만들 수 있는 예악을 정치의 기준으로 제시한 것이다.

12

공자가 말하였다.

"사람이 원대한 꿈을 지니고 먼 미래를 생각하지 않으면, 반드시 주변의 가까운 곳에 걱정거리가 생기기 마련이다."

어떤 일에 착수할 때 눈앞의 이익이 아니라 더 멀리 포괄적으로 내다볼 필요가 있다. 그렇지 않으면, 발밑의 조그만 걱정거리로 인해 중요한 일은 진척도 되지 않고 사소한 일에 매몰될 수 있다.

13

공자가 말하였다.

"끝난 듯하다. 앞으로도 이런 사람은 없겠구나! 나는 아직 '인간의 도덕성, 사람다운 품격 갖추기'에 애쓰기를, 이성을 사랑하는 것만큼 좋아하는 사람을 보지 못하였다."

인간적 도의가 중요한가? 개인적 사랑이 중요한가? 유학은 인간의 사회적 도덕성을 개인의 사적 감정보다 앞세우는 철학이다. 그런데 일반적인 인간의 감성은 도덕성을 싫어하지 않지만 아름다운 이성과의 사랑의 감정이 도덕성에 앞서기 일쑤이다. 이 때문에 공자는 사회적 도덕성도 그만큼 존중되기를 바라는 간절한 마음을 표출하였다.

14

공자가 말하였다.

"노나라의 대부 장문중은 벼슬자리를 도둑질하는 사람이다. 노나라 대부 유하혜가 현명한 사람인 줄 알면서도 자기와 함께 벼슬자리에 있게 하지 않았다."

　장문중은 노나라의 정치가였지만 상대적으로 능력이 부족하였던 모양이다. 같은 대부였지만 유하혜처럼 현명한 사람을 알아보지 못하였다. 그가 현명한 것을 알면서 등용하지 않았다면, 이는 자기 자리가 위협받을까 봐 그의 현명함을 덮고 가린 것이다. 이런 장문중의 태도를 보고 공자가 못마땅하게 여겨 그를 벼슬자리를 도적질한 사람이라고 표현하였다.

15

　공자가 말하였다.
　"자신에 대해서는 엄격하게 책망하고 다른 사람에 대해서는 가볍게 책망하라. 그러면 세상을 살아가면서 원망이 적을 것이다."

　자신에 대해 엄격하다는 것은 그만큼 자신을 성찰하며 자기 수양에 힘쓴다는 말이다. 다른 사람에 대해 관대하고 용서하는 마음을 지니면 다른 사람들이 더 쉽게 나에게 다가온다. 그런 상호 관계 속에서 원망은 줄어들 수 있다.

16

　공자가 말하였다.
　"'어떻게 할까? 어떻게 할까?'라고 애태우며 걱정하지 않는 사람은 나도 어떻게 할 방법이 없다."

삶은 문제 상황의 연속이고 그것을 해결하려는 노력의 과정이다. 문제 상황이 발생하면 대다수의 사람은 '어떻게 해결하지?'라며 심사숙고한다. 그런데 아무런 걱정도 하지 않고 문제를 해결할 의지도 없는 사람의 경우, 어떤 충고를 해야 할지 막막하기만 하다. 이 대목은 이런 사람에 대한 공자의 태도를 보여 준다.

17

공자가 말하였다.

"여럿이서 하루 종일 모여 있으면서 노닥거리는 말이 도덕성에 부합하지 않고 요령이나 잔꾀 부리기를 좋아한다면, 사람다운 사람의 길로 유도하기 어렵다."

여러 사람이 모여서 무언가를 논의한다면 어떤 것이 올바른 일인지 최선의 길을 모색하는 자리여야 한다. 그런데 진지한 논의는 하지 않고 쉽게 넘어가려고 하고 멋대로 내버려 두면, 정도가 아닌 요행을 바라거나 쓸데없는 기교를 부릴 수 있다. 이럴 경우, 사람답게 사는 길을 모색하기 어렵다. 이른바 구제 불능이다.

18

공자가 말하였다.

"도덕성을 지닌 사람은 올바름을 바탕으로 삼고, 예의로 그것을 실천하고, 겸손으로 그것을 드러내며, 믿음으로 그것을 이룬다. 이런 사람이 진정 훌륭한 사람이다."

유학은 사회를 지탱하는 핵심 가치로 올바름에 주목한다. 정의는 모든 일을 만들거나 규정짓는 기준이기에 그것을 삶의 바탕으로 삼는다. 그 위에 예의와 겸손, 믿음과 같은 도덕 실천의 행위가 규범으로 제시된다. 이 구절은 훌륭한 사람, 지도적 인격자의 모습을 기술한 대목이다. 사람이 정의를 기준으로 삼아 행동하면 반드시 그 사회의 절도가 아름답게 되고, 그것이 예의범절로 굳어진다.

19

공자가 말하였다.

"도덕성을 지닌 사람은 자신이 재능 없음을 걱정할 뿐, 다른 사람이 자기를 알아주지 않음을 걱정하지 않는다."

앞에서도 유사한 대목이 여러 번 등장하였다. 한때, 모든 것은 '내 탓이오!'라는 말이 유행한 적이 있었다. 이와 동일한 의미로 사용되는 것은 아니지만, 유학은 다른 사람을 핑계 대는 것을 달가워하지 않는다. 그 대신, 나 스스로 능력을 갖추고 재능을 발휘하면 다른 사람이 그것을 알기 때문에 억지로 나를 남에게 알리기에 연연하지 않을 뿐이다.

20

공자가 말하였다.

"지도적 인격을 갖춘 사람은 죽을 때까지 자기의 이름이 세상에 칭송되지 않는 것을 유감스럽게 여긴다."

지도적 인격을 갖춘 사람은 억지로 자신이 남에게 알려지기를 원하지 않는다. '40대가 되면 자신의 얼굴에 책임을 져라!'라는 말이 있듯이, 지도자는 평생토록 학문을 연마하고 사회를 위해 공헌해야 한다. 그런데 이름이 나지 않았다면, 특별한 일을 하지 않았다는 반증이 된다. 유학은 그것을 부끄럽게 여긴다.

21

공자가 말하였다.

"도덕성과 지도적 인격을 갖춘 사람은 모든 것을 자기에게서 구하고, 개인적 욕심에 빠진 조무래기들은 남에게서 구한다."

이는 군자와 소인을 가늠하는 격언이다. 훌륭한 인격을 지닌 지도적 인사는 늘 자기 충실을 꾀한다. 그러므로 모든 일에 대해 스스로 성찰하고 책망할 뿐이다. 조무래기 소인배는 인격 수양이 제대로 되지 않아, 헛된 명예나 이익을 얻기 위해 무슨 일을 하건 다른 사람 핑계를 댄다.

22

공자가 말하였다.

"도덕성을 지닌 사람은 긍지를 가지되 다투지 않는다. 함께 어울리되 편당을 만들지 않는다."

도덕성을 갖춘 사람은 자부심이 있고 일그러진 마음이 없으므로 사람과 다툴 일이 별로 없다. 그 사회 공동체의 여러 사람들과 잘 어울리고, 특정 집단이나 부류의 이익을 위해 당파를 짓지 않으며, 공평무사하고 객관적인 자세를 취한다.

23

공자가 말하였다.

"지도적 인격을 갖춘 사람은 말만 잘한다고 해서 그 사람을 추천하지 않는다. 그리고 그 사람의 지위가 낮다고 해서 그가 한 의미 있는 말까지 버리지는 않는다."

특정한 사람의 이야기만 듣고 경솔하게 사람을 등용하면 위험하다. 어떤 사람의 신분이나 지위가 낮거나 행위가 선하지 않다고 해서 그 사람이 한 말까지 그렇게 판단하고 버릴 필요는 없다. 그중에 일리 있는 말이 있으면 신중하게 고려할 필요도 있는 것이다.

24

제자 자공이 물었다.
"한마디 말로, 평생토록 지키고 행할 말이 있습니까?"
공자가 말하였다.
"그것은 아마 '타자 배려'일 것이다. 자기가 하고 싶지 않은 것을 다른 사람에게 강요해서는 안 된다."

앞에서 보았듯이, 공자의 일관된 삶의 길은 '자기 충실'과 '타자 배려'였다. 그런데 여기서는 '자기 충실'은 언급하지 않은 채, '타자 배려'를 들었다. 공자의 길은 자기 충실이라는 '수기(修己)'를 근본으로 하고 타자 배려라는 '치인(治人)'을 궁극 목표로 한다. 따라서 자공이 평생토록 지키고 행할 말을 한마디로 정돈해 달라고 하니, 자기 충실을 바탕으로 한 삶의 궁극적 지향이 녹아 있는 '타자 배려' 한마디를 일러 준 듯 하다.

25

공자가 말하였다.

"내가 다른 사람에 대하여 누구를 비난하고 누구를 칭찬하겠는가? 칭찬할 사람이 있다면 조사를 통해 실증할 수 있을 것이다. 이들은 곧 하·은·주 세 나라 때에 곧은 도리를 실천하던 사람들이다."

사람을 평가할 때, 비난과 칭찬은 정반대편에서 작용한다. 공자는 아무런 근거 없이 함부로 사람을 헐뜯거나 쉽게 칭찬하지 않았다. 반드시 실증과 증거를 통해 판단하였다. 선을 좋아하고 악을 미워하는 사람들이 다른 사람을 비난하거나 칭찬하는 것은 그들이 살아온 삶의 사실과 진실을 통해서만 가능하다.

26

공자가 말하였다.

"나는 역사를 기록하는 사관이 의심나는 점을 빼놓고 기록하지 않는 것을 보았다. 말을 가진 사람이 말을 다른 사람에게 빌려 주어 타게 하는 것도 보았다. 그런데 지금은 이런 일이 없어졌다."

사실에 대해 가감 없이 정확하게 기록하는 것이 사관의 본연의 임무이다. 분명하지 않은 사실을 억지로 갖다 붙여서도 안 되고 분명한 사실을 빼서도 안 된다.

말을 빌려 주는 이유는 두 가지다. 하나는 말을 가진 사람이 말을 훈련시키기 어려울 경우 다른 사람에게 빌려 주어 훈련시키게 하였다는 것이고, 다른 하나는 말이 필요한 사람과 말을 공유할 수 있을 정도로 인심이 후하였다는 의미로도 해석된다. 여기에서는 후대로 내려올수록 시대가 나쁘게 변한 것으로 이해한 것 같다.

27
공자가 말하였다.
"간교한 말은 도덕성을 어지럽힌다. 작은 것을 참지 못하면 큰일을 그르치게 된다."

간사한 말은 옳고 그름을 뒤집고 혼란을 가중시키며, 지켜야 할 도리가 무엇인지 듣는 사람을 헷갈리게 만든다. 조그마한 어려움은 수시로 닥쳐온다. 이런 것을 참고 이겨 내지 못하면, 나비의 날갯짓 바람이 폭풍을 일으키듯 크게 꾸며 놓은 대업을 어지럽히거나 망칠 수 있다.

28
공자가 말하였다.
"여러 사람이 싫어하더라도 반드시 살펴보고, 여러 사람이 좋아하더라도 반드시 살펴보아야 한다."

세상에는 여러 부류의 사람이 있다. 대중의 의견을 무조건 따라가는 사람도 있고, 자신의 신념과 주체적 활동을 통해 행위의 규준을 정하는 사람도 있다. 유학은 후자를 권고한다. 아무리 많은 사람들이 좋아하고 싫어하는 일이 있더라도, 그것을 확인하지 않고 그대로 믿을 것이 아니라 반드시 자신이 직접 살펴보고 판단한 후에 취사선택하는 것이다. 이는 자기에 대한 신뢰이자 자기 삶에 대한 실제적 배려이다.

29

공자가 말하였다.

"사람이 길을 넓힐 수 있는 것이지 길이 사람을 넓히는 것이 아니다."

우주 자연에서 볼 때, 사람은 아주 보잘것없는 존재에 불과하다. 하지만 문화와 문명을 일으켜 이 세계 속에서 인위적으로 주체적인 삶을 추동해 가는 위대한 존재이기도 하다. 그것을 가능하게 한 것이 문화의 길이다. 그것이 윤리 도덕적 차원에서 논의될 때 도덕으로 표현된다. 이 도덕은 사람이 만든 것이고 시대에 따라 쇄신을 거듭한다.

30

공자가 말하였다.

"잘못을 저지르고도 고치지 않는 것, 이것이 잘못이다."

이 대목은 허물이나 잘못, 오류를 대하는 유학의 자세를 보여 준다. 우리는 일상생활에서 끊임없이 잘못을 저지르며 대부분의 경우 잘못에 대해 사과하고 용서하며 서로를 감싸주기도 한다. 그것이 땅과 하늘, 낮과 밤, 음과 양처럼 짝으로 점철된 유학의 관용 정신이다. 하지만 잘못을 저지르고도 고치지 않고, 사과 한마디 없이 그냥 지나가는 경우도 많다. 거짓은 거짓을 부르고, 바늘 도둑이 소도둑 되듯이 잘못된 정신세계가 눈덩이처럼 불어나기도 한다.

31

공자가 말하였다.

"나는 예전에 종일토록 먹지도 않고 밤새도록 자지도 않고 생각해 본 적이 있었다. 그러나 유익함이 없었다. 그것은 배우는 것만 못한 짓이었다."

생각만 하는 사람을 위해 충고한 구절이다. 온갖 마음고생을 해 가면서 혼자 생각하여 무언가를 구하려는 것보다는 뜻을 겸손하게 갖고 스스로 배워서 터득하는 것이 의미가 있다. 그렇다고 배우기만 하고 생각하지 않아도 된다는 말이 아니다. 생각과 배움은 상호 작용하여 삶을 성숙시키는 기저이다.

32

공자가 말하였다.

"도덕성을 지닌 사람은 인간의 길을 제대로 가기 위해 삶을 도모하지, 단순히 먹고 사는 문제만을 도모하지는 않는다. 농사를 지어도 굶주림이 그 가운데 있을 수 있는데, 배우면 양식을 그 가운데서 얻을 수 있다. 따라서, 배워서 지도적 인격을 갖춘 사람은 인간의 길을 걱정하지 가난을 걱정하지 않는다."

이 대목은 지도자의 학문 자세를 일러 준다. 농사를 잘 지어 곡식을 많이 수확했더라도 정치가 잘못되어 세금을 많이 거둬들이면 사람이 피폐해지기 마련이다. 하지만 부지런히 배워 올바른 정치를 구현하면 먹고사는 문제는 저절로 해결된다. 인간의 길로 대변되는 정신과 양식으로 대변되는 물질 사이에서 도덕 정신의 중요성을 엿볼 수 있다.

33

공자가 말하였다.

"지혜를 발휘하여 나라를 다스린다고 해도 포용력과 도덕성으로 자리를 지키지 않으면 나라를 반드시 잃게 된다. 지혜를 발휘하여 나라를 다스리고 포용력과 도덕성으로 자리를 지킨다고 해도 엄숙하고 객관적인 태도로 정치에 임하지 않으면 사람들이 존경하지 않는다. 지혜를 발휘하여 나라를 다스리고 포용력과 도덕성으로 자리를 지키며 엄숙하고 객관적인 태도로 정치에 임하더라도 사람을 예의로 대접하지 않으면 아직 온전한 정치라고 할 수 없다."

온전한 정치를 위해서는 지식에서 도덕성, 그리고 객관성과 예의로 나아가며, 갈수록 다른 사람을 더 포용하고 드높여야 함을 이해해야 한다. 이는 자기 수양에서 타자 배려로 나아가는 확대의 논리이다.

34

공자가 말하였다.

"지도적 인격을 갖춘 사람은 자질구레한 작은 일은 잘 몰라도 크고 중대한 일은 맡을 수 있다. 일반 소시민들은 중대한 일을 맡을 수는 없으나 자질구레한 일은 알 수 있다."

이 장은 인재를 관찰하는 방법을 담고 있다. 사람은 능력과 자질에 따라 일처리에 차이가 있다. 어떤 사람은 크고 중요한 일을 맡을 수 있고 어떤 사람은 자질구레한 일처리에 적합하다. 이는 사람을 그 됨됨이와 규모에 따라 적재적소에 안배할 수 있다는 의미이다. 이때 지도자의 자질을 지니고 있는 사람과 실무형 관료의 업무 처리, 도덕성이 높은 사람과 박학다식한 사람의 업무 수행 차이도 고려해야 한다.

35

공자가 말하였다.

"일반 사람에게는 열린 마음으로 포용해 주는 정치 지도력이 물이나 불보다 더 소중하다. 나는 물과 불에 빠져서 죽는 사람을 보았다. 하지만 사람을 포용하다가 죽는 사람은 보지 못하였다."

물과 불은 생활을 영위하는 데 꼭 필요한 물질이다. 하지만 그보다 중요한 것은 인간에 대한 따스한 사랑과 열린 마음으로 감싸주는 인정이다. 물과 불은 홍수나 화재로 바뀌면 사람에게 피해를 주기도 한다. 하지만 포용력 있는 정치 지도력은 늘 인간을 살리는 데 기여한다.

36

공자가 말하였다.

"열린 마음, 포용력을 실천하는 일은 스승에게도 양보하지 않는다."

열린 마음은 원래 모든 사람이 저절로 지니고 있으면서 실천하는 것이었다. 그러나 사회에서 마주치는 여러 상황들은 사람을 닫힌 마음으로 인도한다. 개방적이고 포용력 있는 인간을 폐쇄적이고 배척하는 인간으로 만드는 것이다. 엄밀하게 말하면, 포용력이나 열린 마음은 다른 사람과 경쟁할 것이 아니다. 그것은 양심과 직결된, 건전한 사람의 실천 윤리이기 때문에 스승과 같은 존엄한 존재에게도 양보해서는 안 되는 문제이다.

37

공자가 말하였다.

"도덕성을 지닌 사람은 곧고 바르지만 무턱대고 다른 사람을 믿지는 않는다."

도덕성을 지닌 사람, 정치지도자는 올바르게 행동하고 굳은 심지를 지킨다. 하지만 어떤 사안이건 마냥 좋기만 하는 사람은 아니다. 특히, 선과 악의 문제에서는 옳고 그름을 분명하게 가린다. 따라서, 시비를 가리지 않고 부당하게 사람을 믿거나 포섭하지 않는다.

38

공자가 말하였다.

"최고지도자를 모실 때는 자기의 직책과 임무를 성실히 수행하고 그 보수는 나중에 받아야 한다."

이 대목은 최고지도자를 섬기는 방법을 보여 준다. 직업상의 책무가 먼저인가? 보수가 먼저인가? 요즘은 '연봉 협상', '보수 협의'라고 하여 능력이 있는 사람은 자신이 맡을 일보다 보수를 자신의 채용 조건으로 내미는 경우가 많다. 하지만 동양의 전통 사회에서는 보수보다는 관직이나 직위에 따른 임무에 열과 성을 다해 신중히 하는 것이 일종의 사회적 문법이었다.

39

공자가 말하였다.

"가르침에는 부류가 따로 없다."

유학의 교육정신을 나타내는 유명한 언표다. 교육 자체가 중요하지 별도로 신분상의 부류를 나누어 교육하는 일은 없다는 뜻이다. 계급이나 계층, 인종이나 부족, 천부적 자질 등 어떤 것에 구애되지 않고 교육해야 한다는 교육의 기회균등과 평등성을 엿볼 수 있다. 하지만 그 목적에서는 동일성을 지향한다. 여기에는 인격이나 품성을 교육으로 형성할 수 있다는 논리가 어느 정도 들어 있다.

40

공자가 말하였다.
"길이 같지 않으면 서로 도모하지 않는다."

삶의 방향이나 정치적 노선, 여행의 경로가 다르면, 아무리 친한 사람이라 하더라도 서로 상의하고 계획하기 어렵다. 그렇기 때문에 가는 길이 같지 않으면 함께 도모하지 않아야 한다. 취향이 같지 않은데 어떻게 일을 같이 계획할 수 있겠는가? 유유상종이라고 하지 않았던가? 길이 같은 사람, 함께 논의할 사람을 불교에서는 도반이라고 하고 유교에서는 동지라고 한다. 이 모두를 벗, 친구, 혹은 붕우라고도 한다.

41

공자가 말하였다.
"말은 뜻을 바르게 전달하기만 하면 된다."

사람이 말을 하는 핵심적인 이유는 의사소통이다. 다시 말해, 자기의 의사를 분명하게 전달하면 그만이다. 나의 의사를 명백하게 전달하는 것이 생명이다. 특히 외교 문서나 사무적인 업무 전달의 경우, 그 뜻이 분명하게 전해져야 한다. 이때 화려한 미사여구로 부풀리거나 꾸미지 말아야 한다. 그래서 대부분의 공문서가 무미건조한 것이다.

42

맹인 악사 면이 공자를 뵈러 왔다. 계단 앞에 이르자 공자가 말하였다.

"거기는 계단입니다."

앉을 자리 앞에 이르자 공자가 말하였다.

"거기가 앉을 자리입니다."

모두 자리에 앉자 공자는 그에게 다시 알려 주며 말하였다.

"아무개는 여기 있고 또 아무개는 저기 있습니다."

악사 면이 물러간 후, 제자 자장이 물었다.

"맹인인 악사와 말하는 데도 도리가 있습니까?"

공자가 말하였다.

"그렇다. 이렇게 하는 것이 본래 악사를 돕는 도리다."

동양 고대 사회에서 악사는 대부분 맹인이 담당하였다. 세상의 다양한 상황을 직접 보고 경험하면 온갖 감정이 실려 음악이 잡다해질 수 있다. 맹인은 이런 점에서 벗어나 순수하게 음악을 연주할 수 있기 때문에, 재능이 있는 사람에게 악사 자격을 부여한 것 같다. 공자가 추구했던 사람다움의 길은 간단하다. 악사는 시각장애인이기에 그에 맞는 안내가 요청된다. 공자에게 중요한 것은 전문성을 지닌 악사의 음악 연주 자체가 아니었다. 그는 앞을 보지 못하는 만큼, 음악을 연주할 수 있도록 분위기를 조성하고, 동기 부여를 하며, 자상한 배려를 하는 것이 그에 대한 예의이자 도리였을 따름이다. 이런 정신은 최고지도자를 비롯하여 서민에 이르기까지 모든 사람에게 적용된다. 그것이 바로 유학 최고의 덕목인 열린 마음이요 포용력이다.

제16편

계씨

「계씨」는 다른 편에 비해 독특한 부분이 많다. 노나라 『논어』와 차이가 많기 때문에 어떤 학자는 제나라 『논어』라고도 하였다. 특히, 세 가지 벗, 세 가지 즐거움 등 세 가지 내용을 들어 논의한 장이 많고 그 내용도 상대적으로 길다. 내용상 모두 14개의 장으로 구분하였다.

1

계씨가 노나라의 속국인 전유국을 무력으로 치려 하였다. 이에 계씨 밑에서 벼슬을 하던 공자의 제자 염유와 자로가 스승 공자를 뵙고 말하였다.

"계씨가 전유국을 치려고 합니다."

이에 공자가 말하였다.

"염구야, 이런 상황이 발생한 것은 바로 너희들의 잘못이 아니냐? 전유국은 옛날 주나라 선왕께서 동쪽 몽산의 제사를 주관하라고 봉한 곳이다. 노나라의 영토 내에 있기 때문에 노나라를 섬기는 신하의 나라이다. 그런데 어째서 무력으로 치려고 하는가?"

염유가 말하였다.

"계씨가 그렇게 하려고 하는 것입니다. 저희 두 사람 모두 그것을 원하지 않습니다."

공자가 말하였다.

"염구야! 옛날에 사관 주임이 '힘을 다하여 직무를 수행하되 자신의 능력으로 감당할 수 없으면 그만둔다.'라고 하였다. 그런데 위태로워도 붙잡아 주지 않고 넘어져도 일으켜 주지 않는다면 그런 도우미를 어디에 쓰겠느냐?

또 너희들의 말도 잘못되었다. 계씨 같은 호랑이와 들소가 우리 밖으로 뛰쳐나오고 노나라 임금 같은 귀중한 보석이 궤 속에서 깨졌다면, 이는 누구의 잘못이겠느냐?"

염유가 말하였다.

"지금 저 전유국은 성곽이 견고합니다. 또 계씨의 개인적인 땅인 비읍과 가깝습니다. 지금 이를 쳐서 빼앗지 않으면 후세에 반드시 자손들의 근심거리가 될 것입니다."

이에 공자가 말하였다.

"염구야! 정치지도자는 겉으로는 아닌 척하면서 속으로는 욕심내는 것을 싫어한다. 그리고 반드시 하려고 하면서 말을 꾸미는 것을 미워한다.

내가 듣기로는, 나라를 다스리거나 가문을 다스리는 사람은 구성원의 숫자가 적음을 걱정하지 않고, 그들에게 혜택이나 분배가 고르게 되지 않음을 걱정한다. 가난을 걱정하지 않고 편안하지 못함을 걱정한다. 고르게 분배하여 혜택을 주면 가난하지 않고 화목한 사람이 적지 않을 것이며, 사람이 편안하게 살면 나라나 가문이 기울거나 망하는 일은 없을 것이다. 이와 같기 때문에, 먼 곳에 사는 사람이 따라오지 않으면 문화적으로 덕치를 하여 스스로 오게 하고, 이미 온 사람들은 편안히 살게 해 주어야 한다.

    지금 염구와 자로, 너희 둘은 계씨를 돕고 있다. 그런데 먼 곳에 사는 사람들이 따라오지 않는데도 그들이 스스로 오도록 인도하지 못하였다. 게다가, 민심이 흩어지고 나라가 갈라져 쪼개지는데도 이를 지키지 못하고 있다. 이런 시국임에도 나라 안에서 무력 전쟁을 일으키려고 하고 있으니, 나는 계손씨의 근심이 전유국에 있지 않고 담장 안에 있음을 심히 우려한다."

    앞에서 여러 번 보았듯이, 계손씨는 노나라 임금을 받들지 않고 국권을 가로챈 무도한 실세이다. 이런 계씨의 밑에서 가신으로 있는 제자들이 전쟁 모의에 가담한 사실을 알고 공자가 심각하게 꾸짖는 장면이다. 핵심은 계손씨를 비롯한 세 가문의 세력이 비대해지는 것을 경계하는 것이며, 거기에는 노나라 임금을 중심으로 정치가 안정될 것을 바라는 염원도 담겨 있다.

2

    공자가 말하였다.

"세상이 체계적으로 질서가 잡혀 있으면 사회의 문화제도나 국가의 대소사가 최고지도자인 천자에 의해 행해지고, 세상이 혼란스럽고 질서가 무너지면 사회의 문화제도나 국가의 대소사가 그 다음 고위 지도자인 제후에 의해 행해진다. 고위 지도자가 국가의 실세 노릇을 하면, 그 후로 10대 정도에 이르기까지 권력을 휘두르다가 망하고, 그보다 아래의 지도자인 대부가 실세 노릇을 하면, 그 후로 5대 정도에 이르기까지 권력을 휘두르다가 망하며, 대부 아래에서 일하던 가신이 실세 노릇을 하면, 그 후로 3대 정도에 이르기까지 권력을 휘두르다가 망한다.

세상이 체계적으로 질서가 잡혀 있으면, 정치가 최고지도자가 아닌 그 아래 지도자의 손에 놀아날 리 없다.

세상이 체계적으로 질서가 잡혀 있으면, 서민들이 정치에 대해 이러쿵저러쿵 의논하지 않는다."

세상을 다스리는 정치의 원론을 말한 대목이다. 최고지도자는 세계를 올바르게 인도해야 할 지상 명령을 부여받은 사람이다. 따라서 그에게는 모든 인간을 행복하게 만드는 도덕 정치를 실천할 책임이 있다. 그리고 그 아래의 각계각층의 정치지도자들은 최고지도자의 자리를 넘보거나 직무 수행에서 제멋대로 월권을 행사하지 않고 충실히 보좌하여 정치 지도력을 발휘해야 한다. 설사 최고지도자 아래의 고위 지도자나 중간급 지도자가 실권을 잡았다 할지라도, 그것은 아무리 오래가 봐야 3대, 5대, 10대를 넘기기 힘들다.

3

공자가 말하였다.

"이미 맹손, 숙손, 계손 등 삼환씨가 전횡을 하여 작록을 주는 권한이 왕실에서 떠난 지 5세대가 지났다. 정사가 임금의 손에서 떠나 대부에게 넘어간 지 4세대나 되었다. 그러므로 이제 삼환씨의 자손도 그 세력이 미약해지는 것은 당연하다."

노나라는 문공이 사망한 후, 양중이 문공의 아들 적을 죽이고 선공을 내세우면서 삼환씨의 전횡이 시작되었다. 그 후, 성공, 양공, 소공, 정공에 이르기까지 5세대 동안 맹손, 숙손, 계손 등 삼환씨의 세 대부가 실세 노릇을 하였다. 이들도 결국은 가신인 양호에게 능욕을 당하고 서서히 세력이 쇠퇴한다.

4

공자가 말하였다.

"이로움을 주는 것에 세 가지 사귐이 있고 해로움을 주는 것에 세 가지 사귐이 있다. 정직한 사람과 사귀고 진실한 사람과 사귀며 많이 듣고 아는 사람과 사귀면 유익하다. 알랑거리며 비위 맞추는 사람과 사귀고 줏대 없이 굽실대며 복종하는 사람과 사귀며 아첨하고 말 잘하는 사람과 사귀면 해롭다."

사람을 사귀는 일에 대한 충고이다. 일반적으로는 유익한 벗에 세 종류가 있고 해로운 벗에 세 종류가 있다고 해석하기도 한다. 세 종류로 한정한 것은 인간의 대표적인 특성을 세 가지 들어 말했기 때문이다. 친구와의 사귐에서는 세 가지 외에도 다양한 행동을 열거할 수 있을 것이다.

5

공자가 말하였다.

"이로움을 주는 것에 세 가지 좋아함이 있고 해로움을 주는 것에 세 가지 좋아함이 있다. 보편적인 사회 문화제도인 예악에 맞게 절제하는 일을 좋아하고 다른 사람의 착함을 말하기 좋아하고 현명한 벗을 많이 갖기를 좋아하면 유익하다. 방자하게 즐기기를 좋아하고 안일하게 놀기를 좋아하며 술잔치를 벌이고 즐기기를 좋아하면 해롭다."

　일상생활에서 무엇을 좋아하는지, 그 일은 어떤 특성을 지니고 있는지 돌아보는 성찰의 지침이 되는 장이다. 무엇보다도 일상에서 좋아하는 일의 특성에 따라 삶에 손익을 가져다줄 수 있다는 것이 인상적이다. 요즘 사람들이 좋아하는 여행이나 등산, 각종 취미와 동떨어진 측면도 있지만 삶의 성숙을 위한 기준으로 삼을 수 있다.

6

공자가 말하였다.
"지도층 인사를 모시고 있을 때 세 가지 잘못을 저지르기 쉽다. 윗사람이 말을 하기 전에 먼저 말하는 것을 조급함이라 하고, 말을 했는데도 대꾸하지 않는 것을 감추는 것이라 하며, 안색을 살피지도 않고 말하는 것을 분별이 없는 것이라고 한다."

　훌륭한 사람이나 지도자, 윗사람과 대화할 때 어떻게 하면 좋은지 구체적 요령을 담고 있다. 일상생활에서 대화의 방법을 제대로 익히지 못하면 실례하는 경우가 많다. 지금 이 순간 말을 해야 하는지 말아야 하는지, 먼저 말을 꺼내야 하는지 나중에 대답을 해야 하는지, 자신의 상황을 파악하는 것도 중요하다.

7

공자가 말하였다.

"지도층 인사는 세 가지 경계해야 할 일이 있다. 젊을 때는 혈기가 안정되지 않으므로 성적 욕구를 경계하고, 어른이 되어서는 혈기가 마냥 강하므로 다툼을 경계하며, 늙어서는 혈기가 시들고 쇠약하므로 얻는 것을 경계해야 한다."

인생을 세 시기로 나누어 주의할 사항을 당부하고 있다. 특히, 혈기의 변화를 전제로 하되 자신의 뜻이 어떠한지에 대응하여 알려 주고 있어 삶을 설계하는 데 유용할 것이다. 어떤 차원에서는 유학의 실용 정신을 몸과 마음으로 정리한 것 같기도 하다. 어리고 젊은 소년 시기에서 어른으로서 한참 활동하는 장년의 시기를 거쳐 삶을 정리하는 노년 단계에서 무엇을 해야 할지 고려하게 한다.

8

공자가 말하였다.

"지도층 인사는 세 가지 두려워해야 할 일이 있다. 자연의 질서와 세상의 이치를 두려워하고, 훌륭한 사람을 두려워하며, 진리의 말씀을 두려워해야 한다. 조무래기 소인배는 자연의 질서와 세상의 이치를 알지 못하므로 두려워하지 않는다. 그래서 훌륭한 사람을 함부로 대하고 진리의 말씀을 업신여기며 빈정댄다."

두려움은 일종의 경외감이다. 사회 지도층 인사는 지도자로서 군림

하는 것이 아니라 다양한 사회 상황과 지도력 발휘 차원에서 두려워해야 할 것이 많다. 어떤 사람은 이렇게 말하기도 한다. '내가 지금 이 자리까지 왔는데 두려울 것이 무엇인가? 두려울 것 없어!' 공자가 보면 한심하기 짝이 없는 말이다.

9

공자가 말하였다.

"태어나면서 아는 사람은 가장 뛰어나다. 배워서 아는 사람은 다음이다. 막히면 애써서 배우는 사람은 그 다음이다. 막혀도 배우지 않으면 세상 사람들도 그를 가장 아래에 있는 사람이라고 한다."

유학에서는 배움의 문제를 대단히 중요하게 여긴다. 이 구절은 배움의 등급을 네 가지로 나누고 있는데, 매우 설득력이 있다. 현명한 사람이건 우둔한 사람이건 그 둘 사이에는 기질의 차이가 있을 뿐이다. 배워서 알고 사람다움을 추구하는 일에서는 동일하다. 문제는 세상 이치에 대해 제대로 알지 못해 곤란을 겪으면서도 배우지 않는 사람이다. 전혀 애쓰지 않는 자는 옛날부터 가장 하치로 여겼고 멍청하고 어리석은 존재로 취급하였다.

10

공자가 말하였다.

"도덕성을 지닌 사람, 혹은 지도적 인성을 갖춘 사람은 아홉 가지 생각해야 할 것이 있다. 볼 때는 분명하게 보기를 생각하고, 들을 때는 명확하게 듣기를 생각하고, 낯빛은 온화하게 하기를 생각하고, 태도는 공손하게 가지기를 생각하고, 말은 충실히 하기를 생각하고, 일은 신중히 하기를 생각하고, 의심스러운 것은 물어보기를 생각하고, 성이 날 때는 이후에 어려운 일이 올 것을 생각하고, 이익을 얻을 때는 그것이 올바른 상황인지를 생각한다."

아홉 가지 생각에 관한 의견인 유명한 '구사(九思)'이다. 매우 구체적으로 생활 규범을 정하여 예의범절로 만들어 놓았다. 보고 듣는 일에서 이익을 구하는 것 등 아홉 가지는 평소 생활에서 늘 있는 일이다. 공자의 요청은 간단하다. 날마다 일어나는 일이니 매일 생각하고 진실하게 다가가 자신을 성찰하고 단속하라!

11

공자가 말하였다.
"'착한 일을 보면 따라가지 못하는 것처럼 하고, 착하지 않은 일을 보면 끓는 물을 더듬듯이 한다.'라고 하였는데, 나는 그런 사람을 보기도 했고 또 그런 말을 들은 적도 있다.
'숨어 살면서 자기의 뜻을 추구하고, 의리를 행하면서 사람의 길을 달성한다.'라고 하였는데, 나는 그런 말을 들어 본 적이 있으나 아직 그런 사람을 보지는 못하였다."

삶의 자세에 관한 언급이다. 착한 일을 보면 더욱 노력하여 실천하려 마음먹고, 착하지 않은 일이나 나쁜 짓을 보면 끓는 물 속에 손을 넣었다가 얼른 빼내는 것처럼, 재빠르게 경계하는 자세를 가질 때 건전한 사회를 꿈꿀 수 있다. 한편, 은거하거나 은퇴해 있으면서도 올바른 인간의 길을 추구하거나, 의리를 실천하면서 사람의 길을 온전하게 달성하려고 노력하는 일이 매우 어려움을 토로한 말이다.

12

제나라 경공은 4천 마리의 말을 가지고 있을 정도로 부유하였다. 그러나 그가 죽었을 때 사람들은 그의 덕을 칭송하지 않았다. 백이숙제는 수양산 밑에서 굶주려 죽었다. 그러나 사람들은 오늘날까지도 그들을 칭송한다. '사람들이 칭송하는 진실은 부에 있지 않고 다른 데 있다!'라고 한 것은 바로 이를 두고 말한 것이리라.

정치의 대의명분을 극명하게 일러 주는 장이다. 제나라 경공은 4,000마리의 말을 보유할 정도로 막대한 재산과 권력을 독차지하고 부귀영화를 누린 인물이다. 하지만 사람들에게 제대로 베풀 줄 몰랐다. 백이숙제는 수양산에서 고사리를 비롯한 산나물을 캐서 먹고살다가 굶어 죽었다. 인간의 참된 삶은 빈부 자체에 있는 것이 아니라 정치적 생명력의 지속 여부에 있다.

13

제자 진항이 공자의 아들인 백어에게 물었다.
"그대는 아버님으로부터 특별히 가르침을 받은 일이 있는가요?"
백어가 대답하였다.

"아니, 없어요. 하루는 아버지가 홀로 서 계실 때, 내가 조심스럽게 뜰 앞을 지나간 일이 있었어요. 그때 아버지가 '시를 배웠느냐?' 하기에 '아직 못 배웠습니다.'라고 대답했어요. 그랬더니 아버지가 '시를 배우지 않으면 남과 더불어 말할 수 없다.'라고 했어요. 그래서 나는 물러나 『시경』을 공부했습니다.

어느 날 또 아버지가 홀로 서 계셨는데, 내가 조심스럽게 뜰 앞을 지나갔어요. 이때 아버지가 '예를 배웠느냐?' 하기에 '아직 못 배웠습니다.'라고 대답했어요. 그랬더니 아버지가 '예를 배우지 않으면 사회에 나가서 제대로 행세할 수 없다.'라고 했어요. 그래서 나는 물러나 『예기』를 공부했습니다. 내가 아버지부터 들은 말은 이 두 가지뿐입니다."

그러자 진항은 물러나 기뻐하며 말하였다.

"하나를 묻고 세 가지를 얻었다. 시에 대해 들었고, 예에 대해 들었으며, 또 선생님처럼 훌륭한 도덕성을 지닌 사람은 자기 아들이라고 해서 특별히 가까이 하여 가르침을 베풀지 않음도 알았다."

앞에서도 언급하였듯이, 공자의 교육 방법은 스스로 탐구하고 익히도록 계발하고 유도한다. 교육학에서 말하는 자기 학습이나 자기 주도적 학습이라는 말과도 상통한다. 자식이라고 해서 예외는 아니며 특별히 관심을 갖지도 않는다. 다만, 사람에게 필수적인 교육이 무엇인지 일러 줄 뿐이다. 교육의 핵심 내용이 무엇인지 모르는 사람에게 중요한 것이 무엇인지 알려 주는 것이다. 그것은 바로 시와 예이다. 시는 인간의 감정을 조절하고 사리에 통달할 수 있게 해 주고, 예는 사회에서 다른 사람과 어울리며 더불어 살 수 있도록 해 주기 때문이다.

14

최고지도자인 임금의 아내를 임금이 일컬을 때는 부인이라고 한다. 부인이 자기 스스로를 일컬을 때는 소동이라고 한다. 그 나라 사람들이 임금의 부인을 일컬을 때는 군부인이라 하고, 다른 나라 사람에게 일컬을 때는 과소군이라고 한다. 다른 나라 사람이 임금의 부인을 일컬을 때도 또한 군부인이라고 한다.

임금의 부인에 대한 호칭 문제를 중점적으로 기록하고 있다. 하지만 왜 이것을 『논어』에 기록했는지 그 이유에 대해서는 소상히 밝혀진 바가 없다. 이 장의 앞뒤로 빠진 글이 있는지 알 수도 없다. 『예기』「곡례」에 따르면, 천자의 아내는 후(后)이고, 제후의 아내는 부인(夫人), 대부의 아내는 유인(孺人), 사의 아내는 부인(婦人), 서인의 아내는 처(妻)라고 한다.

제17편

양화

이 편에는 세상이 혼란스럽고 무질서하여 사람들이 도덕적으로 타락한 부분을 한탄한 내용을 주로 다룬다. 『논어』를 편집한 사람들은 당시의 지위고하를 막론하고 흉악한 짓을 저지른 신하들의 난맥상을 밝히기 위해 이 편을 만들었다. 모두 26개의 장으로 구성되어 있다.

1

양화가 공자를 만나려 하였으나 공자가 만나 주지 않았다. 그러자 양화가 공자에게 삶은 돼지고기를 선물로 보내왔다. 이에 공자는 양화가 집에 없을 틈을 타 사례를 하려고 그의 집으로 갔다. 그런데 공교롭게도 가는 도중에 양화를 만났다.

양화가 공자에게 말하였다.

"이리 오시오. 내 당신에게 할 말이 있소! 당신은 훌륭한 학식과 인품이라는 귀중한 보배를 지니고 있어요. 지금 나라가 혼란에 빠져 있는데도 구하지 않고 내버려 두는데, 이를 두고 지도적 인품을 지녔다고 할 수 있겠소? 아닐 것이오. 정치에 참여하고 싶으면서도 자주 때를 놓치는데, 이를 지혜롭다 할 수 있겠소? 아닐 것이오. 시간은 지나가고 세월은 우리를 기다려 주지 않습니다."

이에 공자가 말하였다.

"알았소이다. 내 한번 생각해 보고 정치 참여를 고민해 보겠습니다."

양화는 계씨의 가신인 양호이다. 계환자를 잡아 가두고 나랏일을 가로채 전횡을 일삼았다. 당시의 예의로 볼 때, 대부 계급인 양화가 사 계급인 공자에게 선물을 보내면 높은 계급인 대부에게 가서 절을 해야 했다. 양화가 이런 점을 이용하려고 했으나, 예의를 잘 아는 공자도 이를 피해 양화가 집에 없는 틈을 봐서 예의를 갖추려고 했지만, 도중에 만난 것이다. 사실, 공자는 정치 참여에 관심이 없었던 것이 아니다. 단지 양화와 같은 무리들과 함께하고 싶지 않았기 때문에 그를 피한 것이다. 정치 참여를 고려해 보겠다는 공자의 말은 진심이라기보다는 대화의 절차상 건성으로 한 것 같다.

2

공자가 말하였다.
"인간의 본성은 서로 가깝지만 익힘에 따라 서로 멀어진다."

인간의 본성과 학습의 가능성을 제시한 장이다. 엄밀히 말해서, 공자는 인간의 본성에 대해 자주 말하지 않았다. 『논어』 전편을 통해 본성을 언급한 곳은 두 군데밖에 없다. 하지만 이 구절은 매우 함축적인 의미를 담고 있다. '사람의 본성은 서로 비슷하다. 하지만, 어떻게 배우고 익히느냐에 따라 사람 됨됨이가 달라진다!' 여기에서 공자는 교육과 학습의 가능성을 무한 개방하고 있다.

3

공자가 말하였다.

"지극히 지혜로운 사람, 그리고 아주 어리석은 사람은 그 기질을 쉽게 바꿀 수 없다."

이 장은 위의 2장과 연결해서 이해하면 좋다. 사람의 본성은 비슷하다. 하지만 기질 가운데 사람마다 유전성이 강한 것도 있다. 좋은 것 혹은 나쁜 것이 있고, 아무리 익힌다고 하여 변하지 않는 차원이 있는 것이다. 특히, 엄청나게 현명한 사람의 지혜나 자포자기 하는 어리석은 존재, 양극단의 기질을 지닌 사람의 경우가 그러하다. 전자는 악의 경지로 추락할 가능성이 매우 낮고, 후자는 선의 경지에 들어설 가능성이 매우 낮다.

4

공자가 무성에 갔는데 거문고 소리에 맞춰 노래 부르는 소리를 들었다. 이에 공자가 빙그레 웃으면서 말하였다.

"닭 잡는 데 어찌 소 잡는 칼을 쓰는가?"

당시 무성의 읍장으로 있던 제자 자유가 대답하였다.

"예전에 제가 선생님께 들은 바 있습니다. '지도적 인격을 갖춘 사람이 참된 정치의 길이 무엇인지 배우면 덕망이 높아져서 사람을 사랑하고, 일반 사람이 인간의 길이 무엇인지 배우면 품성과 정서가 순해져서 부려 쓰기 쉽다.'라고 하셨습니다."

그러자 공자가 말하였다.

"여러분! 자유의 말이 옳아요. 아까 내가 한 말은 농담이었어요."

제자 자유가 무성의 지도자가 되어 정치를 잘하고 있는 것을 보고 공자가 기뻐한 대목이다. 그러나 진짜 그런지 아닌지, 공자는 '닭 잡는 데 소 잡는 칼을 쓰는가?'라며 슬쩍 떠보았다. 이는 무성과 같은 작은 지방을 다스리면서 국가 차원의 음악을 연주하고 노래할 필요가 있는지 물은 것이다. 크건 작건 나라를 다스리는 원리는 마찬가지다. 그러하기에 그것은 은근히 비꼬는 것 같지만 참뜻은 칭찬하는 말이다. 이렇게 농담하는 공자의 모습이 인간적으로 정겹게 느껴진다.

5

계씨의 가신인 공산불요가 계씨의 사유지였던 비읍을 거점으로 반란을 일으킨 뒤 공자를 불렀다. 이에 공자가 가려고 하였다.

그러자 제자 자로가 언짢아하며 말하였다.

"갈 데가 없습니다. 가지 마세요. 왜 하필이면 무도한 공산씨에게 가려고 하십니까?"

공자가 말하였다.

"나를 부르는 자가 괜히 그러겠는가? 나를 등용해 주는 자가 있다면, 노나라 동쪽에 있는 비읍을 중심으로 과거 주나라처럼 부흥시킬 것이다."

공산불요는 계씨의 가신이었는데, 당시에 양화와 함께 계환자를 잡아 가두었다. 양화가 도망가자 공산불요는 비읍을 거점으로 반란을 일으켰다. 비읍은 계씨의 사유지였고 노나라 동쪽에 있었다. 공산불요는 공자에게 정치적 도움을 청하였고 공자는 이에 응해 등용되기를 바라며 비읍으로 가려고 하였다. 내심으로 주나라가 동쪽인 호경으로 도읍을 옮겨 융성하였듯이 노나라도 동쪽으로부터 부흥시켜 보려던 꿈이 있었던 것으로 보인다.

6

제자 자장이 공자에게 열린 마음을 지닌 도덕성에 대해 물었다. 그러자 공자가 말하였다.

"다섯 가지를 세상에서 실천할 수 있다면 도덕성을 지녔다고 할 수 있다."

자장이 자세히 일러줄 것을 요청하자, 공자가 말하였다.

"공손, 관용, 신뢰, 민첩성, 은혜로움이다. 공손하면 모욕을 당하지 않고, 관용을 베풀면 많은 사람들의 지지를 얻으며, 신뢰가 있으면 사람들이 신임하고, 게으르지 않고 민첩하면 일을 성취할 수 있으며, 은혜를 베풀면 사람을 충분히 부릴 수 있다."

다섯 가지 덕목은 사람과 사람 사이의 관계성을 보여 준다. 그 기초가 공손함과 관대함, 믿음, 민첩성, 은혜로움이다. 이것들은 삶의 밑천으로 윤리 도덕의 기본이다. 그것이 얼마나 발휘되느냐에 따라 정치 지도력이 결정되고, 모든 일의 동기 부여 수준이 가늠된다.

7

진나라의 대부 필힐이 공자를 초빙하자 공자가 가려고 하였다.

이에 자로가 말하였다.

"예전에 제가 선생님께서 하신 말씀을 들은 적이 있습니다. '몸소 착하지 않은 짓을 하는 그런 사람들 속에 도덕성을 갖춘 인격자가 포함되지는 않는다.'라고요. 그런데 지금 필힐이 중모 지역에서 반란을 일으켰는데 선생님께서 거기에 가시려고 하니, 어찌된 일입니까?

공자가 말하였다.

"그래, 그렇다. 하지만 이런 말을 한 적도 있다. '단단하다고 하지 않겠는가? 아무리 갈아도 닳지 않으니! 희다고 하지 않겠는가? 아무리 물들여도 검어지지 않으니! 내 어찌 표주박과 같겠는가? 어찌 공중에 매달려 있기만 하고 먹지도 못하는 것이겠는가?'"

공자의 정치 참여 의지가 강하게 드러나는 대목이다. 얼핏 생각하면, 유학자들은 혼란한 시기에는 정치를 하지 않고 한 발짝 뒤로 물러나 적절한 시기를 기다리는 것처럼 보이기도 한다. 그러나 공자의 생각은 더 현실적이고 적극적이다. 유학의 원칙은 혼란하고 무질서한 세상을 착한 세계로 개혁하는 작업이다. 따라서 학문과 도덕성을 갖춘 지도적 인물들이 이런 사업에 많이 참여해야 한다. 그리하여 악한 인간을 선한 인간으로 변화시키고, 그릇된 정치는 올바른 정치로 변화시켜야 한다. 그것이 유학의 지향이다. 공자가 등용되어 정치에 참여하고 싶은 욕심은 이런 사유에서 유래한다.

8

공자가 말하였다.

"자로, 자네! 여섯 가지 도덕을 나타내는 말 속에 여섯 가지 폐단이 숨겨져 있다는 걸 아는가?"

자로가 대답하였다.

"잘 모르겠습니다. 아직 듣지 못하였습니다."

자로가 머뭇거리자 공자가 말하였다.

"앉게나. 내 자네에게 그것을 일러 주겠네.

베풀기를 좋아하면서 배우기를 좋아하지 않으면 그 폐단은 어리석음이다. 지혜롭기를 좋아하면서 배우기를 좋아하지 않으면 그 폐단은 허황함이다. 믿음을 좋아하면서 배우기를 좋아하지 않으면 그 폐단은 해침이다. 곧음을 좋아하면서 배우기를 좋아하지 않으면 그 폐단은 각박함이다. 용맹을 좋아하면서 배우기를 좋아하지 않으면 그 폐단은 난동이다. 굳셈을 좋아하면서 배우기를 좋아하지 않으면 그 폐단은 광기이다."

여섯 가지 덕을 나타내는 말에 숨겨져 있는 여섯 가지 폐단에 관한 언급인데, '육언육폐'라고도 한다. 세상일은 이중적인 경우가 많다. 밝은 면이 있으면 어두운 면이 있고, 큰 것이 있으면 작은 것이 있듯이 말이다. 포용, 지혜, 신뢰, 정직, 용기, 강직 등 여섯 가지는 유학에서 매우 중시하는 덕목이다. 하지만 그것을 오용하거나 지나칠 때 심각한 폐단이 생길 수 있다. 무엇이건 적절하게 적용하지 않고 지나치게 고지식하거나 제멋대로 자의적으로 판단하면 문제를 일으킬 수 있다.

9

공자가 간곡하게 제자들에게 말하였다.

"그대들! 왜 시를 배우지 않는가? 시는 사람의 감흥과 흥취를 돋우고, 사물을 깊이 관찰하게 하며, 사람들과 어울려 화합하는 도리를 알게 하고, 슬픔이나 원한을 풀기도 하고 원망하게도 한다. 가까이는 부모를 모시고 멀리는 임금을 섬기는 도리를 배울 수 있다. 또 새나 짐승, 풀이나 나무 등 자연에 존재하는 사물의 명칭도 많이 알게 한다."

『시경』을 공부해야 하는 이유를 설명하고 있다. 시는 단순히 현대 국문학에서 다루는 시의 의미를 능가한다. 정치, 경제, 사회, 문화, 자연 등 종합적인 차원의 삶이 담겨 있다. 그런 점에서 『시경』은 중국 고대 사회의 우주 자연과 인생에 관한 문학과 역사, 철학, 과학을 통합하는 인간학이다.

10

공자가 아들 백어에게 말하였다.

"너는 『시경』의 「주남」과 「소남」의 시를 공부했느냐? 사람으로서 「주남」과 「소남」을 공부하지 않으면 바로 앞에 담장을 마주하고 서 있는 것과 같다."

「주남」과 「소남」은 『시경』「국풍」의 편명이다. 「주남」에는 11수, 「소남」에는 14수의 시가 실려 있다. '주'와 '소'는 모두 지명 이름으로 주나라가 도읍한 기산의 남쪽에 있었다. 「주남」과 「소남」은 바로 이 두 지역에서 채집한 민간의 노래이다. 그 내용의 핵심이 수신제가이기 때문에 공자가 자식인 백어에게 그렇게 강조한 것이다.

11

공자가 말하였다.

"많은 사람들이 '예의가 중요하다, 예의가 중요하다.'고 말하지만, 예물인 보석이나 비단을 말하는 것이겠느냐? '음악이 중요하다, 음악이 중요하다.'고 말하지만, 악기인 종이나 북을 말하는 것이겠느냐?"

예와 악은 유학의 알파와 오메가이다. 공자는 예악의 형식보다는 근본과 본질을 중시하였다. 내면의 존경을 외형적 예물인 보석이나 비단으로 드러내는 것이 예이고, 내면의 화합을 외형적 악기인 종이나 북으로 연주하는 것이 악이다. 중요한 것은 겉치레가 아니라 마음에서 우러나는 진정성이다.

12

공자가 말하였다.

"요즘 뭔가 있는 체하는 존재들은 겉으로는 위엄이 있으나 속으로는 약한 사람이다. 이를 일반 서민에 비유하면 벽을 뚫고 담을 넘는 좀도둑과도 같다."

예나 지금이나 상당수의 사람들은 속이 텅 비었으면서도 외모를 꾸미고 세상을 속이며 살아간다. 이런 존재들은 겉치레 하나로 번듯한 직

위나 직책을 차지하기도 한다. 공자는 그런 사회 상황을 도둑질로 보고 개탄하였다. 이는 어떤 시인이 시에서 사회 지도층 인사를 도적에 비유하며 비판한 것과 유사하다.

13

공자가 말하였다.

"무식하고 저속한 조무래기들이 떠받드는 두목은 결국 사회의 도덕을 해치는 큰 도적과 같은 존재이다."

천박한 사회 분위기에서 그들이 내세우는 착한 사람이나 두목은 높은 경지의 도덕성을 지니기보다는 얄팍한 인정이나 왜곡된 의리에 끌리기 쉽다. 같은 무리끼리 추잡하게 뭉치는 것이다. 비유컨대, 조직 폭력배나 소인배들이 우글거리는 곳의 우두머리는 세상의 질서를 혼란에 빠트리고 도덕을 무너뜨리려는 도적과도 같다.

14

공자가 말하였다.

"길거리에서 서민들이 한 말을 듣고 길거리에서 바로 다른 사람에게 옮겨서 말하는 것은, 보편적인 도덕을 포기하는 행동이다."

길거리에 떠도는 말은 어떤 것이 사실이고 진실인지 그 시비와 선악을 판단하기 어렵다. 때로는 황당한 유언비어가 조성되기도 한다. 이런 말들을 사실로 받아들여 길거리에서 사람들에게 전하고 또 전하면 세상은 거짓으로 가득 차기 쉽다. 그것은 도덕성을 파괴하는 지름길이다.

15

공자가 말하였다.

"천박한 사람과 함께 지도자를 섬길 수 있겠는가! 그들은 부귀를 얻지 못하면 어떻게 얻을 수 있을까 골머리를 앓고, 얻으면 잃을까 봐 걱정한다. 정말 잃을까 봐 걱정이 들면 못하는 짓이 없을 것이다."

도덕성을 갖춘 인품을 크게 세 등급으로 나눌 수 있다. 도덕에 뜻을 둔 사람, 공명에 뜻을 둔 사람, 부귀에 뜻을 둔 사람이 그것이다. 정치지도자가 되려는 사람은 도덕에 뜻을 두어야지 재물이나 지위, 명예나 권력을 우선적으로 추구하여서는 곤란하다. 특히 부귀에만 뜻을 두면 수단과 방법을 가리지 않고 그것을 달성하려고 하기 때문에, 이런 사람이 사회 지도급 인사가 되면 매우 위험하다.

16

공자가 말하였다.

"옛날에는 사람에게 세 가지 도덕적 결함이 있었다. 하지만 오늘에는 그것이 없어진 것 같다. 옛날에 엉뚱하게 뜻이 높은 사람은 조그만 예절에 얽매이지 않았으나, 오늘날 뜻이 높은 사람은 방탕하기만 하다. 옛날에 지나치게 긍지가 있는 사람은 방정했으나, 오늘날 긍지가 있는 사람은 사납게 위세만 부린다. 옛날에 학식이 없어 어리석은 사람은 우직했으나, 오늘날 어리석은 사람은 남을 속이려고 수작을 부린다."

이 대목은 시대의 변화와 인간을 이해하는 방식을 보여 준다. 과거 인간이 지닌 세 가지 결함은 첫째, 지나치게 높고 엉뚱한 욕망을 지닌 것, 둘째, 지나치게 자랑하며 긍지를 갖는 것, 셋째, 지식이 없어 어둡고 밝지 못한 것. 지나치게 높고 엉뚱한 욕망을 지닌 사람은 조그마한 예절을 안 지키더라도 자유분방한 가운데 질서가 있다. 그런데 요즘 사람들은 예절을 지키기는커녕 제멋대로, 심지어는 방탕하게 행동한다. 지나치게 자랑하며 긍지를 가진 사람은 나름대로 자신에게 엄격하며 자신을 지킨다. 하지만 요즘 사람들은 자기 자랑만 늘어놓으며 그것이 무시당할 때는 화를 내고 함부로 싸우거나 남을 해치기도 한다. 옛날에 지식이 없어 어둡고 밝지 못한 사람은 강직하게 자기 길을 갔다. 그러나 요즘 사람들은 사심을 품고 남을 속이고 남의 재물을 탈취하기도 한다.

17

공자가 말하였다.

"말하는 소리는 남이 듣기 좋게 하고 낯빛은 남이 보기 좋게 하는 사람 가운데 사람을 사람답게 대할 줄 아는 자는 드물구나!"

「학이」 3장에 나온 말이다. 다시 강조하면, 사람을 만날 때 가장 쉽게 접할 수 있는 것이 말솜씨와 얼굴에 드러나는 용모이다. 말하는 것은 듣기 좋게 하고 얼굴빛은 보기 좋게 하여 남의 비위나 맞추려는 가식적인 행동은 참된 사람의 행동거지가 아니다.

18

공자가 말하였다.

"자주색이 붉은색을 빼앗는 것을 미워하고, 정나라의 음탕한 음악이 우아한 아악을 어지럽히는 것을 미워하며, 말재주로 나라나 가문을 전복하는 것을 미워한다."

자주색은 붉은색에 흑색을 띠고 있기 때문에 붉은색의 광채를 빼앗는다. 정나라의 간사하고 음란한 음악은 선대 지도자들의 업적을 기리는 훌륭한 음악을 혼란스럽게 만들 수 있다. 말만 잘하는 유세가들이 무엇이 올바른 길인지 알지 못하고 정치지도자들의 판단을 흐리게 하여 나라가 무너질 수도 있다. 따라서 모든 일에 시비를 잘 판단하여 사악함이 올바름을 해치는 일이 없도록 경계해야 한다.

19

공자가 말하였다.
"나는 말을 하지 않으려고 한다."
제자 자공이 말하였다.
"선생님께서 말을 하지 않으시면 저희들은 무엇을 바탕으로 공부합니까?"
공자가 말하였다.
"하늘이 무슨 말을 하던가? 사계절이 바뀌어 돌고 모든 사물이 살아서 자라지만, 하늘이 무슨 말을 하던가?"

이 대목은 유학의 자연관, 인생관, 학문관 등을 종합적으로 보여 준다. 그만큼 많은 사상가들이 여러 가지 주석을 첨가한 곳이기도 하다. 공자의 제자 자공이 인간의 길이 무엇인지 알려 달라고 재촉하자 공자는 단호하게 말한다. '나는 말하지 않으련다. 자연의 질서를 잘 보아라. 말할 게 뭐 있느냐? 뻔히 알 수 있는 것이다.'

20

유비가 공자를 만나려고 하였으나 공자는 아프다는 핑계를 대고 만나기를 사절했다. 유비의 말을 전하려고 심부름 온 사람이 문밖으로 나가자, 공자는 거문고를 타고 노래를 불러 그 심부름꾼이 듣게 하였다.

배움의 상호 관계가 어떠해야 하는지를 잘 보여 주는 장이다. 유비는 노나라 사람으로 애공의 신하였다. 그는 예전에 애공의 명령으로 공자에게 상례를 배운 적이 있었다. 공자가 유비를 만나지 않은 이유는 간단하다. 예의의 문제이다. 공자에게 배운 사람이 할 일이 있으면 직접 찾아와서 상의하는 것이 예의이다. 그런데 심부름꾼을 시켜 말을 전하려고 했으니 무례한 행동이다. 심부름꾼에게 자신이 아프지 않음을 노래로 증명해 준 것도 일종의 깨우침 교육이다.

21

제자 재아가 물었다.

"부모가 돌아가셨을 때 삼년상은 그 기한이 너무 긴 것 같습니다.

정치지도자가 3년이나 예의를 지키지 못하면, 예의는 반드시 혼란스러워질 것입니다. 3년이나 음악을 울리지 않으면, 음악은 반드시 무너질 것입니다. 묵은 곡식이 없어진 다음에 새 곡식이 나오고 불씨를 얻기 위해 구멍을 뚫어 불씨를 일으키는 나무도 새로 마련하는 것처럼, 삼년상도 일년상으로 하는 것이 좋지 않겠습니까?"

공자가 말하였다.

"일년상만 마치고, 쌀밥을 먹고 비단옷을 입어도 자네 마음이 편하겠는가?"

재아가 말하였다

"편합니다."

공자가 말하였다.

"자네 마음이 편하다면 그렇게 하게! 도덕성을 갖춘 사람은 상중에는 음식을 먹어도 맛있지 않고, 음악을 들어도 즐겁지 않으며, 어떤 곳에 살아도 있어도 편하지 않다네. 그래서 그렇게 하지 않는 것이네. 지금 자네 마음이 편하다면 그렇게 하게."

재아가 나가자 공자가 말하였다.

"재아는 참으로 도덕적이지 않구나! 자식은 태어난 지 3년이 지나야 부모의 품에서 겨우 벗어날 수 있다. 부모가 돌아가셨을 때 삼년상을 치르는 것은 세상의 보편적인 예의이다. 재아도 부모로부터 3년 동안 사랑을 받았겠지?"

유학의 전통 상례에서 삼년상의 의미를 알려 주는 장이다. 요즘은 장례법이 많이 바뀌었다. 매장도 하지만 화장, 수목장 등을 행하기도 한다. 장례 기간도 매우 짧고, 특별한 경우를 제외하면 일년상이니 삼년상이니 하는 개념도 희박하다. 삼년상을 치르는 것은, 인간이 태어나서 3년쯤 지나야 부모 품에서 벗어날 수 있기 때문에 부모님이 돌아가시면 태어나서 길러 준 기간만큼 최소한의 은혜를 갚는다는 상징적 의미가 있다. 물론, 부모님의 끝없는 애정과 은혜에 비하면 긴 시간이라 보기 힘들다.

22

공자가 말하였다.

"하루 종일 배불리 먹기만 하고 마음 쓰는 일이 없으면 도덕성을 기르기 어렵다! 심심풀이로 장기나 바둑 같은 내기나 노름을 할 수도 있지 않은가? 그런 짓이라도 하는 것이 안 하는 것보다는 나을 것이다."

무위도식하는 사람에 대한 경계이다. '배부른 돼지보다는 배고픈 소크라테스가 낫다.'는 서양의 격언이 있듯이, 사람이라면 단순히 먹는 일에만 신경 쓸 것이 아니라 정신적 차원의 삶을 모색해야 한다. 특히, 지식을 쌓고 도덕성을 길러 인류에 기여하는 일을 추구해야 한다. 그렇다고 해서 공자가 장기나 바둑을 권장한 것은 아니다. 이런 것도 경계한다. 장기나 바둑이라도 하는 사람은 마음을 바꾸면 얼마든지 다른 일도 할 수 있다. 하지만 원래부터 아무 일도 하지 않으면 어떤 일도 할 수 없다. 이 대목은 빈둥빈둥 하는 일없이 밥이나 축내지 말고 무엇이건 의미 있는 일을 찾으라는 충고를 담고 있다.

23

제자 자로가 말하였다.

"정치지도자도 용맹이나 용기 자체를 존중합니까?"

공자가 말하였다.

"정치지도자는 도의를 최고의 덕목으로 여긴다. 정치지도자가 용맹스럽고 용기는 넘치는데 도의가 없으면 반란을 일으킨다. 일반 서민이 용맹스럽고 용기가 넘치는데 도의가 없으면 도둑질을 하게 된다."

공자의 제자 중 자로는 용맹스러웠고 그만큼 나서기를 좋아하였다. 공자가 볼 때, 용맹스러운 태도나 용기도 필요하지만 그보다 우선해야 할 것은 도덕성이었다. 도덕성이 전제되지 않은 어떤 행동도 정당화하기 어렵고, 도덕성에 앞서는 행동은 부정적인 문제 상황을 가져온다.

24

제자 자공이 말하였다.

"도덕성을 갖춘 훌륭한 사람도 미워하는 것이 있습니까?"

공자가 말하였다.

"미워하는 것이 있다. 사람의 나쁜 점을 들추어내서 말하는 것을 미워하고, 아랫자리에 있으면서 윗자리에 있는 사람을 비방하고 헐뜯는 것을 미워하며, 용맹하게 날뛰면서 예의가 없는 것을 미워하고, 과감하지만 꽉 막혀 사리에 통하지 않는 것을 미워한다."

공자가 말하였다.

"자공, 자네도 미워하는 것이 있는가?"

자공이 대답하였다.

"남의 것을 엿보고 자기가 아는 것처럼 하는 것을 미워하고, 겸손하지 않은 태도를 용감한 것으로 여기는 것을 미워하며, 사람의 비밀과 사생활을 폭로하면서 강직하다고 여기는 것을 미워합니다."

미움의 대상에 대한 견해이다. 공자는 주로 도리에 어긋난 사람을 미움의 대상으로 제시하였고, 자공은 의리를 가탁한 사람을 미움의 대상으로 제시하였다. 훌륭한 사람은 포용력이 뛰어나므로 모든 사람을 끌어안는 것처럼 생각하기 쉽다. 하지만 깊이 생각해 보면, 진정으로 도덕성을 갖춘 사람만이 사람을 사랑하거나 미워할 수 있다. 일반 사람의 경우, 서로가 사랑과 미움의 대상이 되어 절대적 기준을 설정하기 어렵기 때문에 진정으로 시시비비를 가리거나 선악을 충고하기 쉽지 않다.

25

공자가 말하였다.

"시녀나 하인은 다루기가 매우 어렵다. 친근하게 대하면 공손하지 않고, 소원하게 대하면 원망한다."

이 구문의 앞부분은 흔히 '여자와 소인은 다루기 어렵다!'로 풀이된다. 그럴 경우, 일반적인 부녀자나 서민을 다루기 어렵고 사람답게 기르기 어려운 존재로 인식하게 된다. 공자는 정상적인 여성이나 서민을 비하하거나 경시하지 않았다. 『주역』의 여러 기록을 보아도 여자는 남자와 동등한 차원에서 짝으로 이해하였고, 서민은 지도자의 짝이었다. 이

구문은 여자 하인과 남자 하인의 특성을 지적한 것으로 이해하는 것이 좋다.

26

공자가 말하였다.

"나이가 40이 되었는데도 사람들에게 미움을 받는다면 더 이상 볼 것이 없다."

공자는 나이 40세를 '불혹'이라고 했다. 이때는 세상의 어떤 유혹에도 쉽게 흔들리지 않는 시기이다. 이 정도의 연륜에서는 자기 나름의 신념도 있고 도덕성도 상당히 갖추어야 한다. 그런 부분이 미흡하다면, 나이만 먹었지 인간으로서 성숙도는 낮을 수밖에 없다. 따라서 젊은 시절에 때를 놓치지 말고 수양에 힘써야 한다.

제18편

미자

「미자」에는 훌륭한 인품을 지닌 사람들에 관한 일화가 많이 담겨 있다. 관직에 나가고 물러나는 일을 다루었을 뿐만 아니라, 세상을 버리고 숨어 사는 은자들을 등장시켜 공자의 현실주의와 개혁 사상을 드러내었다. 모두 11개의 장으로 구성되어 있다.

1

미자는 떠나갔고, 기자는 노예처럼 행세하며 숨었고, 비간은 끝까지 간하다가 죽었다.

공자가 말하였다.

"은나라에 세 명의 도덕성을 갖춘 지도층 인사가 있었다."

세 사람은 모두 은나라 말기, 주왕(紂王) 때의 사람이다. 미자는 주왕의 형이고 기자와 비간은 주왕의 숙부이다. 한 일은 같지 않으나 세 사람 모두 주왕이 포악무도한 정치를 하자 자신의 지위와 생명을 걸고 충고하다가 고초를 겪거나 죽임을 당하였다.

2

노나라 대부 유하혜가 노나라의 재판관이 되었다가 세 번이나 자리에서 쫓겨났다.

어떤 사람이 물었다.

"자네, 세 번이나 쫓겨났는데, 이 나라를 떠나는 게 낫지 않겠는가?"

그러자 유하혜가 말하였다.

"도리를 곧게 지키며 사람을 섬기면 어느 나라에 간들 세 번 쫓겨나지 않겠는가? 도리를 굽히고 접으며 사람을 섬기면 지도층과 영합하여 잘살 수 있는데 어찌 내가 태어난 조국을 떠난단 말인가?"

유하혜는 양심에 따라 떳떳하게 자신의 임무를 수행한 인물이다. 하지만, 거짓이 횡행하고 질서가 무너진 사회에서 올바른 도리는 통하지 않았다. 쉽게 말하면, 당시 노나라 지도자들의 입맛에 맞지 않으므로 세 번이나 자리에서 쫓겨난 것이다. 그가 다른 나라로 가지 않겠다고 말한 것은 세상에 어떤 나라도 안정되어 있지 않기에 어디를 가도 상황은 마찬가지라는 의미이다.

3

제나라 경공이 공자를 초빙할 경우 어떻게 대우할 것인지 논의할 때, 다음과 같이 말하였다.

"노나라의 최고위 지도층인 계씨처럼 대우할 수는 없지만 그 아래 고위 지도층인 계씨와 맹씨의 중간 정도로 대우하겠다."

그러나 경공은 나중에 그것을 번복하며 이렇게 말하였다.

"내가 너무 늙어서 공자를 등용해 쓸 수 없다."

이에 공자는 즉시 제나라를 떠났다.

공자 당시의 유세가들에게는 여러 나라를 돌아다니면서 어떤 나라에 등용되어 자신의 학문과 정치 지도력을 발휘하는 것이 인생의 목표이기도 하였다. 공자도 천하주유를 하면서 등용되기를 고대하였으나 그렇지 않은 경우가 많았다.

4

제나라 사람이 미인들로 구성된 가무단을 보내왔다. 노나라의 계환자가 이를 받아들이고 신하들과 함께 즐기며 사흘간 조회를 열지 않았다. 그러자 공자가 노나라를 떠났다.

공자가 노나라의 사구(司寇), 즉 오늘날의 검찰 총장이 되어 정치력을 발휘하자, 3개월 만에 나라가 제대로 다스려졌다. 이때 이웃 나라인 제나라는 노나라가 강성해지면 제나라에 이롭지 못할까 봐 걱정이 되었다. 이에 노래 잘하고 춤 잘 추는 미녀들로 가무악단을 만들어 노나라에 보냈다. 이를 받아들여 즐기고 정사를 돌보지 않는 지도층의 모습에 공자는 환멸을 느꼈다. 특히, 공자는 그들의 행태가 정치적 도의를 저버렸으며 보편적 예의에 어긋난다고 보고 실망하여 떠났다.

5

초나라의 미치광이 접여가 노래를 부르며 공자가 타고 가던 수레 앞을 지나갔다.

"봉황새여! 봉황새여! 참으로 덕이 쇠했구나! 지난 일은 탓할 수 없으나 오는 일은 쫓을 수 있다네. 그만두세! 그만두세! 오늘날 정치에 참여하는 사람은 위태로울 따름이네."

공자가 수레에서 내려 그와 말을 나누고자 하였다. 하지만 그가 재빠르게 몸을 피하여 말을 하지 못하였다.

접여는 초나라의 육통이라는 사람으로, 미친 척하고 난세를 한탄하며 숨어 사는 은자라고 하나 정확하지 않다. 접여라는 말 자체가 '수레에 접근한 사람'이라는 뜻이다. 공자는 혼란스런 세상을 구제하겠다는 큰 뜻을 품고 천하주유를 하고 있었지만, 세상은 그를 알아주지 않고 제대로 등용되지도 않았다. 그런 와중에 초나라의 은자인 접여가 등용의 어려움을 알고도 세상에서 물러나 숨지 않는 지도적 인격자들을 풍자하는 대목이다.

6

장저와 걸익이 함께 밭갈이를 하고 있었다. 이때 공자가 수레를 타고 지나가다가 제자 자로를 시켜 나루터가 어디에 있는지 물었다.

장저가 말하였다.

"저 수레의 고삐를 잡고 있는 분은 누구요?"

자로가 말하였다.

"우리 선생님, 공구이십니다."

장저가 말하였다.

"아, 노나라의 공구인가요?"

자로가 말하였다.

"그렇습니다."

장저가 말하였다.

"그렇다면 그 분은 나루터를 알 것이오."

자로는 장저가 나루터를 알려 주지 않을 것으로 판단하고, 저쪽에 있던 걸익에게 다시 물었다.

그러자 걸익이 말하였다.

"그대는 누구신가?"

자로가 말하였다.

"나는 자로라고 합니다."

걸익이 말하였다.

"그대가 바로 노나라 공구의 제자이신가?"

자로가 말하였다.

"그렇습니다."

걸익이 말하였다.

"지금 세상의 혼란스러움이 극에 달해 도도한 흐름이 이와 같은데 그 누가 세상을 바꿀 수 있겠소? 또 그대는 공구처럼 사람을 피하는 지도자를 따라다니고 있는데, 그것이 세상을 피하는 우리 같은 인격자를 따르는 것만 하겠소이까?"

그러고는 씨앗을 뿌리고 흙 덮는 일을 계속하였다.

자로가 되돌아와 이 사실을 알리자 공자가 시무룩하고 떨떠름한 표정을 지으며 말하였다.

"사람이 새나 짐승처럼 떼 지어 살 수는 없다. 내가 이 세상 사람과 살지 않으면 누구와 더불어 살겠는가? 세상이 질서 있고 혼란스럽지 않다면, 내가 세상을 바꾸려고 하지도 않을 것이다!"

장저와 걸익은 모두 세상을 등지고 숨어 사는 은자이다. 여기에서는 이들이 세상을 이해하는 관점과 공자가 세상을 대하는 시각 차이가 확연히 드러난다. 세상 밖으로 뛰쳐나오느냐? 세상 속으로 파고들어 가느냐? 세상을 도피하느냐? 세상을 개혁하느냐? 그것은 세상을 이해하고 바라보는 시선과 그에 따른 삶의 자세나 태도에 의해 결정된다.

7

제자 자로가 스승 공자를 따라가다가 뒤처졌다. 이때 지팡이에 대나무로 만든 그릇을 어깨에 메고 가는 노인을 만났다.

이에 자로가 물었다.

"어르신, 혹시 우리 선생님을 보셨습니까?"

그러자 노인이 말하였다.

"사지를 부지런히 움직이지 않고 오곡을 분별하지도 못하면서 세상을 떠다니는 처지에 누구 보고 선생이라 하시오!"

그러고는 지팡이를 땅에 꽂아 놓고 김을 매었다. 자로가 은자임을 알아채고 공손하게 손을 모으고 곁에 서 있었다.

그러자 노인은 자로를 자기 집에 묵게 하고, 닭을 잡고 기장밥을 지어 대접하였다. 그뿐만 아니라, 자기의 두 아들을 자로에게 인사시켰다. 다음날 자로는 그 집에서 나와 공자에게 이 사실을 알렸다.

공자가 말하였다.

"숨어 사는 분, 은자이다."

그러고는 자로에게 되돌아가 그를 다시 찾아보게 하였다. 그 집에 도착해 보니, 그는 이미 어디론가 떠나고 없었다.

자로가 말하였다.

"관직에 나아가 정치력을 발휘하지 않는 것은 세상의 올바른 도의를 버리는 일이다. 어른과 어린아이 사이의 예절도 폐할 수 없는데, 정치지도자와 관리 사이의 예의를 어찌 폐할 수 있겠는가? 자기의 몸을 깨끗이 하려다가 큰 윤리를 어지럽힌 격이다. 지도적 인격을 지닌 사람이 관직에 나가는 것은 도의를 실천하기 위해서이다. 지금 이 세상에 도의가 실천되지 않고 있는 것은 나도 이미 알고 있다!"

공자가 은자를 대하는 태도가 담긴 유명한 장이다. 은자들은 일반적으로 사회 참여를 지양한다. 공자도 세상을 피해 숨어 살면서 자신의 몸을 깨끗이 하고 자족하는 사람들을 존경하였다. 그러면서도 자신이 세상에 적극적으로 뛰어드는 이유에 대해 합리적으로 설명하려고 한다. 앞에서 보았듯이, '세상 사람과 어울리지 않고, 누구와 더불어 산단 말인가!' 공자는 유학의 정신에 맞게 은자의 존재를 긍정하면서도 인간으로서 자신의 감정과 의견을 명확하게 제시한다. 자기 한 몸을 깨끗이 하기 위해 은자처럼 숨어 사는 것은 윤리를 지키며 더불어 사는 인류 사회의 윤리와 어긋난다! 사람이 더 나은 사회를 만들기 위해 배우고 벼슬을 하려는 것은 사회적 공익 실천을 위해 기여하려는 것이다!

8

초야에 은둔한 인재로는 백이, 숙제, 우중, 이일, 주장, 유하혜, 소련 등 일곱 사람을 꼽을 수 있다.

공자가 말하였다.

"자기의 뜻을 굽히지 않고 자기의 몸을 욕되게 하지 않은 사람은 백이와 숙제일 것이다."

유하혜와 소련에 대해서는 다음과 같이 평하였다.

"이 들은 둘 다 뜻을 굽히고 몸을 욕되게 하였다. 그러나 말이 의리에 맞고 행실이 생각과 일치하였으니, 이런 점에서 괜찮았다."

우중과 이일에 대해서는 다음과 같이 평하였다.

"은둔해 살면서 큰소리를 치기도 하였다. 그러나 몸가짐이 청렴하였고 세상을 버리고 은둔하는 시기가 적절하였다.

그러나 나는 이들과 다르다. 할 수 있는 것도 없고 할 수 없는 것도 없다."

은둔에 대한 공자의 뜻은 시대 흐름에 적절하게 대응하고 추세의 마땅함에 따르는 것이다. 반드시 관직에 나아가야 하는 것도 아니고, 그렇다고 해서 반드시 은둔해야 하는 것도 아니다. 정치에 참여하는 것이 옳다고 판단되면 나아가고, 물러남이 은둔하는 것이 옳다고 판단되면 물러난다.

9

악관의 수장으로 대사를 맡고 있던 지는 제나라로 갔다. 아반의 악사인 간은 초나라로 갔고, 삼반의 악사인 요는 채나라로 갔으며, 사반의 악사인 결은 진나라로 갔다. 북을 치는 방숙은 하내로 들어갔고 작은 북을 흔드는 무는 한중으로 들어갔다. 악관을 돕던 소사인 양과 경쇠를 치는 양은 바다에 있는 섬으로 갔다.

아반, 삼반, 사반은 식사를 할 때 음악으로 흥을 돋우던 자리이다. 노나라 소공 때, 나라가 어지럽고 정국이 혼란스러워지면서 예와 악이 무너지자 여러 악관들이 사방으로 흩어진 상황을 설명한 것이다.

10

주공이 그의 아들 백금을 노나라의 임금으로 삼으며 말하였다.
"최고지도자는 일가친척에게 소홀히 하지 않고, 정치 지도력을 발휘할 수 있는 사람이나 관리들에게 자기를 써 주지 않는다는 원한을 품게 하지 않는다. 그리고 원로 공신이나 오랫동안 함께 정치에 참여했던 옛 친구가 큰 사고가 없다면 버리지 않으며, 또한 한 사람에게 모든 것이 갖추어지기를 요구하지 않는다."

주공은 공자가 가장 존경하는 주공 단을 말한다. 주공은 노나라의 시조나 마찬가지인데, 자기 대신 아들 백금을 노나라의 임금으로 삼았다. 여기에서는 그 당시의 봉국제 혹은 봉건제도에서 필요한 정치지도자의 덕목을 알 수 있다.

11

주나라에 여덟 명의 훌륭한 인재가 있었다. 백달과 백괄, 중돌과 중홀, 숙야와 숙하, 계수와 계왜가 그들이다.

이들 여덟 명은 주나라 2대 성왕 대의 사람이라고도 하고 11대 선왕 때의 사람이라고도 하는데 알 수가 없다. 8명은 한 가정에서 태어났는데, 한 어머니가 네 번 쌍둥이를 낳아 키웠다고 한다. 첫 번째 쌍둥이가 백달과 백괄, 두 번째가 중괄과 중흘, 세 번째가 숙야와 숙하, 막내가 계수와 계왜이다. 왜 이런 사실이 기록되어 있는지 자세히 알 수는 없으나, 주나라가 흥성했을 때 그만큼 훌륭한 인재가 많았음을 보여 주는 것으로 생각된다.

제19편

자장

「자장」은 모두 제자들의 말로 채워졌다. 공자 제자 중에서 안연 이후에 총명함은 자공이 최고이고, 증삼을 제외하고 자하가 가장 충실했으므로, 이에 대해 특별히 자세하게 기록하였다. 모두 25개의 장으로 되어 있다.

1

자장이 말하였다.

"지도적 인성을 제대로 갖춘 선비는 위태로움을 보면 목숨을 바치고, 이익 앞에서는 의리를 생각해야 한다. 제사는 공경한 마음으로 모시고, 상례는 애통하는 마음으로 치러야 한다. 그래야 진정한 선비라 할 만하다."

여기에서는 전통적으로 공직자나 사회 지도층 인사들에게 요구되는 덕목을 제시한다. 우리 사회에도 다양한 방면의 의인이 있다. 애국지사, 독립투사, 민주화 유공자, 지하철에서 다른 사람의 목숨을 구한 사람, 화재 현장에서 목숨을 구한 사람 등 현대적 의미에서는 이들이 이 구절의 모델이 될 수도 있다.

2

자장이 말하였다.

"도덕성을 지니고 있으면서 그것을 넓히지 않고 사람의 도리를 믿으면서 그것을 성실히 실천하지 않으면, 어찌 도덕성이나 도리가 있다고 할 수 있겠는가? 어찌 도덕성이나 도리가 없다고 할 수 있겠는가?"

도덕성이나 도리에 대해 알고 있고 그것을 넓히고 실천하는 것이 사회 지도층 인사의 임무이다. 단순히 도덕성이나 도리를 지키면서 아무것도 하지 않는다면, 그런 존재는 세상에 있어도 그만, 없어도 그만이다.

3

자하의 문인이 자장에게 물었다.

"사람을 사귀려면 어떻게 해야 합니까?"

자장이 말하였다.

"자네 선생인 자하는 무어라고 하시던가?"

이에 문인이 대답하였다.

"저의 선생님 자하는 이렇게 말하였습니다. '옳은 사람과는 사귀고 옳지 못한 사람은 거절해라.'"

그러자 자장이 말하였다.

"내가 들은 것과는 다르다. 도덕성을 갖춘 사람은 현명한 사람을 존중하지만 보통 사람도 용납하여 받아들인다. 착한 사람을 아름답게 여기지만 재능이 없는 이도 불쌍하게 여긴다. 내가 아주 현명하다면 어떤 사람이건 받아 줄 수 있다! 그러나 내가 현명하지 않다면 다른 사람들이 먼저 나를 거절할 것이니, 어찌 다른 사람을 거절할 수 있겠는가?"

사람을 사귀는 원칙에 대해 다른 견해를 드러내고 있다. 자하는 신중하게 사람을 택하여 교제할 것을 제안하고, 자장은 넓고 다양하게 교류할 것을 주장한다. 자하처럼 재능과 덕망이 자기보다 나은 올바르고 좋은 사람을 선택하여 친구로 삼는 것도 중요하다. 또한 자장처럼 내가 현명하기 때문에 현명한 사람과 어울리는 것도 좋지만, 일반 사람들과 함께하며 포용하는 교제도 필요하다.

4

자하가 말하였다.
"비록 보잘것없는 조그마한 기술일지라도 반드시 볼 만한 점이 있다. 하지만 원대한 뜻을 이루는 데 장애가 될 수도 있으므로 지도층 인사는 이를 배우지 않는다."

옛날에는 농사나 의술, 점복, 공인 등이 맡은 일은 보잘것없고 하찮은 조그마한 기술로 취급되었다. 그 대신 학문을 하여 정치지도자로 나서는 것은 크고 원대한 일로 인정받았다. 어떤 일을 하건 배울 점은 반드시 있다. 그런데 큰일을 하는 사람들은 조그마한 일에도 배울 것이 있지만 큰일을 진행하는 데 방해가 될까 봐 이런 일에 관심 가지기를 꺼렸다.

5

자하가 말하였다.

"날마다 모르고 있던 것을 알고 달마다 능숙하던 것을 잊어버리지 않으면, 배우기를 좋아한다고 말할 수 있다."

이 대목은 학문의 길을 원리적 차원에서 일러 준다. 학문은 매일 새로운 지식을 알고 그것을 끊임없이 익히는 데서 완성된다. 이는 일신우일신(日新又日新), 일취월장(日就月將), 온고지신(溫故知新) 등의 말과 통한다.

6

자하가 말하였다.

"배우기를 널리 하여 뜻을 두텁게 하며 묻기를 간절히 하여 생각을 가깝게 하면, 사람다운 도덕성은 그 가운데 있다."

배움과 뜻, 물음과 생각에 관한 통일적 사유를 전달해 주는 구절이다. 공자가 추구했던 배움은 천지자연의 질서와 이치, 인간의 역사와 문화 전통 모두가 포함된다. 그것을 잘 담고 있는 것이 『시경』, 『서경』, 『역경』, 『예기』, 『악기』, 『춘추』 등의 육경이다. 폭넓은 공부를 통해 우리가 지향하고자 하는 것은 형이상학적으로 거창한 것이라기보다는 형이하학적으로 삶에 필요한 기예를 배우는 일이다.

7

자하가 말하였다.

"모든 장인이나 기능공은 작업 현장에서 자신이 맡은 일을 완성한다. 정치지도자는 배움을 통해 정치의 길을 실천한다."

모든 사람은 직책과 지위에 따라 저마다의 업무를 지니고 있다. 그것은 그 직무에 관한 배움을 통해 능숙하게 처리된다. 공장의 장인이나 기술자들이 자신의 업무를 현장에서 처리하듯, 정치지도자들은 정치의 현장에서 올바름을 실천해야 한다. 이 대목은 가정과 직장, 사회 곳곳에서 맡은 바 임무를 처리하는 책무성에 관한 언급이다.

8

자하가 말하였다.
"인격을 제대로 갖추지 못한 조무래기들은 잘못을 하면 반드시 얼버무리고 꾸며 대려고 한다."

인격을 갖추지 못했거나 도덕성이 낮은 부류의 인간들은 일이 잘못되면 자신의 과실임을 알면서도 고치려 하지 않는다. 그리고 그런 근성이 몸에 밴 듯이 다른 이유나 다른 사람의 탓으로 돌리며 온갖 핑계를 대기도 한다.

9

자하가 말하였다.
"도덕성을 갖춘 지도층 인사의 모습은 세 가지 차원에서 다르게 드러난다. 첫째, 멀리서 바라보면 위엄이 있고 근엄하게 보인다. 둘째, 가까이 나아가 접해 보면 온화하고 포근하게 느껴진다. 셋째, 그의 말을 들으면 너무나 바르고 명확하다."

제자 자하가 공자의 모습이 그러함을 칭송하였다. 오늘날로 치면, 훌륭한 사회 지도층 인사의 자세나 태도가 그렇다는 의미이다. 낯빛이나 눈빛뿐만 아니라 몸짓, 손짓 등 제스처에 이르기까지 인격자가 갖추어야 할 아름다운 이미지가 여기에 해당한다.

10

자하가 말하였다.

"정치지도자는 신뢰를 얻은 뒤에 사람을 부려야 한다. 신뢰를 얻지도 못했는데 아랫사람을 부리면, 사람들은 자기를 혹독하게 괴롭힌다고 생각한다. 또 신임을 받은 뒤에 윗사람에게 충실히 간해야 한다. 신임을 받지 못한 상태에서 간하면, 윗사람은 자기를 비방하거나 훼방한다고 생각한다."

리더십을 지닌 지도자는 반드시 신뢰를 주고받을 수 있어야 한다. 아랫사람에게 신뢰를 주지 못할 경우, 대부분의 구성원들은 자신의 지도자가 자기에게 이익을 주지 않고 해칠 수 있다고 생각한다. 윗사람에게서 신뢰를 받지 못한 경우, 어떤 충고를 하더라도 자기를 비방하고 훼방한다고 생각할 수 있다.

11

자하가 말하였다.

"도덕성을 갖춘 인격자는 법도의 테두리를 넘으면 안 된다. 그러나 조그마한 예의범절을 지키며 사는 서민의 경우, 약간은 넘나들 수 있다."

자칫하면 이 장의 내용을 오해하기 쉽다. 법도나 예의범절은 지키려고 만든 것이다. 그러므로 모두가 지켜야 하는 것이다. 그런데 누구는 지키고 누구는 지키지 않아도 된다는 말인가? 그것이 아니다. 도덕성을 갖춘 인격자는 이미 도덕성을 온전히 갖추었기 때문에 높은 도덕성이 요청되고 법도에 어긋난 행동을 해서는 안 된다. 하지만 아직도 배우고 있는 사람, 도덕성이 덜 갖춰진 사람은 일상생활의 예의범절을 모두 지키기는 어려우며 실수를 하는 경우도 있다. 이 대목은 이런 부분에 대한 유학적 관용을 제시한다. 예컨대, 정치지도자는 정치의 달인이자 프로이기 때문에 정치에서 실수를 저질러서는 안 된다. 하지만 일반 서민은 정치의 달인도 아니고 정치에 대해 이야기해 보았자 아마추어 수준이다. 이때 서민들이 말하는 약간의 실수나 오류는 용납하거나 이해할 수 있다는 의미이다.

12

자유가 말하였다.

"자하의 제자들은 물 뿌리고 쓸며, 응낙하고 대답하며, 나아가고 물러남의 육예에 대해서는 잘 아는 것 같다. 하지만 그런 것들은 일상생활의 조그마한 일이고 본질적인 공부의 차원은 아닌데, 어찌해야 하는가?"

자하가 그 말을 듣고 말하였다.

"아! 자유의 말이 지나치도다! 건전한 도덕성을 확보하기 위한 배움의 길은, 어느 것은 먼저 할 것이라 하여 전수하고, 어느 것은 나중에 할 것이라 하여 게을리하는, 그런 것이 아니다! 풀이나 나무를 보더라도 그 종류에 따라 다르게 기르듯이, 사람도 마찬가지다. 배움의 길에 어찌 속임수가 있겠는가? 처음부터 끝까지 차근차근 갖추어 가는 사람이 바로 온전하게 배우는 사람이리라."

배움의 내용과 자세에 관한 기록이다. 유학은 배움에서 성실성과 노력, 단계를 매우 중시한다. 단계를 뛰어넘어서도 안 되고, 성실하게 노력하지 않아도 곤란하다. 가까운 것에서 먼 것으로, 쉬운 것에서 어려운 것으로, 단순한 것에서 복잡한 것으로, 형이하학적인 것에서 형이상학적인 것으로, 일상의 삶에서 우주 자연의 법칙으로 나아가되, 충실한 자세를 녹여 넣어야 한다. 자하의 변론은 이러한 이치를 담고 있다.

13

자하가 말하였다.

"정치지도자로서 정치나 관직 생활을 잘하고 여력이 있으면 배움에 나아가고, 배움을 잘하고 여력이 있으면 관직이나 정치자의 길로 나아간다."

관직에 나가는 일과 학문하는 일의 관계를 극명하게 보여 준다. 동양의 전통 사회에서는 관직에 나가는 일과 학문의 도리를 동일선상에서 보았다. 다만 하는 일이 달랐을 뿐이다. 사실 관료의 대부분은 상당한 수준의 학문을 성취한 사람들이었고 학자들의 대부분은 관료를 지향하였다. 그래서 그들을 '학자 관료(士大夫)'라고 한다. 관직을 담당하고 있는 경우, 직무상 처리할 일을 완전히 마친 후에 여력이 있으면 학문을 연구할 필요가 있다. 업무의 충실성과 효율성을 기할 수 있기 때문이다. 마치 오늘날 직무 연수를 하듯이 말이다. 학문을 하는 사람의 경우에도 동일한 논리가 성립한다. 일정 수준의 학문적 성취를 거둔 후에 여유가 있으면 관직에 나가 학문적 재능을 발휘할 필요가 있다.

14

자유가 말하였다.

"상례를 치를 때는 진심으로 슬픔을 다해야 한다."

유학은 관(冠), 혼(婚), 상(喪), 제(祭)의 예의를 매우 소중히 한다. 특히 상례의 경우, 외형적으로 꾸미기보다 마음으로 슬픔을 다하는 것이 예의이다. 그렇다고 슬픔이 지나쳐서 자신의 성정을 잃어버리는 지경에 이르러서는 곤란하다. 비통하고 애통한 심정을 충분히 표현하면 된다.

15

자유가 말하였다.

"나와 동문수학한 친구 자장은 어려운 행동을 잘한다. 그러나 열린 마음과 포용력을 갖추지는 못했다."

자유가 자장을 평가하였다. 자장은 행동이 지나치게 고매하여 남들이 하기 어려운 일이나 문제를 잘 처리하였다. 그러나 일상에서 착실하거나 사람을 측은하게 여기는 인정미 차원에서는 상대적으로 무미건조하였다. 이는 재주와 능력은 있으나 남에게 내보이기를 좋아한 자장의 성격과도 연관된다.

16

증자가 말하였다.
"당당하도다, 자장이여! 하지만 함께 사람을 사랑하며 포용하는 일을 하기에는 어렵겠다."

위의 15장과 연관하여 이해하면 좋다. 자장은 이미 동료들 사이에서도 외면을 지나치게 꾸미고 스스로 높은 체하여 자기 잘난 맛에 사는 사람으로 인정된 듯하다. 내면적으로 알찬 수양이 이루어져야 사람을 사랑하고 포용할 줄 알게 되므로 공자의 여러 제자들이 자장과 함께 어울리려고 하지 않았던 것으로 판단된다.

17

증자가 말하였다.
"나는 선생님께 이렇게 들었다. '사람은 평상시에는 자발적으로 성의를 다하여 일을 하지 못하는 존재이다. 하지만 부모의 상례를 치를 때는 반드시 정성을 다해야 한다.'라고."

일상에서 인간의 특징과 특별한 상황, 즉 부모 상례에서의 행동을 보여 주는 대목이다. 인간은 일상생활에서는 무덤덤하게 다람쥐 쳇바퀴 굴리듯 반복된 삶을 살아간다. 이런 경우, 진정으로 성의껏 자신의 힘을 모두 펼치지 않는 경우가 대부분이다. 하지만 상례와 같이 특별하고 중요한 상황이 닥쳤을 때는 반드시 최선을 다해 정성껏 힘써야 한다.

18

증자가 말하였다.
"나는 선생님께 다음과 같이 들었다. '효자로 칭송 받는 맹장자의 효도 실천에서 다른 부분은 누구나 할 수 있다. 하지만, 그의 아버지가 등용했던 부하와 아버지가 행하던 정치의 방식까지도 고치지 않고 그대로 이어받은 것은 아무리 효자라고 할지라도 쉽게 실천하기 어렵다.'라고."

맹장자는 노나라 대부 중손씨이다. 그의 부친은 맹헌자인데 매우 현명하고 덕망이 있는 사람이었다. 맹장자는 아버지가 죽은 후에도 아버지의 뜻을 받들었던 효자였다. 특히, 정치 세대가 바뀌어 아버지가 등용했던 가신이나 정책을 그대로 유지하는 일이 쉽지 않았음에도 불구하고 지속적으로 이어 갔다는 차원에서 공자가 극찬하였다.

19

맹손씨가 증자의 제자인 양부를 재판관으로 등용하였다. 그러자 양부가 증자에게 와서 자문을 구하였다.

이에 증자가 말하였다.

"정치지도자들이 실정을 하여 사람들이 뿔뿔이 흩어진 지 오래되었다! 네가 사람들의 범죄 상황이 어떠한지 조사하여 그 실정을 알게 된다면, 슬퍼하고 불쌍히 여겨야지 죄상을 밝혀낸 것에 대해 기뻐해서는 안 된다."

소송을 담당하는 사법관의 자세, 혹은 정치지도자로서의 자세를 일러 준다. 위에 있는 정치지도자가 도덕성을 갖추어야 아래에 있는 사람들도 그렇게 된다. 바른 길을 잃고 흩어진 사람들은 어떻게 살아야 할지 몰라 현실의 삶 자체가 혼란스러워 우왕좌왕한다. 이럴수록 범죄율이 높아지기 쉬운데, 혹 정치지도자로서 그런 존재들의 범죄 사실을 밝혔더라도 상황을 고려하여 조치하면서 재판관의 자세를 잃지 말라는 충고이다.

20

자공이 말하였다.

"은나라 주왕의 악함이 그렇게까지 심하지는 않았을 것이다. 그러므로 정치지도자는 나쁜 정치 체제에서 활동하기를 싫어한다. 세상의 악이 모두 그에게로 돌아오기 때문이다."

은나라 주왕은 달기라는 요녀와 짝이 되어 이른바 주지육림으로 상징되는 타락상을 조장했다. 그 결과 주나라 문왕과 무왕에게 멸망당하였다. 주왕이 누린 정치 체제나 상황은 최악의 정치를 연출했다. 그러므로 정치에서 모든 악은 그가 뒤집어썼다. 이제 주왕의 사례를 보면서 선을 쌓고 악을 저지르지 말라는 권고이다.

21

자공이 말하였다.
"정치지도자의 잘못은 일식이나 월식과 같다. 잘못하면 사람들이 모두 지켜보고, 잘못을 고치면 또 사람들이 모두 우러러본다."

정치지도자나 사회 지도층 인사는 자기의 잘못에 대해 숨기거나 꾸밈이 없어야 한다. 그리고 잘못한 일이 있으면 반드시 고치는 모습을 남보다 앞장서서 보여 주어야 한다. 그것이 유학의 지도자상이다.

22

위나라 대부 공손조가 자공에게 물었다.
"공자는 누구에게서 배웠습니까?"
자공이 말하였다.
"주나라 문왕과 무왕의 가르침이 아직 땅에 떨어지지 않고, 사람들이 따르며 실천하고 있습니다. 현명한 사람은 그중에서도 중요한 부분을 배워서 알고, 좀 현명하지 못한 사람은 그중에서 자질구레한 것을 배워 알고 있습니다. 그 모두가 문왕과 무왕의 가르침 아닌 것이 없습니다. 그러므로 공자도 문왕과 무왕의 가르침을 배우지 않았겠습니까? 그러니 또한 어찌 정해진 스승이 있겠습니까?"

당시 공자는 박식하고 덕망이 높은 사람으로 꽤 알려졌던 모양이다. 그러니까 어떤 사람에게 배우면 공자처럼 훌륭하게 될 수 있는지 궁금했던 공손조가 물은 것이다. 특히, 같은 위나라 출신이면서 공자의 제자인 자공에게 물은 것이 재미있다. 공자는 과거의 역사와 문화, 전통에서 배우고 스스로 도리를 터득한 것이 많은 사람이다. 그 매개체 중의 하나가 주나라를 창건한 문왕과 무왕, 주공의 가르침이다. 특별히 정해진 스승은 없는 것이다.

23

노나라의 대부 숙손무숙이 조정에서 다른 대부들에게 말하였다.
"자공이 공자보다 똑똑합니다."
이 말을 노나라 대부 자복경백이 자공에게 전하자, 자공이 말하였다.
"궁궐 담장에 비유하겠습니다. 저 자공의 담장은 어깨 정도의 높이에 해당합니다. 그래서 담장 너머로 궁궐 안의 방이나 집 구조의 아름다움을 엿볼 수 있습니다. 하지만 우리 선생님 공자의 담장은 몇 길이나 되는 높은 담장입니다. 대문을 통해 안으로 들어가지 못하면 궁궐 안에 있는 종묘의 아름다움과 여러 관리들의 다양하고 풍부한 학덕을 볼 수 없습니다. 그런데 그 대문으로 들어간 사람이 별로 없습니다. 그렇기 때문에 공자의 높은 경지를 모르는 숙손무숙의 말이 또한 마땅하지 않겠습니까?"

공자가 어느 정도의 경지인지를 모르는 숙손무숙의 발언에 대해, 공자의 제자 자공이 그런 상황이 발생한 연유를 해명하며 관용을 베푸는 것 같은 대목이다. 공자는 유학 최고의 스승이고 성인이기 때문에 어떤 차원에서도 완전한 사람이다. 그는 침범할 수 없는 영역이자 절대 선으로 묘사된다.

24

숙손무숙이 공자의 가르침을 헐뜯고 욕하며 비방하였다. 그러자 자공이 그에게 말하였다.

"그러지 마시오. 그래 봐야 소용이 없습니다. 선생님은 헐뜯을 수 없는 분입니다. 다른 사람의 현명함은 언덕과 같아서 대부분 넘을 수 있습니다. 하지만 공자는 해나 달 같아서 어느 누구도 그 분을 넘어설 수 없습니다. 사람들이 스스로 선생님의 가르침을 거절한다 해도, 어찌 해와 달 같은 선생님의 가르침에 해를 끼칠 수 있겠습니까? 도리어 비방하는 사람이 자신의 분수를 헤아리지 못함을 보이는 짓일 뿐입니다."

공자의 가르침을 해와 달에 비유하여, 어떤 사람이 아무리 비방한다 하더라도 그 광채에는 아무런 손상도 없을 것이라고 경고한다. 해와 달에 비유한 것은 진리의 절대성을 말한 것이다. 공자의 인간미보다는 그를 지나치게 높여 신격화로 치달은 느낌도 없지 않다.

25

진자금이 자공에게 말하였다.

"자네가 겸손하게 말해서 그렇지, 공자가 어찌 자네보다 현명하겠는가?"

자공이 말하였다.

"지도층 인사는 한마디 말로 지혜롭게 되기도 하고, 한마디 말로 어리석게도 됩니다. 말은 삼가지 않을 수 없는 것입니다. 제 스승 공자에게 미칠 수 없는 것은 하늘을 사다리로 오를 수 없는 것과 같습니다. 제 스승이 나라를 맡아 다스린다면, '사람다운 생활을 하게 분위기를 만들어 주니 사람들이 나가서 일을 하고, 도덕을 실천하도록 가르쳐주니 사람들이 올바르게 행동하며 따르고, 편안하게 살게 하니 사람들이 모여들고, 저마다 활동할 수 있게 격려하니 서로 어울리고, 살아 계실 때는 서로 존중하여 영광으로 여기고 돌아가시면 서로 슬퍼하게 된다.'라고 했습니다. 경지가 이러한데 어찌 다른 사람이 제 스승에 미칠 수 있겠습니까?"

자공이 다시 한 번 공자의 재능과 정치적 지도력, 학덕 등에 관해 대변하였다. 공자가 죽은 후, 자공을 비롯한 여러 제자들이 공자의 무덤 곁에 여막을 짓고 삼년상을 치렀다. 자공은 공자의 제자 중에서 유일하게 다시 삼년상을 치렀다. 육년상을 한 셈이다. 그만큼 자공은 공자를 존경했고 공자를 옹호하였다.

제20편

요왈

「요왈」은 『논어』의 마지막 편으로, 그 체제가 특이하다. 공자나 제자의 말을 기록한 것이 아니라 『논어』 전체의 내용과 취지를 정리한 것으로 보인다. 모두 3개의 장으로 이루어져 있다.

1

요임금이 말하였다.

"자! 그대 순아! 하늘이 정한 최고지도자의 차례가 그대에게 왔노라! 그대는 반드시 진실로 그 마음을 다잡아라. 세상이 괴롭고 가난하면 하늘이 내린 최고지도자의 지위도 영원히 끊어질 것이다."

순임금도 선양을 할 때 우임금에게 이와 같이 일러 주었다.

은나라의 시조 탕 임금이 하나의 폭군이었던 걸을 치고 최고지도자의 자리에 오르기 전에 하늘에 제사를 지내며 말하였다.

"변변치 못한 소자 리는, 감히 검은 수컷소를 제물로 바치며 빛나고 위대하신 상제께 아뢰옵니다. 죄가 있는 자는 누구에게도 용서받지 못합니다. 그러므로 상제의 신하인 걸의 죄도 덮어 둘 수 없었습니다. 모든 것은 상제의 마음에 달렸습니다. 제 몸에 죄가 있는 것은 세상 사람들 때문이 아닙니다. 세상 사람들에게 죄가 있는 것은 그 죄과가 저에게 있습니다."

주나라 무왕이 은나라의 폭군이었던 주를 칠 때 말하였다.

"하늘이 주나라에 큰 복을 주었다. 이에 착한 사람이 많아졌다.

아무리 가까운 친척이 있을지라도 사람을 사랑하는 사람만 못하다. 국민들에게 허물이 있으면 그 책임은 최고지도자 나 한 사람에게 있는 것이다.

도량형을 점검하고 문물제도를 정비하며 폐기한 관공서를 복구하였다. 이에 나라의 정치 질서가 잡혀 간다.

멸망한 나라를 다시 일으켜 세우고, 끊어진 세대를 다시 이어 주며, 숨겨진 인재를 등용하였다. 이에 세상 사람들의 민심이 주나라로 돌아왔다.

주나라가 소중히 여긴 것은 국민을 잘살게 하는 민생, 죽은 사람을 정중하게 장사 지내는 상례, 그리고 죽은 후 경건하게 제사를 모시는 제례였다.

관대하였기 때문에 많은 사람들이 모여들었고, 신의가 있었기에 사람들이 신임하였으며, 게으르지 않고 성실하였기에 많은 공적을 세웠고, 공평무사했기에 사람들이 기뻐하며 따랐다."

요임금, 순임금, 탕왕, 무왕 등 최고지도자로서 그들의 정치적 행보와 공적을 간략하게 정돈하였다. 여기에는 최고지도자의 자리를 물려주면서 남긴 최고지도자의 자세와 행동 강령 등이 담겨 있다. 이것이 유학의 유래이고 유학의 정치, 교육, 문화의 전통을 이루는 근간이다. 대부분의 내용은 『서경』이나 『시경』의 역사 기록을 차용하여 정리한 것이다.

2

자장이 공자에게 물었다.

"어떻게 하면 정치지도자로서 능력을 발휘할 수 있습니까?"

공자가 말하였다.

"다섯 가지 아름다운 도덕을 존중하고 네 가지 나쁜 일을 막으면 정치 지도력을 발휘할 수 있을 것이다."

자장이 말하였다.

"무엇을 다섯 가지 아름다운 도덕이라고 합니까?"

공자가 말하였다.

"정치지도자는 베풀되 허비하지 않고, 수고롭게 하되 원망을 사지 않고, 의욕을 갖고 하되 탐하지 않고, 태연하되 교만하지 않고, 위엄이 있되 사납지 않아야 한다."

자장이 물었다.

"베풀되 허비하지 않는다는 것은 무슨 뜻입니까?"

이에 공자가 다섯 가지 아름다운 도덕에 대해 구체적으로 말하였다.

"사람들이 이롭게 여기는 것을 이롭게 하니, 이것이 베풀되 허비하지 않는 것이 아니겠는가? 힘든 일을 할 만한 때를 가려서 힘들게 일을 시키니, 또 누가 원망하겠는가? 도덕적인 일을 하려다가 도덕성을 갖추었는데, 또 무엇을 탐하겠는가? 정치지도자는 재물이 많건 적건, 세력이 크건 작건 감히 거만하게 행동하지 않는다. 이것이 태연하되 교만하지 않는 것이 아니겠는가? 정치지도자는 의관을 단정하게 하고 눈을 바르게 뜨고 사물을 바라보아야 한다. 그래야 사람들이 엄숙한 태도로 우러러보고 경외심을 갖는다. 이것이 위엄이 있되 사납지 않은 것이 아니겠는가?"

자장이 말하였다.

"무엇을 네 가지 나쁜 일이라고 합니까?"

공자가 말하였다.

"사람을 가르치지도 않았으면서 죄를 지으면 죽이는 것을 '잔학'이라고 한다. 미리 훈계하지도 않고 잘못된 결과만을 나무라는 것을 '포악'이라고 한다. 법령을 엉성하게 정하고 기한을 촉박하게 한정하는 것을 '잔적'이라고 한다. 어차피 남에게 내줄 것인데 출납에 인색한 것을 창고지기의 횡포, 즉 '유치한 근성'이라고 한다."

정치지도자의 정치 방법을 핵심적으로 요약한 정치의 핵심 대목이다. 동서고금을 막론하고 정치는 도덕성과 포용력이 그 근간이다. 그것은 달리 말하면, 사랑의 정치, 베풂의 정치, 나눔의 정치, 협력의 정치, 공동체의 복지를 고려하는 정치 등 다양한 양상으로 표현할 수 있다.

3

공자가 말하였다.

"자연의 질서를 이해하지 못하면 지도자가 될 수 없다. 사회의 도덕을 알지 못하면 세상에서 떳떳하게 행세할 수 없다. 자연의 질서와 사회의 도덕을 체득하여 적용하지 못하면 인생을 경영할 수 없다."

『논어』의 마지막 기록이다. 논어는 첫 장의 첫 마디가 학이시습(學而時習) 즉, '배우고 늘 익히면'이었고 마지막 장 첫 마디가 부지명(不知命)

즉, '자연의 질서를 이해하지 못하면'이다. 그러므로 『논어』는 배움에서 시작해서 세계를 파악하는 작업으로 마무리된다. 요컨대, 배움을 통해 우주 자연과 인간 세계의 법칙을 이해하고 그것으로 삶을 영위하는 인간학이라고 할 수 있다.

부록
『논어』 원문

제1편 學而

1. 子曰, 學而時習之, 不亦說乎. 有朋自遠方來, 不亦樂乎. 人不知而不慍, 不亦君子乎.

2. 有子曰, 其爲人也孝弟, 而好犯上者, 鮮矣. 不好犯上, 而好作亂者, 未之有也. 君子務本, 本立而道生, 孝弟也者, 其爲仁之本與.

3. 子曰, 巧言令色, 鮮矣仁.

4. 曾子曰, 吾日三省吾身, 爲人謀而不忠乎, 與朋友交而不信乎, 傳不習乎.

5. 子曰, 道千乘之國, 敬事而信, 節用而愛人, 使民以時.

6. 子曰, 弟子入則孝, 出則弟, 謹而信, 汎愛衆, 而親仁, 行有餘力, 則以學文.

7. 子夏曰, 賢賢易色, 事父母, 能竭其力, 事君, 能致其身, 與朋友交, 言而有信, 雖曰未學, 吾必謂之學矣.

8. 子曰, 君子不重則不威, 學則不固, 主忠信, 無友不如己者, 過則勿憚改.

9. 曾子曰, 愼終追遠, 民德, 歸厚矣.

10. 子禽, 問於子貢曰, 夫子至於是邦也, 必聞其政, 求之與, 抑與之與, 子貢曰, 夫子, 溫良恭儉讓以得之, 夫子之求之也, 其諸異乎人之求之與.

11. 子曰, 父在, 觀其志, 父沒, 觀其行, 三年, 無改於父之道, 可謂孝矣.

12. 有子曰, 禮之用, 和爲貴, 先王之道, 斯爲美, 小大由之, 有所不行, 知和而和, 不以禮節之, 亦不可行也.

13. 有子曰, 信近於義, 言可復也, 恭近於禮, 遠恥辱也, 因不失其親, 亦可宗也.

14. 子曰, 君子, 食無求飽, 居無求安, 敏於事而愼於言, 就有道而正焉, 可謂好學也已.

15. 子貢曰, 貧而無諂, 富而無驕, 何如, 子曰, 可也, 未若貧而樂, 富而好禮者也, 子貢曰, 詩云 如切如磋, 如琢如磨, 其斯之謂與, 子曰, 賜也, 始可與言詩已矣, 告諸往而知來者.

16. 子曰, 不患人之不己知, 患不知人也.

제2편 爲政

1. 子曰, 爲政以德, 譬如北辰, 居其所, 而衆星, 共之.

2. 子曰, 詩三百, 一言以蔽之, 曰思無邪.

3. 子曰, 道之以政, 齊之以刑, 民免而無恥, 道之以德, 齊之以禮, 有恥且格.

4. 子曰, 吾十有五而志于學, 三十而立, 四十而不惑, 五十而知天命, 六十而耳順, 七十而從心所慾不踰矩.

5. 孟懿子, 問孝, 子曰, 無違, 樊遲御, 子告之曰, 孟孫, 問孝於我, 我對曰, 無違, 樊遲曰, 何謂也, 子曰, 生事之以禮, 死葬之以禮, 祭之以禮.

6. 孟武伯, 問孝, 子曰, 父母, 唯其疾之憂.

7. 子游, 問孝, 子曰, 今之孝者, 是謂能養, 至於犬馬, 皆能有養, 不敬, 何以別乎.

8. 子夏, 問孝, 子曰, 色難, 有事, 弟子, 服其勞, 有酒食, 先生饌, 曾是以爲孝乎.

9. 子曰, 吾與回, 言終日, 不違如愚, 退而省其私, 亦足以發, 回也, 不愚.

10. 子曰, 視其所以, 觀其所由, 察其所安, 人焉廋哉, 人焉廋哉.

11. 子曰, 溫故而知新, 可以爲師矣.

12. 子曰, 君子, 不器.

13. 子貢問, 君子, 子曰, 先行其言, 而後從之.

14. 子曰, 君子, 周而不比, 小人, 比而不周.

15. 子曰, 學而不思則罔, 思而不學則殆.

16. 子曰, 攻乎異端, 斯害也已.

17. 子曰, 由誨女知之乎, 知之爲知之, 不知爲不知, 是知也.

18. 子張, 學干祿, 子曰, 多問闕疑, 愼言其餘則寡尤, 多見闕殆, 愼行其餘則寡悔, 言寡尤, 行寡悔, 祿在其中.

19. 哀公問曰, 何爲則民服, 孔子對曰, 擧直錯諸枉則民服, 擧枉錯諸直則民不服.

20. 季康子, 問使民敬忠以勸, 如之何, 子曰, 臨之以莊則敬, 孝慈則忠, 擧善而敎不能則勸.

21. 或謂孔子曰, 子奚不爲政, 子曰, 書云孝乎, 惟孝友于兄弟, 施於有政, 是亦爲政, 奚其爲爲政.

22. 子曰, 人而無信, 不知其可也, 大車無輗, 小車無軏, 其何以行之哉.

23. 子張問, 十世, 可知也, 子曰, 殷因於夏禮, 所損益, 可知也, 周因於殷禮, 所損益, 可知也, 其或繼周者, 雖百世, 可知也.

24. 子曰, 非其鬼而祭之, 諂也, 見義不爲, 無勇也.

제3편 八佾

1. 孔子謂季氏, 八佾, 舞於庭, 是可忍也, 孰不可忍也.

2. 三家者, 以雍徹, 子曰, 相維辟公, 天子穆穆, 奚取於三家之堂.

3. 子曰, 人而不仁, 如禮何, 人而不仁, 如樂何.

4. 林放問, 禮之本, 子曰, 大哉問, 禮與其奢也, 寧儉, 喪與其易也, 寧戚.

5. 子曰, 夷狄之有君, 不如諸夏之亡也.

6. 季氏, 旅於泰山, 子謂冉有曰, 女不能救與, 對曰, 不能, 子曰, 嗚呼, 曾謂泰山, 不如林放乎.

7. 子曰, 君子, 無所爭, 必也射乎, 揖讓而升, 下而飮, 其爭也君子.

8. 子夏問, 巧笑倩兮, 美目盼兮, 素以爲絢兮, 何謂也, 子曰, 繪事後素, 曰, 禮後乎, 子曰, 起予者, 商也, 始可與言詩已矣.

9. 子曰, 夏禮, 吾能言之, 杞不足徵也, 殷禮, 吾能言之, 宋不足徵也, 文獻, 不足故也, 足則吾能徵之矣.

10. 子曰, 禘自旣灌而往者, 吾不欲觀之矣.

11. 或問禘之說, 子曰, 不知也, 知其說者之於天下也, 其如示諸斯乎, 指其掌.

12. 祭如在, 祭神如神在, 子曰, 吾不與祭, 如不祭.

13. 王孫賈問曰, 與其媚於奧, 寧媚於竈, 何謂也, 子曰, 不然, 獲罪於天, 無所禱也.

14. 子曰, 周監於二代, 郁郁乎文哉, 吾從周.

15. 子入大廟, 每事問, 或曰, 孰謂鄹人之子, 知禮乎, 入大廟, 每事問, 子聞之曰, 是禮也.

16. 子曰, 射不主皮, 爲力不同科, 古之道也.

17. 子貢, 欲去告朔之餼羊, 子曰, 賜也, 爾愛其羊, 我愛其禮.

18. 子曰, 事君盡禮, 人以爲諂也.

19. 定公, 問君使臣, 臣使君, 如之何, 孔子對曰, 君使臣以禮, 臣事君以忠.

20. 子曰, 關雎, 樂而不淫, 哀而不傷.

21. 哀公, 問使於宰我, 宰我對曰, 夏后氏以松, 殷人以栢, 周人以栗, 曰使民戰栗, 子聞之曰, 成事不說, 遂事不諫, 旣往不咎.

22. 子曰, 管仲之器小哉, 或曰, 管仲儉乎, 曰管氏有三歸, 官事不攝, 焉得儉, 然則管仲, 知禮乎, 曰邦君, 樹塞門, 管氏亦樹塞門, 邦君 爲兩君之好, 有反坫, 管氏亦有反坫, 管氏而知禮, 孰不知禮.

23. 子語魯大師樂曰, 樂其可知也, 始作, 翕如也, 從之, 純如也, 皦如也, 繹如也, 以成.

24. 儀封人, 請見曰, 君子之至於斯也, 吾未嘗不得見也, 從者見之, 出曰, 二三子何患於喪乎, 天下之無道也久矣, 天將以夫子爲木鐸.

25. 子謂韶, 盡美矣, 又盡善也, 謂武, 盡美矣, 未盡善也.

26. 子曰, 居上不寬, 爲禮不敬, 臨喪不哀, 吾何以觀之哉.

제4편 里仁

1. 子曰, 里仁, 爲美, 擇不處仁, 焉得知.

2. 子曰, 不仁者, 不可以久處約, 不可以長處樂, 仁者, 安仁, 知者, 利仁.

3. 子曰, 惟仁者, 能好人, 能惡人.

4. 子曰, 苟志於仁矣, 無惡也.

5. 子曰, 富與貴, 是人之所欲也, 不以其道, 得之, 不處也, 貧與賤, 是人之所惡也, 不以其道, 得之, 不去也, 君子, 去仁, 惡乎成名, 君子, 無終食之間, 違仁, 造次, 必於是, 顚沛, 必於是.

6. 子曰, 我未見好仁者, 惡不仁者, 好仁者, 無以尙之, 惡不仁者, 其爲仁矣, 不使不仁者, 加乎其身, 有能一日, 用其力於仁矣乎, 我未見力不足者, 蓋有之矣, 我未之見也.

7. 子曰, 人之過也, 各於其黨, 觀過, 斯知仁矣.

8. 子曰, 朝聞道, 夕死可矣.

9. 子曰, 志於道, 而恥惡衣惡食者, 未足與議也.

10. 子曰, 君子之於天下也, 無適也, 無莫也, 義之與比.

11. 子曰, 君子懷德, 小人懷土, 君子懷刑, 小人懷惠.

12. 子曰, 放於利而行, 多怨.

13. 子曰, 能以禮讓, 爲國乎, 何有, 不能以禮讓, 爲國, 如禮何.

14. 子曰, 不患無位, 患所以立, 不患莫己知, 求爲可知也.

15. 子曰, 參乎, 吾道一以貫之, 曾子曰唯, 子出, 門人, 問曰, 何謂也, 曾子曰, 夫子之道, 忠恕而已矣.

16. 子曰, 君子喻於義, 小人喻於利.

17. 子曰, 見賢思齊焉, 見不賢而內自省也.

18. 子曰, 事父母, 幾諫, 見志不從, 又敬不違, 勞而不怨.

19. 子曰, 父母在, 不遠遊, 遊必有方.

20. 子曰, 三年, 無改於父之道, 可謂孝矣.

21. 子曰, 父母之年, 不可不知也, 一則以喜, 一則以懼.

22. 子曰, 古者, 言之不出, 恥躬之不逮也.

23. 子曰, 以約失之者, 鮮矣.

24. 子曰, 君子, 欲訥於言而敏於行.

25. 子曰, 德不孤, 必有隣.

26. 子游曰, 事君數斯辱矣, 朋友數, 斯疏矣.

제5편 公冶長

1. 子謂公冶長, 可妻也, 雖在縲絏之中, 非其罪也, 以其子, 妻之, 子謂南容, 邦有道, 不廢, 邦無道, 免於刑戮, 以其兄之子, 妻之.

2. 子謂子賤, 君子哉, 若人, 魯無君子者, 斯焉取斯.

3. 子貢問曰, 賜也, 何如, 子曰, 女器也, 曰何器也, 曰瑚璉也.

4. 或曰, 雍也, 仁而不佞, 子曰, 焉用佞, 禦人以口給, 屢憎於人, 不知其仁, 焉用佞.

5. 子使漆雕開仕, 對曰, 吾斯之未能信, 子說.

6. 子曰, 道不行, 乘桴, 浮于海, 從我者, 其由與, 子路, 聞之喜, 子曰, 由也, 好勇過我, 無所取材.

7. 孟武伯問, 子路仁乎, 子曰, 不知也. 又問, 子曰, 由也, 千乘之國, 可使治其賦也, 不知其仁也. 求也, 何如, 子曰, 求也, 千室之邑, 百乘之家, 可使爲之宰也, 不知其仁也. 赤也, 何如, 子曰, 赤也, 束帶立於朝, 可使與賓客言也, 不知其仁也.

8. 子謂子貢曰, 女與回也, 孰愈, 對曰, 賜也, 何敢望回, 回也, 聞一以知十, 賜也, 聞一以知二, 子曰, 弗如也, 吾與女, 弗如也.

9. 宰予晝寢, 子曰, 朽木, 不可雕也, 糞土之墻, 不可杇也, 於予與, 何誅, 子曰, 始吾於人也, 聽其言而信其行, 今吾於人也, 聽其言而觀其行, 於予與, 改是.

10. 子曰, 吾未見剛者, 或對曰, 申棖, 子曰, 棖也慾, 焉得剛.

11. 子貢曰, 我不欲人之加諸我也, 吾亦欲無加諸人, 子曰, 賜也, 非爾所及也.

12. 子貢曰, 夫子之文章, 可得而聞也, 夫子之言性與天道, 不可得而聞也.

13. 子路, 有聞, 未之能行, 唯恐有聞.

14. 子貢, 問曰, 孔文子, 何以謂之文也, 子曰, 敏而好學, 不恥下問, 是以謂之文也.

15. 子謂子產, 有君子之道四焉, 其行己也恭, 其事上也敬, 其養民也惠, 其使民也義.

16. 子曰, 晏平仲, 善與人交, 久而敬之.

17. 子曰, 臧文仲, 居蔡, 山節藻梲, 何如其知也.

18. 子張問曰, 令尹子文, 三仕爲令尹, 無喜色, 三已之, 無慍色, 舊令尹之政必以告新令尹, 何如, 子曰, 忠矣, 曰仁矣乎, 曰未知, 焉得仁, 崔子, 弑齊君, 陳文子, 有馬十乘, 棄而違之, 至於他邦, 則曰猶吾大夫崔子也, 違之, 之一邦, 則又曰, 猶吾大夫崔子也, 違之, 何如, 子曰, 清矣, 曰仁矣乎, 曰未知, 焉得仁.

19. 季文子, 三思而後行, 子聞之, 曰再思可矣.

20. 子曰, 寧無子, 邦有道則知, 邦無道則于, 其知, 可及也, 其愚, 不可及也.

21. 子在陳, 曰歸與, 歸與, 吾黨之小子狂簡, 斐然成章, 不知所以裁之.

22. 子曰, 伯夷叔齊, 不念舊惡, 怨是用希.

23. 子曰, 孰謂微生高直, 或乞醯焉, 乞諸其隣而與之.

24. 子曰, 巧言令色足恭, 左丘明恥之, 丘亦恥之, 匿怨而友其人, 左丘明恥之, 丘亦恥之.

25. 顏淵季路侍, 子曰, 盍各言爾志, 子路曰, 願車馬, 衣輕裘, 與朋友共, 敝之而無憾, 顏淵曰, 願無伐善, 無施勞子路曰, 願聞子之志, 子曰, 老者安之, 朋友信之, 少者懷之.

26. 子曰已矣乎, 吾未見能見其過而內自訟者也.

27. 子曰, 十室之邑, 必有忠信, 如丘者焉, 不如丘之好學也.

제6편 雍也

1. 子曰, 雍也, 可使南面, 仲弓, 問子桑佰子, 子曰, 可也簡, 仲弓曰, 居敬而行簡, 以臨其民, 不亦可乎, 居簡而行簡, 無乃大簡乎, 子曰, 雍之言然.

2. 哀公, 問弟子, 孰爲好學, 孔子對曰, 有顏回者好學, 不遷怒, 不貳過, 不幸短命死矣, 今也則亡, 未聞好學者也.

3. 子華使於齊, 冉子爲其母請粟, 子曰, 與之釜, 請益, 曰與之庾, 冉子與之粟五秉, 子曰, 赤之適齊也, 乘肥馬, 衣輕裘, 吾聞之也, 君子, 周急, 不繼富, 原思爲之宰, 與之粟九百辭, 子曰, 毋, 以與爾隣理鄉黨乎.

4. 子謂仲弓曰, 犁牛之子, 騂且角, 雖欲勿用, 山川, 其舍諸.

5. 子曰, 回也, 其心, 三月不違仁, 其餘則日月至焉而已.

6. 季康子問, 仲由, 可使從政也, 子曰, 由也果, 於從政何有, 曰賜也, 可使從政也與, 曰賜也達, 於從政何有, 曰求也, 可使從政也, 曰求也藝, 於從政乎何有.

7. 季氏使閔子騫, 爲費宰, 閔子騫曰, 善爲我辭焉, 如有復我者, 則吾必在汶上矣.

8. 伯牛有疾, 子問之, 自牖, 執其手曰, 亡之, 命矣夫, 斯人也而有斯疾也, 斯人也而有斯疾也.

9. 子曰, 賢哉, 回也, 一簞食, 一瓢飲, 在陋巷, 人不堪其憂, 回也, 不改其樂, 賢哉, 回也.

10. 冉求曰, 非不說子之道, 力不足也, 子曰, 力不足者, 中道而廢, 今女劃.

11. 子謂子夏曰, 女爲君子儒, 無爲小人儒.

12. 子游爲武城宰, 子曰, 女得人焉爾乎, 曰有澹臺滅明者, 行不由徑, 非公事, 未嘗至於偃之室也.

13. 子曰, 孟之反, 不伐, 奔而殿, 將入門, 策其馬, 曰非敢後也, 馬不進也.

14. 子曰, 不有祝鮀之佞, 而有宋朝之美, 難乎免於今之世矣.

15. 子曰, 誰能出不由戶, 何莫由斯道也.

16. 子曰, 質勝文則野, 文勝質則史, 文質, 彬彬然後, 君子.

17. 子曰, 人之生也直, 罔之生也, 幸而免.

18. 子曰, 知之者, 不如好之者, 好之者, 不如樂之者.

19. 子曰, 中人以上, 可以語上也, 中人以下, 不可以語上也.

20. 樊遲問知, 子曰, 務民之義, 敬鬼神而遠之, 可謂知矣, 問仁, 曰仁者, 先難而後獲, 可謂仁矣.

21. 子曰, 知者樂水, 仁者樂山, 知者動, 仁者靜, 知者樂, 仁者壽.

22. 子曰, 齊一變, 至於魯, 魯一變, 至於道.

23. 子曰, 觚不觚, 觚哉觚哉.

24. 宰我, 問曰, 仁者雖告之曰, 井有仁焉, 其從之也, 子曰, 何爲其然也, 君子, 可逝也, 不可陷也, 可欺也, 不可罔也.

25. 子曰, 君子博學於文, 約之以禮, 亦可以不畔矣夫.

26. 子見南子, 子路不說, 夫子矢之曰, 予所否者, 天厭之, 天厭之.

27. 子曰, 中庸之爲德也, 其至矣乎, 民鮮久矣.

28. 子貢曰, 如有博施於民而能濟衆, 何如, 可謂仁乎, 子曰, 何事於仁, 必也聖乎, 堯舜, 其猶病諸, 夫仁者, 己欲立而立人, 己欲達而達人, 能近取譬, 可謂仁之方也已.

제7편 述而

1. 子曰, 述而不作, 信而好古, 竊比於我老彭.

2. 子曰, 默而識之, 學而不厭, 誨人不倦, 何有於我哉.

3. 子曰, 德之不修, 學之不講, 聞義不能徙, 不善不能改, 是吾憂也.

4. 子之燕居, 申申如也, 夭夭如也.

5. 子曰, 甚矣, 吾衰也, 久矣, 吾不復夢見周公.

6. 子曰, 志於道, 據於德, 依於仁, 游於藝.

7. 子曰, 自行束脩以上, 吾未嘗無誨焉.

8. 子曰, 不憤不啓, 不悱不發, 擧一隅, 不以三隅反, 則不復也.

9. 子食於有喪者之側, 未嘗飽也, 子於是日, 哭則不歌.

10. 子謂顏淵曰, 用之則行, 舍之則藏, 惟我與爾有是夫, 子路曰, 子行三軍則誰與, 子曰, 暴虎馮河, 死而無悔者, 吾不與也, 必也臨事而懼, 好謀而成者也.

11. 子曰, 富而可求也, 雖執鞭之士, 吾亦爲之, 如不可求, 從吾所好.

12. 子之所愼, 齊戰疾.

13. 子在齊聞韶, 三月, 不知肉味, 曰不圖爲樂之至於斯也.

14. 冉有曰, 夫子爲衛君乎, 子貢曰諾, 吾將問之, 入曰, 伯夷叔齊, 何人也, 曰古之賢人也, 曰怨乎, 曰求仁而得仁, 又何怨, 出曰, 夫子不爲也.

15. 子曰, 飯疏食飲水, 曲肱而枕之, 樂亦在其中矣, 不義而富且貴, 於我如浮雲.

16. 子曰, 加我數年, 五十以學易, 可以無大過矣.

17. 子所雅言, 詩書執禮, 皆雅言也.

18. 葉公, 問孔子於子路, 子路不對, 子曰, 女奚不曰, 其爲人也, 發憤忘食, 樂以忘憂, 不知老之將至云爾.

19. 子曰, 我非生而知之者, 好古敏以求之者也.

20. 子不語怪力亂神.

21. 子曰, 三人行, 必有我師焉, 擇其善者而從之, 其不善者而改之.

22. 子曰, 天生德於予, 桓魋其如何.

23. 子曰, 二三者, 以我爲隱乎, 吾無隱乎爾, 吾無行而不與二三子者, 是丘也.

24. 子以四敎, 文行忠信.

25. 子曰, 聖人, 吾不得而見之矣, 得見君子者, 斯可矣, 子曰, 善人, 吾不得而見之矣, 得見有恒者, 斯可矣, 亡而爲有, 虛而爲盈, 約而爲泰, 難乎有恒矣.

26. 子釣而不網, 弋不射宿.

27. 子曰, 蓋有不知而作之者, 我無是也, 多聞, 擇其善者而從之, 多見而識之, 知之次也.

28. 互鄕, 難與言, 童子見, 門人惑, 子曰, 與其進也, 不與其退也, 唯何甚, 人潔己以進, 與其潔也, 不保其往也.

29. 子曰, 仁遠乎哉, 我欲仁, 斯仁至矣.

30. 陳司敗, 問昭公, 知禮乎, 孔子曰, 知禮, 孔子退, 揖巫馬期而進之曰, 吾聞君子, 不黨, 君子, 亦黨乎, 君取於吳, 爲同姓, 謂之吳孟子, 君而知禮, 孰不知禮, 巫馬期以告, 子曰, 丘也幸, 苟有過, 人必知之.

31. 子與人歌而善, 必使反之, 而後和之.

32. 子曰, 文莫吾猶人也, 躬行君子, 則吾未之有得.

33. 子曰, 若聖與仁, 則吾豈敢, 抑爲之不厭, 誨人不倦, 則可謂云爾已矣, 公西華曰, 正唯弟子, 不能學也.

34. 子疾病, 子路請禱, 子曰有諸, 子路對曰有之, 誄曰, 禱爾于上下神祇, 子曰, 丘之禱久矣.

35. 子曰, 奢則不孫, 儉則固, 與其不孫也, 寧固.

36. 子曰, 君子, 坦蕩蕩, 小人, 長戚戚.

37. 子溫而厲, 威而不猛, 恭而安.

제8편 泰伯

1. 子曰, 泰伯, 其可謂至德也已矣, 三以天下讓, 民無得而稱焉.

2. 子曰, 恭而無禮則勞, 愼而無禮則葸, 勇而無禮則亂, 直而無禮則絞, 君子, 篤於親則民興於仁, 故舊不遺則民不偸.

3. 曾子有疾, 召門弟子曰, 啓予足, 啓予手, 詩云, 戰戰兢兢, 如臨深淵, 如履薄氷, 而今而後, 吾知免夫, 小子.

4. 曾子有疾, 孟敬子問之, 曾子言曰, 鳥之將死, 其鳴也哀, 人之將死, 其言也善, 君子所貴乎道者三, 動容貌, 斯遠暴慢矣, 正顔色, 斯近信矣, 出辭氣, 斯遠鄙倍矣, 籩豆之事則有司存.

5. 曾子曰, 以能問於不能, 以多問於寡, 有若無, 實若虛, 犯而不校, 昔者吾友, 嘗從事於斯矣.

6. 曾子曰, 可以託六尺之孤, 可以寄百里之命, 臨大節而不可奪也, 君子人與, 君子人也.

7. 曾子曰, 士不可以不弘毅, 任重而道遠, 仁以爲己任, 不亦重乎, 死而後已, 不亦遠乎.

8. 子曰, 興於詩, 立於禮, 成於樂.

9. 子曰, 民可使由之, 不可使知之.

10. 子曰, 好勇疾貧, 亂也, 人而不仁, 疾之已甚, 亂也.

11. 子曰, 如有周公之才之美, 使驕且吝, 其餘, 不足觀也已.

12. 子曰, 三年學, 不至於穀, 不易得也.

13. 子曰, 篤信好學, 守死善道, 危邦不入, 亂邦不居, 天下有道則見, 無道則隱, 邦有道, 貧且賤焉, 恥也, 邦無道, 富且貴焉, 恥也.

14. 子曰, 不在其位, 不謀其政.

15. 子曰, 師摯之始, 關雎之亂, 洋洋乎盈耳哉.

16. 子曰, 狂而不直, 侗而不愿, 悾悾而不信, 吾不知之矣.

17. 子曰, 學如不及, 猶恐失之.

18. 子曰, 巍巍乎, 舜禹之有天下也而不與焉.

19. 子曰, 大哉, 堯之爲君也, 巍巍乎唯天, 爲大, 唯堯則之, 蕩蕩乎民無能名焉, 巍巍乎其有成功也, 煥乎其有文章.

20. 舜有臣五人而天下治, 武王曰, 予有亂臣十人, 孔子曰, 才難, 不其然乎, 唐虞之際, 於斯爲盛, 有婦人焉, 九人而已, 三分天下, 有其二, 以服事殷, 周之德, 其可謂至德也已矣.

21. 子曰, 禹吾無間然矣, 菲飮食而致孝乎鬼神, 惡衣服而致美乎黻冕, 卑宮室而盡力乎溝洫, 禹吾無間然矣.

제9편 子罕

1. 子罕言利與命與仁.

2. 達巷黨人曰, 大哉, 孔子, 博學而無所成名, 子聞之, 謂門弟子曰, 吾何執, 執御乎, 執射乎, 吾執御矣.

3. 子曰, 麻冕禮也, 今也純, 儉, 吾從衆, 拜下, 禮也, 今拜乎上, 泰也, 雖違衆, 吾從下.

4. 子絶四, 毋意, 毋必, 毋固, 毋我.

5. 子畏於匡, 曰文王, 旣沒, 文不在茲乎, 天之將喪斯文也, 後死者, 不得與於斯文也, 天之未喪斯文也, 匡人, 其如予何.

6. 大宰問於子貢曰, 夫子聖者與, 何其多能也, 子貢曰, 固天縱之將聖, 又多能也, 子聞之曰大宰知我乎, 吾少也賤故多能鄙事, 君子多乎哉, 不多也, 牢曰, 子云吾不試故藝.

7. 子曰, 吾有知乎哉, 無知也, 有鄙夫問於我, 空空如也, 我叩其兩端而竭焉.

8. 子曰, 鳳鳥不至, 河不出圖, 吾已矣夫.

9. 子見齊衰者, 冕衣裳者, 與瞽者, 見之, 雖少必作, 過之, 必趨.

10. 顏淵, 喟然歎曰, 仰之彌高, 鑽之彌堅, 瞻之在前, 忽焉在後, 夫子, 循循然善誘人, 博我以文, 約我以禮, 欲罷不能, 旣竭吾才, 如有所立, 卓爾, 雖欲從之, 末由也已.

11. 子疾病, 子路使門人爲臣, 病間曰, 久矣哉, 由之行詐也, 無臣而爲有臣, 吾誰欺, 欺天乎, 且予與其死於臣之手也, 無寧死於二三子之手乎, 且予縱不得大葬, 予死於道路乎.

12. 子貢曰, 有美玉於斯, 韞匵而藏諸, 求善賈而沽諸, 子曰, 沽之哉, 沽之哉, 我待賈者也.

13. 或曰陋, 如之何, 子曰, 君子居之, 何陋之有.

14. 子曰, 吾自衛反魯然後, 樂正, 雅頌, 各得其所.

15. 子曰, 出則事公卿, 入則事父兄, 喪事, 不敢不勉, 不爲酒困, 何有於我哉.

16. 子在川上曰, 逝者如斯夫, 不舍晝夜.

17. 子曰, 吾未見好德, 如好色者也.

18. 子曰, 譬如爲山, 未成一簣, 止吾止也, 譬如平地, 雖覆一簣, 進吾往也.

19. 子曰, 語之而不惰者, 其回也與.

20. 子謂顏淵曰, 惜乎, 吾見其進也, 未見其止也.

21. 子曰, 苗而不秀者, 有矣夫, 秀而不實者, 有矣夫.

22. 子曰, 後生, 可畏, 焉知來者之不如今也, 四十五十而無聞焉, 斯亦不足畏也已.

23. 子曰, 法語之言, 能無從乎, 改之爲貴, 巽與之言, 能無說乎, 繹之爲貴, 說而不繹, 吾末如之何也已矣.

24. 子曰, 主忠信, 無友不如己者, 過則勿憚改.

25. 子曰, 三軍可奪帥也, 匹夫不可奪志也.

26. 子曰, 衣敝縕袍, 與衣狐貉者, 立而不恥者, 其由也與, 不忮不求, 何用不臧. 子路, 終身誦之, 子曰, 是道也, 何足以臧.

27. 子曰, 歲寒然後, 知松栢之後彫也.

28. 子曰, 知者不惑, 仁者不憂, 勇者不懼.

29. 子曰, 可與共學, 未可與適道, 可與適道, 未可與立, 可與立, 未可與權.

30. 唐棣之華, 偏其反而, 豈不爾思, 室是遠而, 子曰, 未之思也, 夫何遠之有.

제10편 鄕黨

1. 孔子於鄕黨, 恂恂如也, 似不能言者, 其在宗廟朝廷, 便便言, 唯謹爾.

2. 朝與下大夫言, 侃侃如也, 與上大夫言, 誾誾如也, 君在, 踧踖如也, 與與如也.

3. 君召使擯, 色勃如也, 足躩如也, 揖所與立, 左右手, 衣前後, 襜如也, 趨進, 翼如也, 賓退, 必復命曰, 賓不顧矣.

4. 入公門, 鞠躬如也, 如不容, 立不中門, 行不履閾, 過位, 色勃如也, 足躩如也, 其言, 似不足者, 攝齊升堂, 鞠躬如也, 屛氣, 似不息者出降一等, 逞顏色, 怡怡如也, 沒階, 趨進翼如也, 復其位, 踧踖如也.

5. 執圭, 鞠躬如也, 如不勝, 上如揖, 下如授, 勃如戰色, 足蹜蹜如有循, 享禮有容色, 私覿, 愉愉如也.

6. 君子, 不以紺緅飾, 紅紫, 不以爲褻服, 當署, 袗絺綌, 必表而出之, 緇衣羔裘, 素衣, 麑裘, 黃衣, 狐裘, 褻裘長, 短右袂, 必有寢衣, 長一身有半, 狐貉之厚以居, 去喪無所不佩. 非帷裳, 必殺之. 羔裘玄冠, 不以吊, 吉月, 必朝服而朝.

7. 齊必有明衣, 布, 齊必變食, 居必遷坐.

8. 食不厭精, 膾不厭細, 食饐而餲, 魚餒而肉敗, 不食, 色惡不食, 臭惡不食, 失飪不食, 不時不食, 割不正不食, 不得其醬不食, 肉雖多, 不使勝食氣. 唯酒無量, 不及亂. 沽酒市脯, 不食, 不撤薑食, 不多食, 祭於公, 不宿肉, 祭肉, 不出三日, 出三日, 不食之矣, 食不語, 寢不言, 雖疏食菜羹, 瓜齊, 必齊如也.

9. 席不正, 不坐.

10. 鄉人飲酒, 杖者出, 斯出矣, 鄉人儺, 朝服而立於阼階.

11. 問人於他邦, 再拜而送之, 康子饋藥, 拜而受之曰, 丘未達, 不敢嘗.

12. 廄焚, 子退朝曰, 傷人乎, 不問馬.

13. 君賜食, 必正席先嘗之, 君賜腥, 必熟而薦之, 君賜生, 必畜之, 侍食於君, 君祭, 先飯, 疾君視之, 東首, 加朝服拖紳, 君命召, 不俟駕行矣, 入太廟, 每事問.

14. 朋友死, 無所歸, 曰於我殯, 朋友之饋, 雖車馬, 非祭肉, 不拜.

15. 寢不尸, 居不容, 見齊衰者, 雖狎必變, 見冕者與瞽者, 雖褻, 必以貌, 凶服者, 式之, 式負版者, 有盛饌, 必變色而作, 迅雷風烈, 必變.

16. 升車, 必正立執綏, 車中, 不內顧, 不疾言, 不親指.

17. 色斯舉矣, 翔而後集, 曰山梁雌雉, 時哉時哉, 子路共之, 三嗅而作.

제11편 先進

1. 子曰, 先進, 於禮樂, 野人也, 後進, 於禮樂, 君子也, 如用之則吾從先進.

2. 子曰, 從我於陳蔡者, 皆不及門也, 德行, 顏淵閔子騫冉伯牛仲弓, 言語, 宰我子貢, 政事, 冉有季路, 文學, 子游子夏.

3. 子曰, 回也, 非助我者也, 於吾言, 無所不說.

4. 子曰, 孝哉, 閔子騫, 人不間於其父母昆弟之言.

5. 南容三復白圭, 孔子, 以其兄之子妻之.

6. 季康子問, 弟子孰爲好學, 孔子對曰, 有顏回者, 好學, 不幸短命死矣, 今也則亡.

7. 顏淵死, 顏路請子之車, 以謂之槨, 子曰, 才不才, 亦各言其子也, 鯉也死, 有棺而無槨, 吾不徒行, 以謂之槨, 以吾從大夫之後, 不可徒行也.

8. 顏淵死, 子曰噫, 天喪予, 天喪予.

9. 顏淵死, 子哭之慟, 從者曰, 子慟矣, 曰有慟乎, 非夫人之爲慟, 而誰爲.

10. 顏淵死, 門人欲厚葬之, 子曰不可, 門人, 厚葬之, 子曰, 回也, 視予猶父也, 予不得視猶子也, 非我也, 夫二三子也.

11. 季路問事鬼神, 子曰, 未能事人, 焉能事鬼, 敢問死, 曰未知生焉知死.

12. 閔子侍側, 誾誾如也, 子路行行如也, 冉有子貢侃侃如也, 子樂, 若由也, 不得其死然.

13. 魯人爲長府, 閔子騫, 曰仍舊貫如之何, 何必改作, 子曰, 夫人, 不言, 言必有中.

14. 子曰, 由之瑟, 奚爲於丘之門, 門人, 不敬子路, 子曰, 由也, 升堂矣, 未入於室也.

15. 子貢問師與商也, 孰賢, 子曰, 師也過, 商也, 不及, 曰然則師愈與, 子曰, 過猶不及.

16. 李氏富於周公, 而求也, 爲之聚斂而附益之, 子曰, 非吾徒也, 小子, 鳴鼓而攻之, 可也.

17. 柴也愚, 參也魯, 師也辟, 由也喭.

18. 子曰, 回也其庶乎屢空, 賜不受命而貨殖焉, 億則屢中.

19. 子張問善人之道, 子曰, 不踐迹, 亦不入於室.

20. 子曰, 論篤, 是與, 君子者乎, 色壯者乎.

21. 子路問聞斯行諸, 子曰, 有父兄在, 如之何其聞斯行之, 冉有問聞斯行諸, 子曰, 聞斯行之, 公西華曰, 由也問聞斯行諸, 子曰, 父兄在, 求也問聞斯行諸, 子曰聞斯行之, 赤也惑, 敢問, 子曰, 求也退故進之, 由也, 兼人故退之.

22. 子畏於匡, 顏淵後, 子曰, 吾以女爲死矣, 曰子在, 回何敢死.

23. 季子然, 問仲由冉求, 可謂大臣與, 子曰吾以子爲異之問, 曾由與求之問, 所謂大臣者, 以道事君, 不可則止, 今由與求, 可謂具臣矣, 曰然則從之者與, 子曰, 殺父與君, 亦不從也

24. 子路使子羔, 爲費宰, 子曰, 賊夫人之子, 子路曰, 有民人焉, 有社稷焉, 何必讀書然後, 爲學, 子曰, 是故惡夫佞者.

25. 子路曾晳冉有公西華, 侍坐, 子曰, 以吾一日長乎爾, 毋吾以也, 居則曰, 不吾知也, 如或知爾, 則何以哉, 子路, 率爾而對曰, 千乘之國, 攝乎大國之間, 加之以師旅, 因之以饑饉, 由也, 爲之, 比及三年, 可使有勇, 且知方也, 夫子哂之, 求爾, 何如, 對曰, 方六七十, 如五六十, 求也爲之, 比及三年, 可使足民, 如其禮樂, 以俟君子, 赤爾何如, 對曰, 非曰能之, 願學焉, 宗廟之事, 如會同, 端章甫, 願爲小相焉, 點爾, 何如, 鼓瑟希, 鏗爾舍瑟而作, 對曰, 異乎三子者之撰, 子曰, 何傷乎, 亦各言其志也, 曰, 莫春者, 春服, 旣成, 冠者五六人, 童子六七人, 浴乎沂, 風乎舞雩, 詠而歸, 夫子, 喟然嘆曰, 吾與點也, 三子者出, 曾晳, 後, 曾晳, 曰, 夫

三子者之言, 何如, 子曰, 亦各言其志已矣, 曰, 夫子何哂由也, 曰, 爲國以禮, 其言, 不讓, 是故, 哂之, 唯求則非邦也與, 安見方六七十, 如五六十而非邦也者, 唯赤則非邦也與, 宗廟會同, 非諸侯而何, 赤也爲之小, 孰能爲之大.

제12편 顏淵

1. 顏淵問仁, 子曰, 克己復禮爲仁, 一日克己復禮, 天下歸仁焉, 爲仁由己而由人乎哉顏淵曰, 請問其目, 子曰, 非禮勿視, 非禮勿聽, 非禮勿言, 非禮勿動, 顏淵曰, 回雖不敏, 請事斯語矣.

2. 仲弓問仁, 子曰, 出門如見大賓, 使民如承大祭, 己所不欲, 勿施於人, 在邦無怨, 在家無怨, 仲弓曰, 雍雖不敏, 請事斯語矣.

3. 司馬牛問仁子曰, 仁者, 其言也訒, 曰其言也訒, 斯謂之仁矣乎, 子曰, 爲之難, 言之得無訒乎.

4. 司馬牛, 問君子, 子曰, 君子, 不憂不懼, 曰不憂不懼, 斯謂之君子矣乎, 子曰, 內省不疚, 夫何憂何懼.

5. 司馬牛憂曰, 人皆有兄弟, 我獨亡, 子夏曰, 商聞之矣, 死生有命, 富貴在天, 君子敬而無失, 與人恭而有禮, 四海之內, 皆兄弟也, 君子何患乎無兄弟也.

6. 子張問明, 子曰, 浸潤之譖, 膚受之愬, 不行焉, 可謂明也已矣, 浸潤之譖, 膚受之愬, 不行焉, 可謂遠也已矣.

7. 子貢問政, 子曰, 足食, 足兵, 民信之矣, 子貢曰, 必不得已而去, 於斯三者, 何先, 曰去兵, 子貢曰, 必不得已而去, 於斯二者, 何先, 曰去食, 自古皆有死, 民無信不立.

8. 棘子成曰, 君子質而已矣, 何以文爲, 子貢曰, 惜乎, 夫子之說 君子也,駟不及舌, 文猶質也, 質猶文也, 虎豹之鞹, 猶犬羊之鞹.

9. 哀公問於有若曰, 年饑用不足, 如之何, 有若對曰, 盍徹乎, 曰, 二吾猶不足, 如之何其徹也.

10. 子張問, 崇德辨惑, 子曰, 主忠信, 徙義, 崇德也, 愛之欲其生, 惡之欲其死, 既欲其生, 又欲其死, 是惑也, 誠不以富, 亦祗以異.

11. 齊景公問政於孔子, 孔子對曰, 君君臣臣父父子子, 公曰, 善哉, 信如君不君, 臣不臣, 父不父, 子不子, 雖有粟, 吾得而食諸.

12. 子曰, 片言可以折獄者, 其由也與, 子路, 無宿諾.

13. 子曰, 聽訟吾猶人也, 必也使無訟乎.

14. 子張問政, 子曰, 居之無倦, 行之以忠.

15. 子曰, 博學於文, 約之以禮, 亦可以弗畔矣夫.

16. 子曰, 君子成人之美, 不成人之惡, 小人, 反是.

17. 季康子, 問政於孔子, 孔子對曰, 政者正也, 子帥以正, 孰敢不正.

18. 季康子, 患盜, 問於孔子, 孔子對曰, 苟子之不欲, 雖賞之, 不竊.

19. 季康子問政於孔子曰, 如殺無道, 以就有道, 何如, 孔子對曰爲政焉用殺, 子欲善而民善矣, 君子之德風, 小人之德草, 草上之風必偃.

20. 子張問士何如, 斯可謂之達矣, 子曰, 何哉, 爾所謂達者, 子張對曰, 在邦必聞, 在家必聞, 子曰, 是聞也, 非達也 夫達也者, 質直而好義, 察言而觀色, 慮以下人, 在邦必達, 在家必達, 夫聞也者, 色取仁而行違, 居之不疑, 在邦必聞, 在家必聞.

21. 樊遲從遊於舞雩之下, 曰敢問崇德修慝辨惑, 子曰, 善哉問, 先事後得, 非崇德與, 攻其惡, 無攻人之惡, 非修慝與, 一朝之忿, 忘其身, 以及其親, 非惑與.

22. 樊遲問仁, 子曰, 愛人, 問知, 子曰, 知人, 樊遲未達, 子曰, 擧直錯諸枉, 能使枉者直, 樊遲退, 見子夏曰, 鄕也, 吾見於夫子而問知, 子曰, 擧直錯諸枉, 能使枉者直, 何謂也, 子夏曰, 富哉, 言乎, 舜有天下, 選於衆, 擧皐陶, 不仁者, 遠矣, 湯有天下, 選於衆, 擧伊尹, 不仁者, 遠矣.

23. 子貢問友, 子曰, 忠告而善道之, 不可則止, 無自辱焉.

24. 曾子曰, 君子, 以文會友, 以友輔仁.

제13편 子路

1. 子路問政, 子曰, 先之勞之, 請益, 曰無倦.

2. 仲弓, 爲季氏宰, 問政, 子曰, 先有司, 赦小過, 擧賢才, 曰焉知賢才而擧之, 曰擧爾所知, 爾所不知, 人其舍諸.

3. 子路曰衛君, 待子　而爲政, 子將奚先, 子曰, 必也正名乎, 子路曰, 有是哉, 子之迂也, 奚其正, 子曰, 野哉, 由也, 君子於其所不知, 蓋闕如也, 名不正則言不順, 言不順則事不成, 事不成則禮樂不興, 禮樂不興則刑罰不中, 刑罰不中則民無所措手足, 故君子名之, 必可言也, 言之必可行也, 君子於其言, 無所苟已矣.

4. 樊遲請學稼, 子曰, 吾不如老農, 請學爲圃, 曰吾不如老圃, 樊遲出, 子曰, 小人哉, 樊須也, 上好禮則民莫敢不敬, 上好義則民莫敢不服, 上好信則民莫敢不用情, 夫如是則四方之民, 襁負其子而至矣, 焉用稼.

5. 子曰, 頌詩三百, 授之以政不達, 使於四方, 不能專對, 雖多亦奚以爲.

6. 子曰, 其身正, 不令而行, 其身不正, 雖令不從.

7. 子曰, 魯衛之政兄弟也.

8. 子謂衛公子荊, 善居室, 始有, 曰苟合矣, 少有, 曰苟完矣, 富有, 曰苟美矣.

9. 子適衛, 冉有僕, 子曰, 庶矣哉, 冉有曰, 旣庶矣, 又何加焉, 曰富之, 曰旣富矣, 又何加焉, 曰敎之.

10. 子曰, 苟有用我者, 朞月而已, 可也, 三年, 有成.

11. 子曰, 善人, 爲邦百年, 亦可以勝殘去殺矣, 誠哉是言也.

12. 子曰, 如有王者, 必世而後仁.

13. 子曰, 苟正其身矣, 於從政乎, 何有, 不能正其身, 如正人何.

14. 冉子, 退朝, 子曰, 何晏也, 對曰, 有政, 子曰, 其事也, 如有政, 雖不吾以, 吾其與聞之.

15. 定公, 問一言而可以興邦, 有諸, 孔子對曰, 言不可以若是其幾也, 人之言, 曰爲君難, 爲臣不易, 如知爲君之難也, 不幾乎一言而興邦乎, 曰一言而喪邦, 有諸, 孔子對曰, 言不可以若是其幾也, 人之言, 曰予無樂乎爲君, 唯其言而莫予違也, 如其善而莫之違也, 不亦善乎, 如不善而莫之違也, 不幾乎一言而喪邦乎.

16. 葉公問政, 子曰, 近者說, 遠者來.

17. 子夏爲莒父宰, 問政, 子曰, 無欲速, 無見小利, 欲速則不達, 見小利則大事不成.

18. 葉公語孔子曰, 吾黨, 有直躬者, 其父攘羊, 而子證之, 孔子曰, 吾黨之直者, 異於是, 父爲子隱, 子爲父隱, 直在其中矣.

19. 樊遲問仁, 子曰, 居處恭, 執事敬, 與人忠, 雖之夷狄, 不可棄也.

20. 子貢問曰, 何如, 斯可謂之士矣, 子曰, 行己有恥, 使於四方, 不辱君命, 可謂士矣, 曰敢問其次, 曰宗族稱孝焉, 鄕黨稱弟焉, 曰敢問其次, 曰言必信, 行必果, 硜硜然小人哉, 抑亦可以爲次矣, 曰今之從政者, 何如, 子曰, 噫斗筲之人, 何足算也.

21. 子曰, 不得中行而與之, 必也狂狷乎, 狂者進取, 狷者有所不爲也.

22. 子曰, 南人有言, 人而無恒, 不可以作巫醫, 善夫, 不恒其德, 或承之羞,子曰, 不占而已矣.

23. 子曰, 君子, 和而不同, 小人, 同而不和.

24. 子貢問曰, 鄕人, 皆好之, 何如, 子曰, 未可也, 鄕人, 皆惡之, 何如, 子曰, 未可也, 不如鄕人之善者好之, 其不善者惡之.

25. 子曰, 君子, 易事而難說也, 說之不以道, 不說也, 及其使人也, 器之, 小人, 難事而易說也, 說之雖不以道, 說也, 及其使人也, 求備焉.

26. 子曰, 君子泰而不驕, 小人驕而不泰.

27. 子曰, 剛毅木訥, 近仁.

28. 子路, 問曰, 何如, 斯可謂之士矣, 子曰, 切切偲偲, 怡怡如也, 可謂士矣, 朋友, 切切偲偲, 兄弟怡怡.

29. 子曰, 善人, 敎民七年, 亦可以卽戎矣.

30. 子曰, 以不敎民戰, 是謂棄之.

제14편 憲問

1. 憲問恥, 子曰, 邦有道穀, 邦無道穀, 恥也.

2. 克伐怨欲, 不行焉, 可以爲仁矣, 子曰, 可以爲難矣, 仁則吾不知也.

3. 子曰, 士而懷居, 不足以爲士矣.

4. 子曰, 邦有道, 危言危行, 邦無道, 危行言孫.

5. 子曰, 有德者, 必有言, 有言者, 不必有德, 仁者必有勇, 勇者不必有仁.

6. 南宮适, 問於孔子曰, 羿善射, 奡盪舟, 俱不得其死, 然禹稷, 躬稼而有天下, 夫子, 不答, 南宮适出, 子曰, 君子哉, 若人, 尙德哉, 若人.

7. 子曰, 君子而不仁者, 有矣夫, 未有小人而仁者也.

8. 子曰, 愛之, 能勿勞乎, 忠焉, 能勿悔乎.

9. 子曰, 爲命, 裨諶, 草創之, 世叔討論之, 行人子羽, 修飾之, 東里子産, 潤色之.

10. 或問子産, 子曰, 惠人也, 問子西, 曰彼哉彼哉, 問管仲, 曰人也, 奪伯氏, 騈邑三百, 飯疏食沒齒, 無怨言.

11. 子曰, 貧而無怨難, 富而無驕易.

12. 子曰孟公綽, 爲趙魏老則優, 不可以爲滕薛大夫.

13. 子路問成人, 子曰, 若臧武仲之知, 公綽之不欲, 卞莊子之勇, 冉求之藝, 文之以禮樂, 亦可以爲成人矣, 曰今之成人者, 何必然, 見利思義, 見危授命, 久要, 不忘平生之言, 亦可以爲成人矣.

14. 子問公叔文子於公明賈曰, 信乎夫子, 不言不笑不取乎, 公明賈對曰, 以告者過也, 夫子時然後言, 人不厭其言, 樂然後笑, 人不厭其笑, 義然後取, 人不厭其取, 子曰其然, 豈其然乎.

15. 子曰, 臧武仲, 以防, 求爲後於魯, 雖曰不要君, 吾不信也.

16. 子曰, 晋文公譎而不正, 齊桓公, 正而不譎.

17. 子路曰, 桓公殺公子糾, 召忽死之, 管仲不死, 曰未仁乎, 子曰, 桓公九合諸侯, 不以兵車, 管仲之力也, 如其仁, 如其仁.

18. 子貢曰, 管仲, 非仁者與, 桓公, 殺公子糾, 不能死, 又相之, 子曰, 管仲相桓公霸諸侯, 一匡天下, 民到于今, 受其賜, 微管仲, 吾其被髮左衽矣, 豈若匹夫匹婦之爲諒也, 自經於溝瀆而莫之知也.

19. 公叔文子之臣大夫僎, 與文子, 同升諸公, 子聞之曰, 可以爲文矣.

20. 子言衛靈公之無道也, 康子曰, 夫如是, 奚而不喪, 孔子曰, 仲叔圉, 治賓客, 祝鮀治宗廟, 王孫賈, 治軍旅, 夫如是, 奚其喪.

21. 子曰, 其言之不怍, 則爲之也難.

22. 陳成子弑簡公, 孔子沐浴而朝, 告於哀公, 曰陳恒弑其君, 請討之, 公曰, 告夫三子, 孔子曰以吾從大夫之後, 不敢不告也, 君曰告夫三子者, 之三子告, 不可, 孔子曰, 以吾從大夫之後, 不敢不告也.

23. 子路問事君, 子曰, 勿欺也, 而犯之.

24. 子曰, 君子上達, 小人下達.

25. 子曰, 古之學者爲己, 今之學者爲人.

26. 蘧伯玉, 使人於孔子, 孔子與之坐而問焉曰, 夫子何爲, 對曰, 夫子欲寡其過而未能也, 使者出, 子曰使乎使乎.

27. 子曰, 不在其位, 不謀其政.

28. 曾子曰, 君子思不出其位.

29. 子曰, 君子恥其言而過其行.

30. 子曰, 君子道者三, 我無能焉, 仁者不憂, 知者不惑, 勇者不懼, 子貢曰, 夫子自道也.

31. 子貢方人, 子曰, 賜也, 賢乎哉, 夫我則不暇.

32. 子曰, 不患人之不己知, 患其不能也.

33. 子曰, 不逆詐, 不億不信, 抑亦先覺者, 是賢乎.

34. 微生畝謂孔子曰, 丘何爲是栖栖者與, 無乃爲佞乎, 孔子曰, 非敢爲佞也, 疾固也.

35. 子曰, 驥不稱其力, 稱其德也.

36. 或曰以德報怨何如, 子曰, 何以報德, 以直報怨, 以德報德.

37. 子曰, 莫我知也夫, 子貢曰, 何爲其莫知子也, 子曰, 不怨天, 不尤人, 下學而上達, 知我者, 其天乎.

38. 公伯寮愬, 子路於季孫, 子服景伯, 以告曰, 夫子固有惑志於公伯寮, 吾力, 猶能肆諸市朝, 子曰, 道之將行也與, 命也, 道之將廢也與, 命也, 公伯寮, 其如命何.

39. 子曰, 賢者辟世, 其次辟地, 其次辟色, 其次辟言, 子曰, 作者七人矣.

40. 子路宿於石門, 晨門曰奚自, 子路曰自孔氏, 曰是知其不可而爲之者與.

41. 子擊磬於衛, 有荷蕢而過孔氏之門者, 曰有心哉, 擊磬乎, 旣而曰鄙哉, 硜硜乎, 莫己知也, 斯已而矣, 深則厲, 淺則揭, 子曰, 果哉, 末之難矣.

42. 子張曰, 書云, 高宗諒陰三年, 不言, 何謂也, 子曰, 何必高宗, 古之人, 皆然, 君薨, 百官, 總己, 以聽於冢宰三年.

43. 子曰, 上好禮則民易使也.

44. 子路問君子, 子曰, 修己以敬, 曰如斯而已乎, 曰修己以安人, 曰如斯而已乎, 曰修己以安百姓, 修己以安百姓, 堯舜, 其猶病諸.

45. 原壤, 夷俟, 子曰, 幼而不孫弟, 長而無述焉, 老而不死, 是爲賊. 以杖叩其脛.

46. 闕黨童子, 將命, 或問之曰, 益者與, 子曰, 吾見其居於位也, 見其與先生幷行也, 非求益者也, 欲速成者也.

제15편 衛靈公

1. 衛靈公, 問陳於孔子, 孔子對曰, 俎豆之事, 則嘗聞之矣, 軍旅之事, 未之學也, 明日遂行.

2. 在陳絶糧, 從者病, 莫能興, 子路慍見曰, 君子亦有窮乎, 子曰, 君子固窮, 小人窮斯濫矣.

3. 子曰, 賜也, 女以予, 爲多學而識之者與, 對曰, 然, 非與, 曰非也, 予一以貫之.

4. 子曰, 由知德者, 鮮矣.

5. 子曰, 無爲而治者, 其舜也與, 夫何爲哉, 恭己正南面而已矣.

6. 子張問行, 子曰, 言忠信, 行篤敬, 雖蠻貊之邦, 行矣, 言不忠信, 行不篤敬, 雖州里, 行乎哉, 立則見其參於前也, 在輿則見其倚於衡也, 夫然後行, 子張書諸紳.

7. 子曰, 直哉, 史魚, 邦有道, 如矢, 邦無道, 如矢, 君子哉, 蘧伯玉, 邦有道則仕, 邦無道則可卷而懷之.

8. 子曰, 可與言而不與之言, 失人, 不可與言而與之言, 失言, 知者不失人, 亦不失言.

9. 子曰, 志士仁人, 無求生而害人, 有殺身而成仁.

10. 子貢問爲仁, 子曰, 工欲善其事, 必先利其器, 居是邦也, 事其大夫賢者, 友其士之仁者.

11. 顔淵問爲邦, 子曰, 行夏之時, 乘殷之輅, 服周之冕, 樂則韶舞, 放鄭聲, 遠佞人, 鄭聲淫, 佞人殆.

12. 子曰, 人無遠慮, 必有近憂.

13. 子曰, 已矣乎, 吾未見好德, 如好色者也.

14. 子曰, 臧文仲, 其竊位者與, 知柳下惠之賢而不與立也.

15. 子曰, 躬自厚而薄責於人, 則遠怨矣.

16. 子曰, 不曰如之何, 如之何者, 吾末如之何也已矣.

17. 子曰, 群居終日, 言不及義, 好行小慧難矣哉.

18. 子曰, 君子義以爲質, 禮以行之, 孫以出之, 信以成之, 君子哉.

19. 子曰, 君子病無能焉, 不病人之不己知也.

20. 子曰, 君子疾沒世而名不稱焉.

21. 子曰, 君子求諸己, 小人求諸人.

22. 子曰, 君子矜而不爭, 群而不黨.

23. 子曰, 君子, 不以言擧人, 不以人廢言.

24. 子貢, 問曰, 有一言而可以終身行之者乎, 子曰, 其恕乎, 己所不欲, 勿施於人.

25. 子曰, 吾之於人也, 誰毀誰譽, 如有所譽者, 其有所試矣, 斯民也, 三代之所以直道而行也.

26. 子曰, 吾猶及史之闕文也, 有馬者, 借人乘之, 今亡矣夫.

27. 子曰, 巧言亂德, 小不忍則亂大謀.

28. 子曰, 衆惡之, 必察焉, 衆好之, 必察焉.

29. 子曰, 人能弘道, 非道弘人.

30. 子曰, 過而不改, 是謂過矣.

31. 子曰, 吾嘗終日不食, 終夜不寢以思, 無益, 不如學也.

32. 子曰, 君子謀道, 不謀食, 耕也, 餒在其中矣, 學也, 祿在其中矣, 君子憂道不憂貧.

33. 子曰, 知及之, 仁不能守之, 雖得之, 必失之, 知及之, 仁能守之, 不莊以涖之則民不敬, 知及之, 仁能守之, 莊以涖之, 動之不以禮, 未善也.

34. 子曰, 君子, 不可小知而可大受也, 小人不可大受而可小知也.

35. 子曰, 民之於仁也, 甚於水火, 水火, 吾見蹈而死者矣, 未見蹈仁而死者也.

36. 子曰, 當仁, 不讓於師.

37. 子曰, 君子定而不諒.

38. 子曰, 事君敬其事而後其食.

39. 子曰, 有教無類.

40. 子曰, 道不同不相爲謀.

41. 子曰. 辭達而已矣.

42. 師冕見, 及階, 子曰, 階也, 及席, 子曰, 席也, 皆坐, 子告之曰, 某在斯, 某在斯, 師冕出, 子張問曰, 與師言之道與, 子曰, 然固相師之道也.

제16편 季氏

1. 季氏將伐顓臾, 冉有季路, 見於孔子曰, 季氏將有使於顓臾, 孔子曰, 求無乃爾是過與, 夫顓臾, 昔者先王, 以爲東蒙主, 且在邦域之中矣, 是社稷之臣也, 何以伐爲, 冉有曰夫子欲之, 吾二臣者, 皆不欲也, 孔子曰求周任, 有言曰, 陳力就列, 不能者止, 危而不持, 顚而不扶, 則將焉用彼相矣, 且爾言過矣, 虎兕出於柙, 龜玉毁於櫝中, 是誰之過與, 冉有曰, 今夫顓臾, 固而近於費, 今不取, 後世必爲子孫憂, 孔子曰, 求君子疾夫舍曰欲之, 而必爲之辭, 丘也聞有國有家者, 不患寡而患不均, 不患貧而患不安, 蓋均無貧, 和無寡, 安無傾, 夫如是故, 遠人, 不服則修文德以來之, 旣來之則安之, 今由與求也, 相夫子, 遠人不服而不能來也, 邦分崩離析而不能守也, 而謀動干戈於邦內, 吾恐季孫之憂, 不在顓臾而在蕭墻之內也.

2. 孔子曰, 天下有道則禮樂征伐, 自天子出, 天下無道則禮樂征伐, 自諸侯出, 自諸侯出, 蓋十世希不失矣, 自大夫出, 五世希不失矣, 陪臣執國命, 三世希不失矣, 天下有道則政不在大夫, 天下有道則庶人不其.

3. 孔子曰祿之去公室, 五世矣, 政逮於大夫, 四世矣, 故三桓之子孫微矣.

4. 孔子曰, 益者三友, 損者三友, 友直友諒友多聞益矣, 友便辟友善柔, 友便佞損矣.

5. 孔子曰, 益者三樂, 損者三樂, 樂節禮樂, 樂道人之善, 樂多賢友, 益矣, 樂驕樂, 樂佚遊, 樂宴樂, 損矣.

6. 孔子曰, 侍於君子, 有三愆, 言未及之而言, 謂之躁, 言及之而不言, 謂之隱, 未見顏色而言, 謂之瞽.

7. 孔子曰, 君子有三戒, 少之時, 血氣未定, 戒之在色, 及其壯也, 血氣方剛, 戒之在鬪, 及其老也, 血氣既衰, 戒之在得.

8. 孔子曰, 君子, 有三畏, 畏天命, 畏大人, 畏聖人之言, 小人不知天命而不畏也, 狎大人, 侮聖人之言.

9. 孔子曰, 生而知之者, 上也, 學而知之者, 次也, 困而學之, 又其次也, 困而不學, 民斯爲下矣.

10. 孔子曰, 君子, 有九思, 視思明, 聽思聰, 色思溫, 貌思恭, 言思忠, 事思敬, 疑思問, 忿思難, 見得思義.

11. 孔子曰, 見善如不及, 見不善如探湯, 吾見其人矣, 吾聞其語矣, 隱居以求其志, 行義以達其道, 吾聞其語矣, 未見其人也.

12. 齊景公有馬千駟, 死之日, 民無德而稱焉, 伯夷叔齊, 餓于首陽之下, 民到于今稱之, 其斯之謂與.

13. 陳亢問於伯魚曰, 子亦有異聞乎, 對曰, 未也, 嘗獨立, 鯉趨而過庭, 曰學詩乎, 對曰未也, 不學詩, 無以言, 鯉退而學詩, 他日, 又獨立, 鯉趨而過庭, 曰學禮乎, 對曰未也, 不學禮, 無以立, 鯉退而學禮, 聞斯二者, 陳亢, 退而喜曰, 問一得三, 問時問禮, 又問君子之遠其子也.

14. 邦君之妻, 君稱之曰夫人, 夫人自稱曰小童, 邦人稱之曰君夫人, 稱諸異邦曰寡小君, 異邦人稱之亦曰君夫人.

제17편 陽貨

1. 陽貨欲見孔子, 孔子不見, 歸孔子豚, 孔子時其亡而往拜之, 遇諸途, 謂孔子曰來, 予與爾言, 曰懷其寶而迷其邦, 可謂仁乎, 曰不可, 好從事而亟失時, 可謂知乎, 曰不可, 日月逝矣, 歲不我與, 孔子曰諾, 吾將仕矣.

2. 子曰, 性相近也, 習相遠也.

3. 子曰, 唯上知與下愚, 不移.

4. 子之武城, 聞弦歌之聲, 夫子, 莞爾而笑曰, 割鷄焉用牛刀, 子游, 對曰, 昔者, 偃也, 聞諸夫子, 曰君子學道則愛人, 小人, 學道則易使也, 子曰, 二三者, 偃之言, 是也, 前言戱之耳.

5. 公山弗擾以費畔召, 子欲往, 子路不說曰, 末之也已, 何必公山氏之之也, 子曰, 夫召我者, 而豈徒哉, 如有用我者, 吾其爲東周乎.

6. 子張問仁於孔子, 孔子曰, 能行五子於天下, 爲仁矣, 請問之, 曰恭寬信敏惠, 恭則不侮寬則得衆, 信則人任焉, 敏則有功, 惠則足以使人.

7. 佛肹召, 子欲往, 子路曰, 昔者由也, 聞諸夫子, 曰親於其身, 爲不善者, 君子不入也, 佛肹以中牟畔, 子之往也如之何, 子曰然, 有是言也, 不曰堅乎, 磨而不磷, 不曰白乎, 涅而不緇, 吾豈匏瓜也哉, 焉能繫而不食.

8. 子曰, 由也女聞六言六蔽矣乎, 對曰未也, 居, 吾語女, 好仁不好學, 其蔽也愚, 好知不好學, 其蔽也蕩, 好信不好學, 其蔽也賊, 好直不好學, 其蔽也絞, 好勇不好學, 其蔽也亂, 好剛不好學其蔽也狂.

9. 子曰, 小子何莫學夫詩, 詩可以興, 可以觀, 可以群, 可以怨, 邇之事父, 遠之事君, 多識於鳥獸草木之名.

10. 子謂伯魚曰, 女爲周南召南矣乎, 人而不爲周南召南, 其猶正牆面而立也與.

11. 子曰, 禮云禮云, 玉帛云乎哉, 樂云樂云, 鐘鼓云乎哉.

12. 子曰, 色厲而內荏, 譬諸小人, 其猶穿窬之盜也與.

13. 子曰, 鄉原德之賊也.

14. 子曰, 道聽而塗說, 德之棄也.

15. 子曰, 鄙夫, 可與事君也與哉, 其未得之也, 患得之, 旣得之, 患失之, 苟患失之, 無所不至矣.

16. 子曰, 古者, 民有三疾, 今也或是之亡也, 古之狂也肆, 今之狂也蕩, 古之矜也廉, 今之矜也忿戾, 古之愚也直, 今之愚也詐而已矣.

17. 子曰, 巧言令色, 鮮矣仁.

18. 子曰, 惡紫之奪朱也, 惡鄭聲之亂雅樂也, 惡利口之覆邦家者.

19. 子曰, 予欲無言, 子貢曰, 子如不言, 則小子何述焉, 子曰, 天何言哉, 四時行焉, 百物生焉, 天何言哉.

20. 孺悲欲見孔子, 孔子辭以疾, 將命者, 出戶, 取瑟而歌, 使之聞之.

21. 宰我問三年之喪, 期已久矣, 君子三年不爲禮, 禮必壞, 三年不爲樂, 樂必崩, 舊穀旣沒, 新穀旣升, 鑽燧改火, 期可已矣, 子曰, 食夫稻, 衣夫錦, 於女安乎, 曰安, 女安則爲之, 夫君子之居喪, 食旨不甘, 聞樂不樂, 居處不安, 故不爲也, 今女安則爲之, 宰我出, 子曰, 予之不仁也, 子生三年然後, 免於父母之懷, 夫三年之喪, 天下之通喪也, 予也有三年之愛於其父母乎.

22. 子曰, 飽食終日, 無所用心, 難矣哉, 不有博奕者乎, 爲之猶賢乎已.

23. 子路曰, 君子尙勇乎, 子曰, 君子義以爲上, 君子有勇而無義爲亂, 小人有勇而無義爲盜.

24. 子貢曰, 君子亦有惡乎, 子曰有惡, 惡稱人之惡者, 惡居下流而訕上者, 惡勇而無禮者, 惡果敢而窒者, 曰賜也, 亦有惡乎, 惡徼以爲知者, 惡不孫以爲勇者, 惡訐以爲直者.

25. 子曰, 唯女子與小人, 爲難養也, 近之則不孫, 遠之則怨.

26. 子曰, 年四十而見惡焉, 其終也已.

제18편 微子

1. 微子, 去之, 箕子, 爲之奴, 比干, 諫而死, 孔子曰, 殷有三仁焉.

2. 柳下惠, 爲士師, 三黜, 人曰, 子未可以去乎, 曰直道而事人, 焉往而不三黜, 枉道而事人, 何必去父母之邦.

3. 齊景公, 待孔子曰, 若季氏則吾不能, 以季孟之間, 待之, 曰吾老矣, 不能用也, 孔子行.

4. 齊人歸女樂, 季桓子, 受之, 三日不朝, 孔子行.

5. 楚狂接輿, 歌而過孔子曰, 鳳兮鳳兮, 何德之衰, 往者不可諫, 來者猶可追, 已而已而, 今之從政者, 殆而, 孔子下, 欲與之言, 趨而辟之, 不得與之言.

6. 長沮桀溺, 耦而耕, 孔子過之, 使子路, 問津焉, 長沮曰, 夫執輿者爲誰, 子路曰爲孔丘, 曰是魯孔丘與, 曰是也, 曰是知津矣, 問於桀溺, 桀溺曰子爲誰, 曰爲仲由, 曰是魯孔丘之徒與, 對曰然, 曰滔滔者, 天下皆是也, 而誰以易之, 且而與其從辟人之士也, 豈若從辟世之士哉, 耰而不輟, 子路行以告, 夫子憮然曰, 鳥獸, 不可與同群, 吾非斯人之徒與而誰與, 天下有道, 丘不與易也.

7. 子路從而後, 遇丈人, 以杖荷蓧, 子路問曰, 子見夫子乎, 丈人曰四體不勤, 五穀不分, 孰爲夫子, 植其杖而芸, 子路拱而立, 止子路宿, 殺鷄爲黍而食之, 見其二子焉, 明日子路行以告, 子曰隱者也, 使子路反見之, 至則行矣, 子路曰, 不仕無義, 長幼之節, 不可廢也, 君臣之義, 如之何其廢之, 欲潔其身而亂大倫, 君子之仕也, 行其義也, 道之不行, 已知之矣.

8. 逸民, 伯夷叔齊, 虞仲夷逸, 朱張柳下惠少連, 子曰, 不降其志, 不辱其身, 伯夷叔齊與, 謂柳下惠少連, 降志辱身矣, 言中倫, 行中慮, 其斯而已矣, 謂虞仲夷逸, 隱居放言, 身中淸, 廢中權, 我則異於是, 無可無不可.

9. 大師摯, 適齊, 亞飯干, 適楚, 三飯繚, 適蔡, 四飯缺, 適秦, 鼓方叔, 入於河, 播鼗武, 入於漢, 少師陽, 擊磬襄, 入於海.

10. 周公謂魯公曰, 君子, 不施其親, 不使大臣, 怨乎不以, 故舊, 無大故則不棄也, 無求備於一人.

11. 周有八士, 伯達, 伯适, 仲突, 仲忽, 叔夜, 叔夏, 季隨, 季騧.

제19편 子張

1. 子張曰, 士見危致命, 見得思義, 祭思敬, 喪思哀, 其可已矣.

2. 子張曰, 執德不弘, 信道不篤, 焉能爲有, 焉能爲亡.

3. 子夏之門人, 問交於子張, 子張曰, 子夏云何, 對曰, 子夏曰, 可者與之, 其不可者, 拒之, 子張曰, 異乎吾所聞, 君子尊賢而容衆, 嘉善而矜不能, 我之大賢與, 於人何所不容, 我之不賢與, 人將拒我, 如之何其拒人也.

4. 子夏曰, 雖小道, 必有可觀者焉, 致遠恐泥, 是以君子不爲也.

5. 子夏曰, 日知其所亡, 月無忘其所能, 可謂好學也已矣.

6. 子夏曰, 博學而篤志, 切問而近思, 仁在其中.

7. 子夏曰, 百工居肆, 以成其事, 君子學以致其道.

8. 子夏曰, 小人之過也, 必文.

9. 子夏曰, 君子有三變, 望之儼然, 卽之也溫, 聽其言也厲.

10. 子夏曰, 君子信而後, 勞其民, 未信則以爲厲己也, 信而後諫, 未信則以爲謗己也.

11. 子夏曰, 大德不踰閑, 小德, 出入可也.

12. 子游曰, 子夏之門人小子, 當灑掃應對進退則可矣, 抑末也, 本之則無, 如之何, 子夏, 聞之曰, 噫, 言游, 過矣, 君子之道, 孰先傳焉, 孰後倦焉, 譬諸草木, 區以別矣, 君子之道, 焉可誣也, 有始有卒者, 其惟聖人乎.

13. 子夏曰, 仕而優則學, 學而優則仕.

14. 子游曰, 喪致乎哀而止.

15. 子游曰, 吾友張也, 爲難能也, 然而未仁.

16. 曾子曰, 堂堂乎, 張也, 難與竝爲仁矣.

17. 曾子曰, 吾聞諸夫子, 人未有自致者也, 必也親喪乎.

18. 曾子曰, 吾聞諸夫子, 孟莊子之孝也, 其他可能也, 其不改父之臣, 與父之政, 是難能也.

19. 孟氏, 使陽膚, 爲士師, 問於曾子, 曾子曰, 上失其道, 民散久矣, 如得其情則哀矜而勿喜.

20. 子貢曰, 紂之不善, 不如是之甚也, 是以君子, 惡居下流, 天下之惡, 皆歸焉.

21. 子貢曰, 君子之過也, 如日月之食焉, 過也, 人皆見之, 更也, 人皆仰之.

22. 衛公孫朝問於子貢曰, 仲尼焉學, 子貢曰, 文武之道, 未墜於地, 在人, 賢者, 識其大者, 不賢者, 識其小者, 莫不有文武之道焉, 夫子, 焉不學, 而亦何常師之有.

23. 叔孫武叔, 語大夫於朝曰, 子貢, 賢於仲尼, 子服景伯, 以告子貢, 子貢曰, 譬之宮牆, 賜之牆也及肩, 窺見室家之好, 夫子之牆, 數仞, 不得其門而入, 不見宗廟之美, 百官之富, 得其門者, 或寡矣, 夫子之云, 不亦宜乎.

24. 叔孫武叔, 毀仲尼, 子貢曰, 無以爲也, 仲尼, 不可毀也, 他人之賢者, 丘陵也, 猶可踰也, 仲尼, 日月也, 無得而踰焉, 人雖欲自絶, 其何傷於日月乎, 多見其不知量也.

25. 陳子禽, 謂子貢曰, 子爲恭也, 仲尼, 豈賢於子乎, 子貢曰, 君子一言, 以爲知, 一言以爲不知, 言不可不愼也. 夫子之不可及也, 猶天之不可階而升也, 夫子之得邦家者, 所謂立之斯立, 道之斯行, 綏之斯來, 動之斯和, 其生也榮, 其死也哀, 如之何其可及也.

제20편 堯曰

1. 堯曰, 咨爾舜, 天之曆數, 在爾躬, 允執厥中, 四海困窮, 天祿永終, 舜亦以命禹, 曰予小子履, 敢用玄牡, 敢昭告于皇皇后帝, 有罪不敢赦, 帝臣不蔽, 簡在帝心, 朕躬有罪, 無以萬方, 萬方有罪, 罪在朕躬, 周有大賚, 善人是富, 雖有周親, 不如仁人, 百姓有過, 在予一人, 謹權量, 審法度, 修廢官, 四方之政, 行焉, 興滅國, 繼絶世, 擧逸民, 天下之民, 歸心焉, 所重民食喪祭, 寬則得衆, 信則民任焉, 敏則有功, 公則說.

2. 子張問於孔子曰, 何如, 斯可以從政矣, 子曰, 尊五美, 屛四惡, 斯可以從政矣, 子張曰, 何謂五美, 子曰, 君子惠而不費, 勞而不怨, 欲而不貪, 泰而不驕, 威而不猛, 子張曰, 何謂惠而不費, 子曰, 因民之所利而利之, 斯不亦惠而不費乎, 擇可勞而勞之, 又誰怨, 欲仁而得仁, 又焉貪, 君子無衆寡, 無小大, 無敢慢, 斯不亦泰而不驕乎, 君子, 正其衣冠, 尊其瞻視, 儼然人望而畏之, 斯不亦威而不猛乎, 子張曰, 何謂四惡, 子曰, 不敎而殺, 謂之虐, 不戒視成, 謂之暴, 慢令致期, 謂之賊, 猶之與人也, 出納之吝, 謂之有司.

3. 子曰, 不知命, 無以爲君子也, 不知禮, 無以立也, 不知言, 無以知人也.

참고 문헌

『論語注疏』

『論語義疏』

『論語集註』

『論語集釋』

『論語集註詳說』

『論語古今註』

『孟子集註』

『大學章句』

『中庸章句』

『小學集註』

『史記』

『周易』

『荀子』

김도련 역주.『論語』. 서울: 현음사. 2003.

김용옥.『논어한글역주』(1,2,3). 서울: 통나무. 2008.

김원중 옮김.『논어』. 서울: 글항아리. 2012.

류종목.『논어의 문법적 이해』. 서울: 문학과지성사. 2000.

배병삼 주석.『논어』(1,2). 서울: 문학동네. 2002.

성백효 역주.『論語集註』. 서울: 전통문화연구회. 1990.

신창호.『공자가 청춘에게』. 서울: 추수밭. 2012.

유교문화연구소 옮김.『논어』. 서울: 성균관대출판부. 2005.

이기동.『논어강설』. 서울: 성균관대출판부. 1991.

이을호.『한글 논어』. 서울: 올재클래식스. 2011.

장기근 편저.『論語集註』. 서울: 명문당. 2009.

홍찬유 역.『論語』一. 서울: 사단법인 유도회. 1982.

吉田賢抗.『論語』(新釋漢文大系 1). 東京: 明治書院. 1976.

傅佩榮.『論語三百講』(上·中·下). 臺北: 聯經出版有限公司. 2011.

安作璋.『論語辭典』. 上海: 上海古籍出版社. 2004.

楊伯峻.『論語譯注』. 北京: 中華書局. 1980.

鳴宏一.『論語新繹』. 臺北: 聯經出版有限公司. 2010.

李澤厚.『論語今讀』. 天津: 天津社會科學出版社. 2006.

錢 穆.『論語新解』. 臺北: 東大圖書公司. 2006.

趙紀彬.『論語新探』. 北京: 人民出版社. 1976.

陳冠學.『論語新注』. 臺北: 東大圖書公司. 1995.

平岡武夫.『論語』(全釋漢文大系 第1卷). 東京: 集英社. 1981.

候淑琴.『名家批注論語』. 沈陽: 万卷出版公司. 2010.

Burton Watson. *The Analects of Confucius*. New York: Columbia Univ. 2007.

David Hinton. *The Analects Confucius*. New York: Counterpoint. 1998.

Edward Slingerland. *Confucius Analects*. Cambridge: Hackett 2003.

James Legge. *THE CHINESE CLASSICS*. 台北: 南天書局有限公司. 1981.

Roger T. Ames·Henry Rosemont, Jr. *The Analects of Confucius: A Philosophical Translation*. New York: The Ballantine Publishing Group. 1998.

Simon Leys. *The Analects of Confucius*. New York: Norton. 1997.

한글 논어

1판 1쇄 펴냄 2014년 6월 12일
1판 3쇄 펴냄 2023년 5월 10일

지은이 | 신창호
발행인 | 박근섭
펴낸곳 | 판미동

출판등록 | 2009. 10. 8 (제2009-000273호)
주소 | 06027 서울 강남구 도산대로 1길 62 강남출판문화센터 5층
전화 | **영업부** 515-2000 **편집부** 3446-8774 **팩시밀리** 515-2007
홈페이지 | panmidong.minumsa.com

도서 파본 등의 이유로 반송이 필요할 경우에는 구매처에서 교환하시고
출판사 교환이 필요할 경우에는 아래 주소로 반송 사유를 적어 도서와 함께 보내주세요.
06027 서울 강남구 도산대로 1길 62 강남출판문화센터 6층 민음인 마케팅부

ⓒ 신창호, 2014. Printed in Seoul, Korea
ISBN 978-89-6017-925-7 03100

판미동은 민음사 출판 그룹의 자회사입니다.